기독교 신학에서 “속죄”만큼이나 논쟁적인 주제는 별로 없었다. 속죄의 중요성에는 모두가 동의하지만 속죄의 핵심 은유에 대해서는 진영이 갈라진다. 이 책은 은유들의 싸움 같다. 전쟁은유, 법정은유, 의원은유 중 어느 속죄 은유가 더 포괄적이고 압도적인가 하는 문제다. 아니면 모두가 조금씩 다 옳다고 해야 할지도 모른다. 시어머니와 며느리 사이의 언쟁을 듣는 기분이다. 각자의 말들이 설득력 있게 들린다. 네 명의 학자들은 각자 준비한 최상의 화력을 다 쏟아붓는다. 속죄 은유 논쟁을 참관하면서 독자들은 성경 속으로 깊숙이 들어가 기막힌 비밀의 화원을 보게 될 것이다. 한 줄도 빼놓지 말고 꼭꼭 씹어보라. 하나님의 사랑과 진노, 긍휼과 정의, 고통과 치유를 느끼게 될 것이다.

류호준 백석대학교 신학대학원 구약학 교수

성경의 가르침, 곧 교리는 늘 선포되어야 하며, 그 의미를 새롭게 반추해야 한다. 속죄론도 마찬가지다. 본서는 교회사에서 등장한 여러 속죄론을 기초로 삼아 네 명의 저자가 각자의 입장에 따라 그 현대적 의미를 성경적으로 해명하고 토론한다. 승리자 그리스도론과 형벌 대속론과 치유속죄론을 주장하는 저자들은 각자의 입장의 우선권을 내세우는 반면에, 4번째 저자는 그런 우선권을 내세우지 않고 통합적인 입장을 취한다. 속죄론의 내용뿐만 아니라 각자가 입장을 개진하는 방식이나 각 저자의 발제를 다른 세 명이 정중하게 논찬하면서 자신의 입장을 더 돋보이게 하는 토론 방식도 독자에게 유익을 준다.

유해무 고려신학대학원 교의학 교수

“속죄론”은 “성육신 교리” 및 “역사적 예수와 신앙의 그리스도 문제”와 더불어 기독론의 세 가지 핵심 주제 가운데 하나를 구성한다. 그동안 많은 사람의 관심에서 다소 멀어졌던 속죄론에 관한 관심이 최근에 다시 새롭게 증대되는 것은 매우 반가운 일이 아닐 수 없다. 그러나 과거 전통의 속죄론에 대한 단순한 재생이 아니라, 한편으로는 오늘날의 성서학의 연구결과를 충분히 반영하고 다른 한편으로는 오늘날의 현실 및 세계관과의 상호적 관계 안에서 수립되는 새로운 속죄론의 패러다임이 요구된다. 속죄론에 관한 네 가지 신학적 관점을 상호 비판적 대화 속에서 소개하는 본서 『속죄의 본질 논쟁』은 이와 같은 새로운 속죄론의 패러다임의 수립을 위한 토대 연구로서 매우 중요한 의미를 갖는다. 이 책이 예수 그리스도의 십자가 죽음의 구원론적 의미에 대한 깊고도 새로운 신학적 사고와 통찰력을 한국교회와 신학계 안에 불러일으키는 촉매제가 될 것을 기대한다.

윤철호 장로회신학대학교 조직신학 교수

기독교 신앙의 핵심은 하나님 아버지께서 이 세상을 사랑하시어 아들 예수 그리스도를 십자가에 내어주셔서 우리 죄를 대신하여 죽게 하심으로 하나님과 우리의 적대적 관계를 사랑과 화해의 관계로 회복시키셨다는 데 있다. 그런데 기독교 전통에서 오랫동안 받아들여졌던 형벌 대속론에 대한 비판이 나타났다. 한편으로 예수님의 희생을 유아 학대나 희생양에 대한 거룩한 폭력으로 보는 입장이 나타났으며, 속죄를 묘사하는 성경의 다양한 이미지를 하나의 이미지로 환원시키지 않아야 한다는 입장도 나타났다. 이 책은 이러한 비판들을 고려하여 승리자 그리스도, 형벌 대속, 치유, 만화경이라는 네 가지 관점을 소개함으로써 복음주의적 대화를 시도하고 있다. 그리스도의 속죄를 포괄적이고도 균형 있게 이해하기 위해 반드시 읽어야 할 책이다.

이경직 백석대학교 신학대학원 조직신학 교수

속죄 교리(doctrina satisfactionis)는 그리스도교 구원론의 핵심 사상이다. 일찍이 헤르만 바빙크는 이 교리에 그리스도교 구원론의 핵심 사상이 압축되어 있다고 묘파했고, 칼 바르트는 이 교리를 둘러싼 여러 가지 신학적인 이의 제기가 있음에도 불구하고 구원론에서 속죄 교리를 삭제하면 그리스도교의 구원론은 무너진다고 역설했다. 아타나시오스와 카파도키아의 세 교부를 따르는 고대 동방신학의 전통은 그리스도의 십자가 사건에서 사탄에 대항한 그리스도의 승리와 더불어 하나님의 종국적 승리가 이루어졌음을 보았고, 중세의 신학자 안셀무스는 십자가 사건에서 불순종과 죄로 하나님의 명예를 침해한 인간에 대한 배상만족(satisfactio)이 이루어졌음을 통찰함으로써 속죄 교리에 대한 서방의 전통적인 입장을 확립했으며, 안셀무스에 대항하여 아우구스티누스의 전통을 따르고자 했던 아벨라르두스는 십자가 사건에서 인간을 향한 하나님의 보편적인 사랑이 현시되었음을 주장함으로써 근대 이래로 개진되었던 속죄 교리에 대한 인본주의적 견해의 태두가 되었다.

『속죄의 본질 논쟁』은 신학의 역사 속에서 치열하게 토론되었던 속죄 교리에 대한 논의를 네 가지 입장—승리자 그리스도, 형벌 대속, 치유, 만화경—으로 분류하고, 이러한 입장을 대변하는 네 명의 저자로 하여금 각기 자신이 지지하는 입장을 개진하게 한 후, 다른 입장을 가진 세 명의 저자들에게 각각의 견해를 상호 교차적으로 비판하게 하는 방식으로 구성되어 있다. 그러므로 이 책은 독자들로 하여금 속죄 교리를 둘러싼 신학사적 쟁점이 무엇이며 각 이론이 가지는 장단점이 무엇인지를 일목요연하게 파악할 수 있게 해준다. 나는 이 책을 비평적으로 숙독하면서 전통적인 속죄 교리의 중요성과 불가피성을 확인할 수 있었고, 전통적인 견해에 대한 해석학적인 보완점이 무엇인지를 입체적으로 인식할 수 있었을 뿐만 아니라, 속죄 교리를 오늘날의 교회와 시대 속에 어떻게 해명하고 적용할 것인가에 대한 유익한 통찰을 얻을 수 있었다. 이에 이 책을 추천하여 독자 제위들께 일독을 권하는 바이다.

이동영 서울성경신학대학원대학교 조직신학 교수

The Nature of the Atonement
Four Views

Gregory A. Boyd/ Thomas R. Schreiner
Bruce R. Reichenbach/ Joel B. Green

edited by
James K. Beilby/ Paul R. Eddy

속죄의 본질 논쟁

속죄론에 대한 네 가지 신학적 관점

그레고리 A. 보이드/ 토마스 R. 슈라이너

브루스 R. 라이헨바흐/ 조엘 B. 그린 지음

제임스 K. 베일비/ 폴 R. 에디 편집

김광남 옮김

► 차례 ◄

서론: 속죄

폴 R. 에디/ 제임스 K. 베일비

이 책은 속죄, 곧 예수 그리스도의 구원 사역에 대한 다양한 기독교적 견해에 관한 것이다. 개략적으로 말하자면, 속죄(atonement)라는 용어—이것은 "전적으로 그리고 고유하게 영어적인" 몇 안 되는 신학 용어 중 하나다—는 이전에 어떤 방식으로든 소외되어 있던 당사자들의 "하나됨"(at-one-ness)이라는 화해된 상태를 가리킨다.[1] 18세기의 위대한 복음전도자 존 웨슬리(John Wesley)에 따르면, "기독교 시스템 안에서 속죄 교리보다 중요한 것은 아무것도 없다."[2] 웨슬리는 계몽주의가 탄생한 바로 그 세기에 이런 글을 썼다. 그 이후 많은 신학자들이 웨슬리와 생각을 달리했다. 1980년대 후반에 활동했던 콜린 건튼(Colin Cunton)은 지난 20여 년 동안 속죄가 아닌 다른 주제들이 신학자들의 관심을 끌었고 그로 인해 그 주제에 관한 연구들이 전에는 "홍수"를 이뤘다면 이제는 사실상 "똑똑 떨어지는 물방울"처럼 되고 말았다고 지적했다.[3] 1980년대 중반에 콜린 그랜트(Colin Grant) 역시 의심할 바 없이 유사한 이유로 "속죄의 포기"를 선

1_Robert S. Paul, *The Atonement of the Sacraments* (Nashville: Abingdon, 1960), 20.

2_John Wesley, *A Compendium of Wesley's Theology*, ed. R. Burtner and R. Chiles (Nashville: Abingdon, 1954), 79.

3_Colin E. Gunton, *The Actuality of the Atonement* (Grand Rapids: Eerdmans, 1989), xi.

언했다.[4] 그러나 그로부터 20여 년이 흐른 오늘날 그 수로가 다시 흐르기 시작했고, 속죄는 신학의 원탁회의에서 다시 한번 진지하고 광범위한 토론의 주제가 되고 있다.

기독교 신학 서클들 안에서 속죄에 관한 대화와 연구를 새롭게 촉발시킨 갖가지 요소들이 있다. 그동안 전통적인 속죄론 해석에 대한 다수의 페미니즘적인(feminist), 그리고 우머니즘적인(womanist, 유색인 페미니즘을 가리킨다—역주) 비판들은 많은 이들이 기독교의 핵심 교리에서 곤혹스럽게 여기는 두 측면을 부각시켰다. 어떤 전통적인 속죄론(즉 만족론이나 형벌 대속론)은 고통의 경험을 지나치게 미화함으로써 학대에 대한 냉담한 관용을 권하는 듯해 보인다. 이와 관련한 어떤 모델들은 "우주적 아동 학대"(즉 성부 하나님이 성자를 기꺼이 희생시키는 것)가 하나님이 정하신 구원의 길이라는 개념을 조장한다는 말을 듣고 있다.[5]

속죄에 관한 오늘날의 새로운 관심 배후에 있는 또 다른 동력으로는 문학 비평가 르네 지라르(René Girard)와 의식적 폭력에 관한 그의 희생양 이론이라는 학제간 성찰을 꼽을 수 있다.[6] 지라르에 따르면, 대개 사회는

4_Colin Grant, "The Abandonment of Atonement," *King's Theological Review* 9 (1986): 1-8. 아이러니컬하게도 Grant의 이런 비관적인 선언이 나온 바로 그 해에 또한 속죄에 관한 20세기 복음주의의 가장 주목할 만한 성찰 중 하나인 John Stott의 책 *The Cross of Christ* (Downers Grove, Ill.: InterVarsity Press, 1986)가 출판되었다. 『그리스도의 십자가』(IVP 역간, 2007).

5_Joanne Carlson Brown and Rebecca Parker, "For God So Loved the World?" in *Christianity, Patriarchy, and Abuse: A Feminist Critique*, ed. Joanne Carlson Brown and Carole R. Bohn (New York: Pilgrim, 1989), 1-30; 그리고 Rita Nakashima Brock, "And a Little Child Will Lead Us: Christology and Child Abuse," in *Christianity, Patriarchy, and Abuse: A Feminist Critique*, ed. Joanne Carlson Brown and Carole R. Bohn (New York: Pilgrim, 1989), 42-61을 보라. 형벌 대속에 대해 우려를 제기하는 복음주의 사상가의 예를 위해서는 Steve Chalke, *The Lost Message of Jesus* (Grand Rapids: Zondervan, 2003)를 보라.

6_René Girard, *Violence and the Sacred* (Baltimore: Johns Hopkins University Press, 1977); *The Scapegoat* (Baltimore: Johns Hopkins University Press, 1986); *Things Hidden Since the Foundation of the World* (Stanford: Stanford University Press, 1987).

어느 한 희생양에게 선천적인 인간적 적대감을 쏟아부음으로써 광범위한 내적 갈등을 피하고 사회질서를 보존한다. 그 희생양—대개 공동체의 밖이나 주변부에 있는 어느 한 개인이나 집단—은 실제로는 무고함에도 불구하고 갈등의 근원으로 지목되고 그 결과 "희생된다." 즉 벌을 받거나 죽임을 당하거나 혹은 공동체로부터 추방된다. 지라르가 보기에 복음서의 이야기는 다른 어떤 희생양 이야기도 제공하지 못하는 것을 제공한다. 그 이야기는 희생양인 예수가 무고하다는 사실을 분명하게 밝히고, 그렇게 함으로써 그 비극적 잘못의 원인이 희생양 신화와 연관된 의식적 폭력임을 밝힌다. 그러나 지라르의 평가에 따르면, 역사를 통해 기독교 신학은 너무 자주 예수의 죽음을 희생적 측면이나 그와 비슷한 어떤 측면에서 (재)해석하도록 부추김으로써 거룩한 폭력을 승인하는 상태로 물러났다. 속죄에 대한 지라르의 견해가 그리스도의 구속 사역에 대한 전통적 이해를 거의 다 파괴하기는 했으나, 그의 이론이 최근의 속죄론 연구 르네상스에서 중요한 역할을 하고 있음은 의심할 여지가 없다.[7]

현재 그리스도의 사역을 둘러싸고 벌어지는 갖가지 대화에서 강조되는 또 다른 요소는 속죄를 이해하는 데 가장 적합한 이미지 혹은 이론에

7_Girard의 사상과의 몇 가지 대표적인 상호작용에 관해서는 Ted Peters, "The Atonement and the Final Scapegoat," *Perspectives in Religious Studies* 19 (1992): 151-81; William C. Placher, "Christ Takes Our Place: Rethinking Atonement," *Interpretation* 53 (1999): 7-9; Kevin J. Vanhoozer, "The Atonement in Postmodernity: Guilt, Goats and Gifts," in *The Glory of the Atonement*, ed. Charles E. Hill and Frank A. James III (Downers Grove, Ill.: InterVarsity Press, 2004), 367-404; James G. Williams, "The Innocent Victim: René Girard on Violence, Sacrifice, and the Sacred," *Religious Studies Review* 14, no. 4 (1988): 320-26; James G. Williams, *The Bible, Violence and the Sacred: Liberation from the Myth of Sanctioned Violence* (San Francisco: HarperSanFrancisco, 1991)를 보라. Girard의 생각이 최근의 동요에 기여한 속죄에 대한 새로운 접근법의 가장 두드러지는 예이기는 하나, 유일한 예는 분명히 아니다. 그리스도의 속죄에 관한 새로운, 그리고 논란의 여지가 없는 해석을 제공하는 다른 최근의 연구들 중에는 Jon D. Levenson, *The Death and Resurrection of the Beloved Son* (New Haven, Conn.: Yale University Press, 1993); 그리고 David Seeley, *The Noble Death* (Sheffield: JSOT, 1990)가 있다.

대한 지속적인 탐색이다. 이 오래된 탐색은 신약성서 자체가 속죄를 설명하기 위해 다양한 이미지를 제공한다는 사실로 인해 늘 복잡했다. 존 드라이버(John Driver)는 신약성서의 속죄 관련 이미지들과 연관된 주제를 자그마치 열 가지나 지적한 바 있다—갈등/승리/해방, 대리적 고난, 전형(즉 대표적 인간, 개척자, 선구자, 맏이), 순교자, 희생제사, 속죄(expiation)/하나님의 진노, 구속, 화해, 칭의, 그리고 입양 가족.[8] 교부 시대 이후 기독교 신학자들은 대체로 속죄의 여러 측면을 표현할 수 있는 아주 다양한 방식이 있음을 인정하고, 그와 동시에 속죄의 핵심—그리스도의 구속 사역의 핵심을 가장 강력하고 완전하게 표현하는 주된 이미지—을 찾아내고자 애쓰고 있다.[9] 특별히 오늘날 복음주의 신학자들 사이에서 속죄를 가장 잘 이해할 수 있는 방법에 대한 질문은 중요하면서도 이견이 많은 문제로 남아 있다. 그중에서도 형벌 대속(penal substitution)의 지위에 관한 문제는 종종 그 논쟁의 핵심으로 제기된다. 그 주제와 관련해 최근에 쏟아져 나오는 새로운 책 중 많은 책이 다양한 비판에 대응하면서, 그리고 그 과정에서 자신들의 관점에 호의적이지 않은 묘사라고 여기는 것을 수정하면서 형벌 대속론 지지자들의 입장을 대변하고 있다.[10]

속죄에 관한 다양한 이미지와 이론들은 구스타프 아울렌(Gustaf Aulén,

8_John Driver, *Understanding the Atonement for the Mission of the Church* (Scottdale, Penn.: Herald Press, 1986). 물론 다른 이들은 Driver의 주제 중 몇 가지를 뭉뚱그려 그 목록을 줄였다. 예컨대, Joel Green과 Mark Baker는 *Recovering the Scandal of the Cross* (Downers Grove, Ill.: InterVarsity, 2000), 23에서 중요한 이미지를 5개 항목으로 묶었다.

9_속죄에 대한 교부 시대의 이해의 넓이에 관해서는 Joseph F. Mitros, "Patristic Views of Christ's Salvific Work," *Thought* 42 (1967): 415-47을 보라.

10_최근에 형벌 대속론을 설명하고 옹호하는 복음주의 학자들의 논문을 모은 자료를 위해서는 Charles E. Hill and Frank A. James III, eds., *The Glory of the Atonement* (Downers Grove, Ill.: InterVarsity Press, 2004); 그리고 David Peterson, ed., *Where Wrath and Mercy Meet* (Waynesboro, Ga.: Paternoster, 2001)을 보라.

1879-1978)의 기념비적 작품인 『승리자 그리스도』(*Christus Victor*)로 인해 넓은 의미에서 세 가지 패러다임으로 적잖이 범주화되었다. 곧 승리자 그리스도(혹은 고전적/극적) 패러다임, 객관적 패러다임, 주관적 패러다임이 그것이다.[11] 본질적으로 이 각각의 패러다임은 서로 다른 방향에서 속죄의 주된 강조점에 초점을 맞춘다.[12] 즉 각각의 패러다임은 그리스도의 사역의 목표를 구원의 길을 막아서고 있는 서로 다른 어떤 근본적인 문제를 다루기 위해 고안된 것으로 여긴다.

승리자 그리스도 패러다임

고전적 혹은 극적 모델이라고도 알려진 승리자 그리스도(Christus Victor) 패러다임은 그 초점이 사탄을 향하고 있다고 묘사할 수 있다. 아울렌의 말을 따르자면, 이런 접근법의 핵심 주제는 "신적 갈등과 승리로서의 속죄라는 개념, 그리스도-승리자 그리스도-가 세상의 악한 권세들, 즉 인간이 그 아래에 속박되어 고통을 당하고 있는 '폭군들'과 맞서 싸워 승리한다는 개념"이다.[13]

보다 특별하게, 승리자 그리스도 패러다임은 그리스도의 사역을 무엇보다도 그가 어둠의 왕국의 여러 요소들과 벌이는 갈등 및 그것들에 대한 승리라는 관점에서 이해한다. 신약성서에 따르면 인간을 사로잡고 있는

11_ Gustaf Aulén, *Christus Victor: An Historical Study of the Three Main Types of the Idea of the Atonement*, trans. A. G. Herbert (1931; reprint, New York: Macmillan, 1969).

12_ 객관적(objective)과 주관적(subjective)이라는 용어들과 연관된 다양한 의미에 관한 유익한 논의를 위해서는 Paul S. Fiddes, *Past Event and Present Salvation* (Louisville: Westminster/John Knox, 1989), 26-28을 보라.

13_ Aulén, *Christus Victor*, 4.

그런 요소들은 사탄과 그의 악한 무리들(눅 13:10-16; 행 10:38; 딤후 2:26; 히 2:14-15), 죄의 능력(요 8:34; 행 8:23; 롬 6장; 7:14-25; 8:2), 죽음(롬 6:23; 고전 15:56; 히 2:15), 그리고 심지어 특별히 그것의 저주라는 측면에서 율법(롬 7:8-13; 고전 15:56; 갈 3:13) 등이다. 그밖에도 고대로부터 예수가 지옥을 정복한다는 모티프가 승리자 그리스도라는 주제 안에 반영되었다(예. 엡 4:8-10; 벧전 3:18-20).

이런저런 형태로 이 견해는 처음 천 년 동안 초기 교회의 속죄 신학을 지배해왔던 것으로 보인다(그래서 "고전적 견해"라는 명칭이 붙어 있다). 어떤 지역에서 이 일반적인 접근법은 보다 세련된 모델로—이른바 속전론(ransom theory)이라고 불리는 것으로—구체화되었다. 속전론에서 갈등과 승리라는 주제는 예수가 사탄의 권세로부터 인간을 구속하기 위한 속전이 되신다는 설명적인 모델을 낳는 구속-속전(redemption-ransom) 모티프와 연결되었다. 다음과 같은 몇 가지 요소가 그 이론의 특징을 이룬다. (1) 최초의 부부가 동산에서 죄의 길을 택했을 때 사탄이 인간에 대한 지배권을 얻었다. 사탄은 어둠의 왕국의 권세들(죄, 두려움, 죽음 등)을 통해 인간에 대한 이런 지배권을 유지하고 있다. (2) 예수의 순전한 삶은 그의 죽음을 통해 인간의 해방/구속을 위해 사탄이 만족스러워하며 받을 만한 몸값이 되었다. 이 개념을 지지하기 위해 사용되는 신약성서의 구절은 예수 자신의 입에서 나온다. "인자가 온 것은 섬김을 받으려 함이 아니라 도리어 섬기려 하고 자기 목숨을 많은 사람의 대속물로 주려 함이니라"(마 20:28; 막 10:45; 참고. 딤전 2:6). (3) 마지막으로, 속전론은 대개 그리스도의 승리가 마귀를 앞섬으로써 성취되었음을 강조한다. 무고한 생명을 몸값으로 취하는 것에 내재된 부정의는 그리스도가 사탄을 물리치는 기초다(이 개념은 고전 2:8에 실려 있는 바울의 진술과 묶여 있다).

개정된 형태의 속전론을 주창했던 이들 중 주목할 만한 이들로는 이레나이우스(Irenaeus, 적어도 이것의 초기 형태를 주장했던 이다), 오리게네스(Origen, 이 이론을 상세하게 설명했던 최초의 사람이다), 니사의 그레고리오스(Gregory of Nyssa), 대(大) 그레고리우스(Gregory the Great), 루피누스(Rufinus) 등이 있다.[14] 오늘 우리는 초기 교회 시기부터 많은 다른 작가들이 명백하게 속전론과 연계하든 그렇지 않든 간에, 이런저런 정도로 승리자 그리스도라는 보다 큰 주제를 지지했음을 알고 있다. 그런 이들 중에는 테르툴리아누스, 크리소스토모스, 아타나시오스, 아우구스티누스, 다마스쿠스의 요한네스 등이 있다.[15]

그러나 11세기에 안셀무스(Anselm)의 만족론(satisfaction theory)이 등장하면서(여기에는 속전론의 보다 특이한 요소들에 대한 그의 비판이 포함된다), 승리자 그리스도 패러다임의 우위가 붕괴되기 시작했다. 아울렌의 평가에 따르면, 마르틴 루터는 승리자 그리스도식 접근법을 재활성화시켰다.[16] 그러나 아울렌에 따르면, 멜란히톤으로부터 시작해 루터가 다시 취했던 그 고전적 주제는 후기 프로테스탄트 서클 안에서 보다 객관적인 "라틴 교부" 이론들이 그것을 대체하면서부터 급속하게 자취를 감추었다. 다른 이들은 과연 루터의 속죄론을 일차적으로 객관적 패러다임과 맞서는 것으로서 승리자 그리스도 패러다임에 뿌리를 둔다고 여기는 아울렌의 읽기가 실제로 그의 생각을 반영하고 있는지에 대해 의문을 제기한다.[17] 최근에는 승리자

14_Irenaeus, *Against Heresies* 2.20.3, 3.18.6, 5.1.1, 5.2.1; Origen, *Commentary on Matthew* 13.9, 16.8; Gregory of Nyssa, *The Great Catechism* 21-26; Rufinus, *A Commentary on the Apostle's Creed* 16.

15_Turtullian, *On the Flesh of Christ* 17; John Chrysostom, *Homily* 67 (John 12:25-32), 2; Athanasius, *Incarnation of the Word* 25.4; Augustine, *On the Trinity* 13.12-15; John of Damascus, *Exposition of the Orthodox Faith* 4.4.

16_루터의 속죄론에 대한 Aulén의 읽기에 대해서는 *Christus Victor*, 101-22를 보라. 그러나 루터에 대한 Aulén의 읽기는 도전을 받아왔다.

17_예컨대, Ted Peters, "The Atonement in Anselm and Luther, Second Thoughts About Gustaf

그리스도식 접근법이 지난 몇 세기 동안 속죄에 관한 보다 아나뱁티스트적인 사유에서 핵심적 역할을 해왔다는 것에 대한 점증적인 합의가 이루어져 왔다.[18]

승리자 그리스도라는 관점과 그것에 대한 아울렌의 설명의 어떤 측면이 비판을 받아오기는 했으나—예컨대, 안셀무스가 제기했던 유명한 비판 이후 많은 이들이 승리자 그리스도 패러다임이 위험한 이원론, 무엇보다도 하나님의 주권 자체를 위협하는 이원론을 부추긴다고 비난해 왔다—그럼에도 그것은 오랜 세월 동안 크게 무시되었던 속죄의 중요한 요소를 강조하는 것으로 널리 인정되고 있다. 적어도 1931년에 아울렌의 책이 나온 이래 수많은 학자들이 승리자 그리스도라는 주제에 주목했고, 또한 그것을 예수 그리스도의 대속 사역을 이해하는 데 있어 중요한 주제로—비록 핵심 주제로는 아니지만—여겨왔다.[19] 흥미롭게도 최근에는 많은 학자들이 속죄에 관한 비폭력적·해방주의적 (비록 대체로 비신화한 것이기는 하나) 비전을 구체화하기 위해 승리자 그리스도 패러다임과 그것이 갖고 있는 갈등-승리라는 모티프를 사용하고 있다.[20]

Aulén's Christus Victor," *Lutheran Quarterly* 24 (1972): 301-14를 보라.

18_ 예컨대, Thomas N. Finger, *A Contemporary Anabaptist Theology* (Downers Grove, Ill.: InterVarsity Press, 2004), 331-65를 보라.

19_ 예컨대, S. Cave, *The Doctrine of the Work of Christ* (Nashville: Cokesbury, 1937); Thomas Finger, *Christian Theology* (Nashville, Nelson, 1985) 1:303-48; Rowan A. Greer, "Christ the Victor and the Victim," *Concordia Theological Quarterly* 59 (1995): 1-30; Karl Heim, *Jesus the World's Perfector*, trans. D. H. Van Daalen (Edinburgh: Oliver & Boyd, 1959); R. Leivestad, *Christ the Conqueror* (New York: Macmillan, 1954); J. S. Whale, *Victor and Victim* (New York: Cambridge University Press, 1960)를 보라. Rober Weber는 승리자 그리스도라는 견해를 속죄 신학의 중요한 자리로 회복시키는 것에 관한 "새로운 신학적 합의"에 대해 쓴다. 그의 책 *The Church in the World* (Grand Rapids: Zondervan, 1986), 267.

20_ 예컨대, Simon S. Maimela, "The Atonement in the Context of Liberation Theology," *International Review of Mission* 75 (1986): 261-69; Darby Kathleen Ray, *Deceiving the Devil* (Cleveland: Pilgrim, 1998): J. Denny Weaver, *The Nonviolent Atonement* (Grand Rapids: Eerdmans, 2001)을 보라.

객관적 패러다임

속죄에 관한 모든 객관적 모델에서 나타나는 핵심적 특징은 그것이 "하나님을 향해"(Godward) 초점을 맞춘다는 것이다. 즉 객관적 속죄론은 그리스도의 사역을 무엇보다도 하나님의 필요와 요구를 다루는 것으로 이해한다. 그동안 속죄론들의 이런 궤적은 "대속적", "라틴 교부적", "상업적", "안셀무스적" 같은 명칭들을 통해 표현되어왔다. 이 패러다임에 속하는 이론은 대리적 고통, 희생제사, 칭의, 달래기/보상 같은 신약성서의 모티프를 강조한다.[21] 여기서 이사야 53장에 등장하는 죄를 짊어짊이라는 전형적인 요소를 반영하는 구절들이 중요해진다. 많은 학자들은 바울이 다음과 같이 말했을 때 객관적 패러다임의 핵심을 포착했다고 여긴다. "하나님이 죄를 알지도 못하신 이를 우리를 대신하여 죄로 삼으신 것은 우리로 하여금 그 안에서 하나님의 의가 되게 하려 하심이라"(고후 5:21). 바울이 쓴 또 다른 핵심 본문을 살펴보자.

> 모든 사람이 죄를 범하였으매 하나님의 영광에 이르지 못하더니, 그리스도 예수 안에 있는 속량으로 말미암아 하나님의 은혜로 값없이 의롭다 하심을 얻

21_ 대리적 희생이라는 개념이 속죄의 핵심이라는 것에 동의하는 가운데서 일어나는 불일치는 하나님과 그분의 요구라는 측면에서 그 희생의 본질 및 그것이 끼치는 영향에 관한 것이다. 이 문제는 과연 70인역과 신약성서에서 속죄(atonement)에 대해 사용된 그리스어 *hilaskesthai* 및 그것과 연관된 용어들이 "화목"(propitiation, 즉 "진노한 신을 위무함/진정시킴")으로 번역되어야 하느냐 아니면 단순히 "속죄"(expiation, 즉 "죄를 제거함")로 번역되어야 하느냐에 관해 20세기에 벌어진 논쟁을 통해 예시되었다. C. H. Dodd가 그의 논문 "*hilaskesthai*, its Cognates, Derivatives, and Synonyms in the Septuagint," *Journal of Theological Studies* 32 (1931): 352-60을 통해 "속죄"(expiation)라는 견해를 옹호하면서 그 논쟁을 개시했다. Leon Morris가 결국 그의 유명한 반론을 제시했다. 첫 번째 반론은 "The Use of *hilaskesthai*, Etc, in Biblical Creek," *Expository Times* (1951) 227-33에 등장하고, 훗날 그것은 그의 책 *The Apostolic Preaching of the Cross*, 3rd ed. (Grand Rapids: Eerdmans, 1965), 144-213에서 확대된다.

은 자 되었느니라. 이 예수를 하나님이 그의 피로써 믿음으로 말미암는 화목 제물로 세우셨으니 이는 하나님께서 길이 참으시는 중에 전에 지은 죄를 간과하심으로 자기의 의로우심을 나타내려 하심이니 곧 이때에 자기의 의로우심을 나타내사 자기도 의로우시며 또한 예수 믿는 자를 의롭다 하려 하심이라(롬 3:23-26).

안셀무스의 만족론은 이 형태의 고전적 예라고 할 수 있다. 비록 안셀무스의 이론의 씨앗이 테르툴리아누스(Tertullian, 그는 악한 인간이 하나님께 바쳐야 하는 참회와 희생제사를 강조했는데 이것은 로마법의 영향을 받은 개념이었다)와 키프리아누스(Cyprian)에게까지 추적될 수 있다 할지라도, 『하나님은 왜 인간이 되셨는가?』(*Cur Deus Homo?*)라는 유명한 소책자를 통해 이 견해를 견고한 형태로 설명한 것은 캔터베리의 안셀무스(Anselm of Canterbury, 1033-1109)였다.

안셀무스 이론의 주된 윤곽은 다음 여섯 가지 주장을 통해 요약할 수 있다. (1) 죄의 본질은 인간이 마땅히 하나님께 드려야 할 것을 그분께 드리지 못한 것이다. (2) 인간의 책임은 그들이 하나님에게서 강탈한 것을 그분께 돌려드리고 또한 그것에 더하여 그분에게 상처를 입히고 그분을 불쾌하게 해드린 것에 대해 배상하는 것이다. 하나님의 영광은 본질적으로 그런 회복과 배상을 요구한다. (3) 인간은 그런 부채를 결코 상환할 수 없다. 비록 인간이 그들의 최선을 다하고 더 이상 죄를 짓지 않을지라도, 그들은 그저 이미 하나님이 마땅히 받으셔야 할 것을 그분께 바치는 것일 뿐이다. 그 외의 배상은 늘 미완성 상태로 남아 있을 것이다. 그것에 더하여 인간은 마귀에게 구속된 상태로 살아간다. (4) 하나님은 두 가지 선택지를 갖고 계신다. 하나는 인간이 마땅히 받아야 할 벌을 받게 하는 것이고, 다른 하나는 그들을 대신해 바쳐지는 배상을 받으시는 것이다. (5) 하지만 곤란한 상황이 존재한다. 하나님께 빚을 진 것은 인간이기에 배상은 오직 인간에 의해 이루어져야 한다. 하지만 그 어떤 인간도 인류 전체를 위해 배상할 자원을 가지고 있지는 않다. (6) 유일한 해결책은 신-인(God-man) 이신 예수 그리스도의 신비를 통해 발견할 수 있다. 하나님으로서 그분은 배상할 **능력**이 있으시다. 인간으로서 그분은 인간을 대신해 배상하실 수 있다. 안셀무스는 성육신과 속죄에 관한 그의 논의 전체를 이성과 필요라는 맥락에서 전개해나간다. 두 명의 대화 상대자와의 마지막 대화에서 대화자 중 하나인 보소(Boso)는 이렇게 말한다. "당신이 말한 모든 것이 내게는 합리적으로 그리고 논쟁의 여지가 없는 것으로 보입니다.…왜냐하면 하나님이 필요에 의해 인간이 되셨음을 입증하면서…당신은 이성의 단순한 힘으로 유대인과 이방인 모두에게 확신을 주셨기 때문입니다."[22]

중세 시대에 안셀무스의 이론이 갖고 있던 매력은 적어도 부분적으로는 그것이 그 무렵에 나타난 봉건제도와 교회의 고행 관습과 직접 연결되어 있던 한 개념—만족(배상)이라는 개념—을 이용했다는 사실에 의해 설명된다. 만족론(satisfaction theory)은 속전론의 기이함을 피하면서도 인간의 죄를 진지하게 다루고 또한 예수의 죽음이 어떻게 하나님의 영광에 대한 요구를 만족시키는지에 대해 합리적 설명을 제공하는 이점을 갖고 있었다.

종교개혁 시대의 도래와 함께 신학적 혁신뿐 아니라 사회가 변혁되었다. 그리고 그런 변화는 속죄론에 영향을 끼쳤다. 유럽 안에서 나타난 봉건제도의 점진적 쇠퇴와 게르만족 특유의 정치 이론의 출현, 그리고 그것이 갖고 있던 법 개념 등이 객관적 패러다임의 새로운 표현인 형벌 대

22_Anselm, *Cur Deus Homo* 22.1, in *Saint Anselm: Basic Writings*, trans. S. N. Deane, 2nd ed. (LaSalle, Ill.: Open Court, 1962), 287.

속론(penal substitution theory)을 위한 길을 열었다.[23] 여기서 근본적인 쟁점은 인간의 구원의 유익을 위해 하나님과 그리스도 사이에서 이루어지는 법적이고 형벌적인 거래에 관한 것이다. 의로운 재판관이신 하나님은 자신의 법을 깨뜨린 이들을 벌하지 않고 넘어가실 수 없다. 그리스도의 희생은 정의에 대한 하나님의 요구를 만족시킨다. 그러하기에 그 희생은 죄인들을 향한 하나님의 진노를 달래면서 하나님의 용서가 그들에게까지 정당하게 확대될 수 있는 토대가 된다. 우리는 이런 견해를 지지하는 다양한 성경 구절들을 열거할 수 있다. 이사야는 고난 받는 종이 "우리의 허물 때문에 찔림을 당하고" "우리의 죄악 때문에 상했다"고 선언한다(사 53:5). 바울은 그리스도가 "우리가 범죄한 것 때문에 내줌이 되었고"(롬 4:25) 또한 하나님이 "죄를 알지도 못하신 이를 우리를 대신하여 죄로 삼으셨다"(고후 5:21)고 단언한다. 요한 역시 예수가 "우리 죄를 위한 화목제물"(요일 2:2)이라고 주장하면서 유사한 이해를 단언한다.

비록 그것을 보다 견고한 형태로 조직화하고 강조하는 일은 후대 해설자들의 몫이 되었으나, 형벌 대속론의 뿌리는 장 칼뱅(John Calvin, 1509-1564)의 저작들에서 발견된다. 형벌 대속이라는 견해는 속죄에 대한 표준적인 개혁주의적/칼뱅주의적 접근법의 특징을 이룬다. 존경할 만한 여러 복음주의 사상가들이 그런 접근법을 수용해왔는데, 그중에는 찰스 하지(Charles Hodge), W. G. T. 셰드(Shedd), 루이스 벌코프(Louis Berkhof), 존 머레이(John Murray), 레온 모리스(Leon Morris), 존 스토트(John Stott) 같은 이들이 있다.[24]

23_ 20세기 복음주의 신학권 내에서 나타난 형벌 대속론에 관한 가장 영향력 있는 두 개의 표현을 위해서는 Morris, *Apostolic Preaching of the Cross*와 Stott, *Cross of Christ*를 보라.

24_ Charles Hodge, *Systematic Theology* (New York: Scribner, 1872), 2:464-543; W. G. T. Shedd, *Dogmatic Theology*, ed. Alan W. Gomes, 3rd ed. (1894; reprint, Phillipsburg, N.J.: Presbyterian &

종교개혁기에 객관적 패러다임을 위한 또 다른 표현 하나가 등장했다. 도덕적 통치론(moral government theory)이 그것이다. 이전에 칼뱅주의자였다가 아르미니우스주의자로 돌아선 휴고 그로티우스(Hogo Grotius, 1583-1645)가 처음으로 주창한 이 이론은 안셀무스의 만족론과 아벨라르두스(Abelard)의 도덕적 영향론(moral influence theory) — 혹은 그로티우스 시절에 형성된 구분을 따르자면 개혁주의의 형벌 대속론과 소키누스주의(Socinian)의 도덕적 본보기론(moral example theory) — 에 맞서는 세 번째 대안을 제시한다. 이것은 형벌 대속론적 접근법처럼 하나님의 율법과 정의를 진지하게 다루려 한다. 그러나 그것은 주관적 이론들과 비슷하게 하나님이 무엇보다도 진노하시는 심판관보다는 사랑이 많으신 창조주-아버지로 간주되어야 한다고 강조한다.

도덕적 통치론은 하나님을 사랑이 많으신 창조주이자 우주의 도덕적 통치자로 여긴다. 사랑이 많은 창조주이신 하나님은 우리를 용서하기에 앞서 우리를 벌하셔야 할 본질적인 필요를 갖고 계시지 않다. 오히려 하나님은 탕자의 비유에 나오는 아버지처럼 언제나 우리를 용서하기 위해 두 팔을 벌린 채 우리를 기다리고 계시다. 다른 한편, 우주의 공정하고 도덕적인 통치자이신 하나님은 인간의 죄를 아무것도 아닌 양 그냥 넘겨버리실 수 없다. 그리스도의 죽음을 통해 하나님은 우리에게 그분의 법을 깨뜨리는 것의 심각성을 보여주신다. 그것은 우리가 더 이상의 죄를 짓지 못하도록 막는다. 하나님은 죄가 적절하게 다뤄져야 한다고 여기시지만 모든 경우에 죄에 해당하는 형벌이나 징벌을 반드시 요구하시지는 않는다. 죄인들이 더 이상의 죄를 짓지 않도록 제어되고 있는 한, 하나님은 정당하게

Reformed, 2003), 711-20; Louis Berkhof, *Vicarious Atonement Through Christ* (Grand Rapids: Eerdmans, 1936); Morris, *Apostolic Preaching of the Cross*; *The Cross in the New Testament* (Grand Rapids: Eerdmans, 1965); Stott, *Cross of Christ*.

자신의 통치자로서의 역할을 하고 계신 셈이 된다. 그러므로 죄에 대한 하나님의 증오는 인간을 벌하시는 것을 통해서가 아니라 그리스도가 당하신 고난을 통해 드러난다. 도덕적 통치라는 관점은 종종 웨슬리/아르미니우스 전통에 속한 이들에 의해 채택되어왔다.[25]

주관적 패러다임

속죄론의 주관적 궤적—도덕주의적, 인간주의적, 혹은 아벨라르두스적 패러다임이라고도 알려져 있다—은 속죄의 주된 초점이 "인간을 향하고 있다"(humanward)는, 즉 그리스도의 구속 사역이 무엇보다도 인간 안에서 어떤 변화를 일으키기 위한 것이라는 공통된 확신에 의해 결합된다. 주관적 이론들은 주로 화해, 계시적인(예. 하나님의 사랑의 계시로서의 예수) 그리고 입양을 통해 이루어진 가족(예. 다정한 성부이신 하나님)이라는 모티프와 같은 신약성서의 주제들로부터 도출된다. 성서 전체에서 발견되는 치유 모티프들은 속죄의 또 다른 중요한 인간적 차원을 제공한다(사 53:5; 막 2:17; 벧전 2:24). 이 책에서 브루스 라이헨바흐(Bruce Reichenbach)는 그것을 그리스도의 구속 사역을 이해하기 위한 핵심 렌즈로 여길 것을 제안한다.[26] 이 패러다임의 여러 표현을 위한 최고의 구절은 바울이 로마서에서 했던 선언

25_ 예컨대, John Miley, *The Atonement in Christ* (New York: Phillips & Hunt, 1879); J. Kenneth Grider, *A Wesleyan-Holiness Theology* (Kansas City: Beacon Hill, 1994), 330-35를 보라. 도덕적 통치론에 대한 간결한 표현—형벌 대속론과 승리자 그리스도론에 대한 유사한 표현과 더불어—을 위해서는 Gregory A. Boyd and Paul R. Eddy, "The Atonement Debate," in *Across the Spectrum* (Grand Rapids: Baker, 2002), 113-31을 보라.

26_ Margaret Barker는 속죄에 해당하는 히브리어(*kpr*)는 "회복하다, 재창조하다, 혹은 치유하다"로 번역할 때 가장 잘 이해된다고 주장해왔다("Atonement: The Rite of Healing," *Scottish Journal of Theology* 49 [1996]: 14).

이다. "우리가 아직 죄인 되었을 때에 그리스도께서 우리를 위하여 죽으심으로 하나님께서 우리에 대한 자기의 사랑을 확증하셨느니라"(롬 5:8). 인간을 향한 하나님의 사랑과 그것을 통해 죄인들을 구원하고자 하시는 그분의 갈망을 선포하는 어떤 신약성서 본문도 속죄에 대한 이런 식의 해석을 위한 증거로 제시될 수 있다(예. 요 3:16; 요일 4:8, 16).

주관적 접근법의 가장 유명한 주창자가 페트루스 아벨라르두스(Peter Abelard, 1079-1142)라는 사실은 널리 알려져 있다.[27] 아벨라르두스는 안셀무스처럼 초기 교회의 속전론과 사탄이 악한 인간에 대해 모종의 합법적인 권리를 갖고 있다는 확신에 대해 별 관심이 없다. 그런 이원론적 견해는 마귀를 하나님과 경쟁하는 신으로 만드는 것이나 다름없다. 다른 한편, 아벨라르두스는 안셀무스가 주장하는 만족론의 어떤 측면에 대해 역겨움을 느꼈다. 어떤 이들에게 그것은 (적어도 그것의 초기의 희화화된 형태에 있어서는) 하나님을 진노하는 마귀로 바꾸는 것처럼 간주될 수 있었다. 속죄의 문제에 대한 아벨라르두스의 기본적인 대답은 넓은 의미에서 세 번째 패러다임의 형태로 나타났다. 그리스도의 사역은 주로 세상을 향해 악한 인간을 위한 하나님의 사랑의 놀랄 만한 깊이를 예증하는 것으로 이루어진다. 속죄는 일차적으로 인간을 향한 것이지 하나님을 향한 것이 아니다. 하나님 안에는 그분이 악한 인간을 용서할 마음을 품으시기 전에 반드시 진정되어야 하는 무언가가 내재되어 있지 않다. 오히려 문제는 악하고 강퍅한 인간의 마음, 그것이 갖고 있는 하나님에 대한 두려움과 무지에 있다. 인간은 하나님께로 돌아서서 그분과 화해하기를 거부한다. 그러나 예수 그리스도의 성육신과 죽음을 통해 하나님의 사랑은 봉화처럼 빛나면서 인

27_ 그러나 어떤 이들은 이것이 Abelard에 대한 어느 정도의 공정한 읽기인지에 대해 의문을 제기해왔다. Alister McGrath, "The Moral Theory of the Atonement: An Historic and Theological Critique," *Scottish Journal of Theology* 38 (1985): 205-20을 보라.

간에게 돌아와 자신과 교제할 것을 촉구한다. 오늘날 도덕적 감화론(moral influence theory)이라고 알려진 아벨라르두스의 견해는 선택이라는 강력한 교리(이것은 오늘날 이루어지고 있는 아벨라르두스의 견해에 대한 재구성 작업에서는 대부분 나타나지 않는 요소다)와 결합되었다. 그런 견해 때문에 아벨라르두스는 결국 클레르보의 베르나르두스(Bernard of Clairvaux)에 의해 도전을 받았고, 상스 공의회(1140)에 의해 정죄되었으며 마침내 파문되었다. 그러나 속죄에 대한 그의 일반적인 접근법은 지난 1천 년 동안 다양한 형태로 계속되었다.[28]

종교개혁기 동안에 파우스투스 소키누스(Faustus Socinus, 1539-1604)에 의해 또 다른 형태의 주관적 관점 하나가 제시되었다. 그 관점은 대리 만족이 그리스도의 사역과 조금이라도 관계가 있다는 생각에 대한 근본적인 거부에 뿌리를 두고 있다. 도덕적 본보기론(moral example theory)이라고 알려진 소키누스의 견해는 예수의 죽음의 참된 가치는 그것이 우리에게 하나님을 향한 자기희생적 헌신의 완벽한 예를 제공한다는 사실에서 발견되어야 한다고 강조한다. 그러므로 소키누스에 따르면 "예수 그리스도가 우리의 구주가 되시는 것은 그분이 우리에게 영원한 구원의 길을 선포하시고, 확증하시고, 몸소 그분의 삶과 죽음으로부터의 부활 모두를 통해 그것을 분명하게 보이셨기 때문이며, 또한 그분을 믿는 우리에게 영생을 주실 것이기 때문이다."[29] 물론 그동안 소키누스는 갖가지 이단적 가르침으로 인해 비난을 받아왔고, 그중에는 실제적인 반삼위일체적 신학, 잘못된 기독론, 그

28_그것에 대한 현대적인 명확한 표현을 위해서는 Philip Quinn, "Abelard on Atonement: 'Nothing Unintelligible, Arbitrary, Illogical, or Immoral About It,'" in *Reasoned Faith*, ed. Eleonore Stump (Ithaca, N.Y.: Cornell University Press, 1993), 281-300.

29_Faustus Socinus, Robert Culpepper, *Interpreting the Atonement* (Grand Rapids: Eerdmans, 1966), 104에서 재인용.

리고 인간과 죄에 관한 펠라기우스적 견해 등이 포함되어 있다. 주관적 패러다임을 비판하는 이들은 또한 이런 비판들에 더하여 그리스도의 사역에 대한 그의 활기 없고 과도하게 인간 중심적인 이론에 대해 언급할 것이다.

현대의 자유주의 신학의 발흥은 속죄에 관한 아벨라르두스식 접근법에 대한 새로운 이해를 가져왔다. 북미에서 호레이스 부쉬넬(Horace Bushnell)은 그런 접근법을 옹호하는 자로 유명했고, 영국에서 그런 역할을 했던 이는 해스팅스 래쉬돌(Hastings Rashdall)이었다.[30] 그 외에도 주관적 패러다임에 대한 공감을 분명히 드러냈던 다른 사상가들로는 프리드리히 슐라이어마허(Friedrich Schleiermacher), 알브레히트 리츨(Albrecht Ritschl), R. S. 프랭크스(Franks) 등이 있다.[31]

속죄에 관한 네 가지 관점: 복음주의적 대화

이 책의 목적은 속죄에 관한 네 가지 서로 다른 해석 간의 대화를 촉진하는 것이다. 각각의 기고자들은 속죄에 관한 그들의 특별한 견해를 해설하고 옹호하는 논문을 제시한다. 네 개의 주된 논문 각각에는 다른 세 명의 기고자가 보내온 반응이 따라붙는다. 제시된 네 가지 관점은 (1) 그레고리 보이드(Gregory Boyd)가 소개하는 승리자 그리스도(Christus Victor),[32] (2) 토마

30_Horace Bushnell, *The Vicarious Sacrifice, Grounded in Principles of Universal Obligation* (New York: Scribner, 1866); Hastings Rashdall, *The Idea of the Atonement in Christian Theology* (London: Macmillan, 1920).

31_Frederick Schleiermacher, *The Christian Faith*, ed. and trans. H. R. Mackintosh and J. S. Stewart, 2nd ed. (1830; reprint, Edinburgh: Clark, 1928), 458; Albercht Ritschl, *The Christian Doctrine of Justification and Reconciliation*, ed. and trans. H. R. Mackintosh and A. B. Macaulay (Edinburgh: Clark, 1900); R. S. Franks, *The Atonement* (London: Oxford University Press, 1934).

32_Boyd는 그의 승리자 그리스도론을 Gregory A. Boyd, "Christus Victor: The Warfare Significance

스 슈라이너(Thomas Schreiner)가 소개하는 형벌 대속(penal substitution),[33] (3) 브루스 라이헨바흐(Bruce Reichenbach)가 소개하는 치유(healing),[34] (4) 조엘 그린(Joel Green)이 제시하는 만화경(kaleidoscopic)[35] 등이다. 물론 처음 두 가지 관점은 정확하게 표준적 패러다임 중 하나로 넘어간다—각각 승리자 그리스도 패러다임과 객관적 패러다임으로. 세 번째 관점, 즉 치유로서의 속죄라는 관점은 단순히 주관적 접근법으로 축소되어서는 안 되지만 다른 일반적인 복음주의적 모델이 하지 않는 방식으로 속죄의 주관적 차원을 강조한다. 마지막으로, 만화경적 관점은 신약성서에 나타나는 속죄와 관련된 다양한 이미지는 우리로 하여금 그런 패러다임 각각이 그리스도의 사역을 해설하는 데 중요한 역할을 감당하고 있으며, 따라서 그것들 중 어느 것도 우선권을 주장할 수 없다는 결론을 내리도록 이끌어 간다고 주장한다. 우리는 이 책의 기고자들 모두가 신약성서가 그리스도

of Christ's Death," in *God at War* (Downers Grove, Ill.: InterVarsity Press, 1997), 238-68에서 제시한 바 있다. 현재 Boyd는 Stan and Evil이라는 타이틀을 지닌 네 권짜리 시리즈물을 통해 기독교의 영적 전쟁에 관한 포괄적인 비전을 만들어내는 작업을 하는 중이다. 제1권(*God at War*)과 제2권(*Satan and the Problem of Evil* [Downers Grove, Ill.: InterVarsity Press, 2001])은 이미 출판되었다. 제3권(*The Myth of the Blueprint*)은 현재 작업 중이다. 기독교적 삶에 대한 실제적 영향에 초점을 맞추는 제4권이 마침내 그 시리즈를 마무리할 것이다.

33_ 속죄에 대한 Schreiner의 접근법은 분명히 바울 신학에 관한 그의 이전 연구를 통해 형성되었다. Thomas R. Schreiner, *The Law and Its Fulfillment* (Grand Rapids: Baker, 1993); *Romans* (Grand Rapids: Baker, 1998); *Paul, Apostle of God's Glory in Christ* (Downers Grove, Ill.: InterVarsity Press, 2001)을 보라. 또한 Schreiner는 Ardel Caneday와 함께 쓴 *The Race Set Before Us* (Downers Grove, Ill.: InterVarsity Press, 2001)에서 신자의 안전을 위한 속죄의 영향에 대해 살핀 바 있다.

34_ Reichenbach는 치유로서의 속죄에 관한 그의 생각을 Bruce R. Reichenbach, "By His Stripes We Are Healed," *Journal of the Evangelical Theological Society* 41 (1998): 551-60, 그리고 "Inclusivism and the Atonement," *Faith and Philosophy* 16 (1999) 43-54에서 제시한 바 있다.

35_ Green은 속죄에 관한 그의 만화경적 견해를 Green and Baker, *Recovering the Scandal of the Cross* 에서 제시한 바 있다. 또한 다음과 같은 다른 출판물에서 속죄와 연관된 문제를 살핀 바 있다. Joel B. Green, *The Death of Jesus* (Tübingen: Mohr-Siebeck, 1988); *Salvation* (St. Louis: Chalice, 2003); John T. Carroll and Joel B. Green, eds., *The Death of Jesus in Early Christianity* (Peabody, Mass.: Hendrickson, 1995).

의 사역을 이해하도록 돕는 다수의 이미지를 제공하며 또한 그런 이미지들 모두가 속죄의 작용을 살필 수 있는 귀중한 창을 제공함을 인정하고 있음에 주목할 필요가 있다. 그러나 처음 세 관점(승리자 그리스도, 형벌 대속, 치유)은 모두 자기들의 특별한 이론이 정당하게 다른 것들보다 우선권을 요구할 수 있다고 주장하는 반면, 만화경적 관점은 그런 관점 중 어느 것도 우선적 지위를 갖고 있지 않으며 그중 어느 하나를 강조하는 것은 속죄를 오해하는 것이라고 주장한다.

우리는 이 책의 기고자—그레고리 보이드, 조엘 그린, 브루스 라이헨바흐, 톰 슈라이너—모두가 이 프로젝트에서 각자에게 맡겨진 귀중한 역할을 감당하고 그 과정 내내 협력해준 것에 대해 감사드린다. 또한 우리는 IVP의 편집자인 댄 리드에게 감사드린다. 그는 처음부터 끝까지 이 프로젝트를 고무하고 이끌었다. 필립 퀸에게도 감사를 담은 추모의 말을 전한다. 퀸 교수는 기고자 중 한 사람으로 이 프로젝트에 참여했으나 프로젝트가 완료되기 전에 세상을 떠났다. 그는 우리에게 갖가지 일로 기억될 것이다. 그중에는 그가 그리스도의 속죄 사역을 포함해 다양한 신학적 주제를 성찰하는 과정에서 보여준 날카로운 철학적 감수성이 포함되어 있다.[36] 늘 그렇듯이 우리는 언제나 우리 가족들—특히 각자의 아내인 미셸 베일비와 켈리 에디—에게 감사드린다. 마지막으로, 우리의 선생님이자 멘토이며 친구인 데이비드 클락(David K. Clark)에게 깊은 고마움을 표한다. 이 책을 그에게 바친다.

36_Philip L. Quinn, "Christian Atonement and Kantian Justification," *Faith and Philosophy* 3 (1986): 440-62; "Aquinas on Atonement," in *Trinity, Incarnation, and Atonement*, eds. Ronald Feenstra and Cornelius Plantinga (Notre Dame, Ind.: University of Notre Dame Press, 1989), 153-77; "Abelard on Atonement: Nothing Unintelligible, Arbitrary, Illogical, or Immoral about It," in *Reasonable Faith*, ed. Eleonore Stump (Ithaca, N.Y.: Cornell University Press, 1993), 281-300; "Swinburne on Guilt, Atonement and Christian Redemption," in *Reason and the Christian Religion*, ed. Alan G. Padgett (Oxford: Clarendon Press, 1994), 277-300.

1

승리자 그리스도론

_그레고리 A. 보이드

"하나님의 아들이 나타나신 것은

마귀의 일을 멸하려 하심이라"(요일 3:8).

어떤 이가 가진 위대한 지성을 보여주는 한 가지 징표는 그가 단번에 수많은 문제를 풀어내는 것이다. 나는 바로 이것이 바울이 하나님이 그분의 아들로 하여금 육신을 입고 갈보리에서 죽게 하신 것을 통해 보여주신 그분의 은밀한 그리고 감춰진 "갖가지" 지혜에 대해 말하는 이유라고 믿는다(엡 3:10; 참고. 고전 1:30; 2:7). 무한히 현명하신 하나님은 예수 그리스도의 성육신, 삶, 죽음, 그리고 부활을 통해 수많은 문제를 해결하셨다. 무엇보다도 그리스도를 통해 하나님은 마귀와 그의 졸개들을 물리치셨고(히 2:14; 요일 3:8), 자신에 관한 결정적인 진리를 계시하셨고(롬 5:8, 참고. 요 14:7-10), 인간을 포함해 만물을 자기와 화해하게 하셨고(고후 5:18-19; 골 1:20-22), 우리의 죄를 용서하셨고(행 13:38; 엡 1:7), 우리의 죄로 인해 병든 본성으로부터 우리를 치유해주셨고(벧전 2:24), 우리에게 성령을 부으셔서 우리가 그분과의 관계 속에서 살아가게 하셨고(롬 8:2-16), 우리가 따라야 할 모범을 우리에게 제시해주셨다(엡 5:1-2; 벧전 2:21). 하나님의 지혜는 참으로 "갖가지"로 제시된다!

그리스도의 삶과 죽음과 부활에 내포된 다면적 계획을 감안한다면, 교회가 오랜 시간에 걸쳐 속죄에 관한 다양한 개념적 모델을 창안한 것은 놀랄 일이 아니다. 그러므로 우리는 속죄에 관한 다양한 승리자 그리스도 모델, 대속 모델, 치유 모델, 모범 모델, 신격화 모델, 총괄갱신 모델, 도덕적 통치 모델을 갖고 있다. 이 각각의 모델은 그리스도의 성육신, 삶, 죽음, 그리고 부활이 이룬 일의 한 측면을 정당하게 표현한다.

어떤 이들은 포스트모던적 상황 속에서 우리가 그쯤 해두고 말아야 한다고 주장한다. 그들은 비록 다양한 문화적·개인적 상황이 때때로 어느 한 가지 모델이 다른 모델보다 강조되도록 요구할 수는 있으나, 우리가 어느 한 관점을 다른 것들보다 훨씬 더 근본적인 것으로 옹호하거나 그 다양한 모델을 하나의 단일하고 일관된 틀에 끼워 맞추려고 시도해서는 안 된다고 주장한다. 나는 그런 정서에 깊이 공감한다. 그러나 나로서는 우리가 그리스도의 사역의 모든 측면을 이해할 수 있는 "내적 논리"를 드러낼 만한 하나의 포괄적인 개념 모델을 추구하는 것이 아주 자연스러워 보이며, 또한 만약 그것이 협조적인 정신으로 수행된다면 굉장히 유익해 보이기도 한다. 우리가 인간의 이해와 관련해 이룬 모든 진보가 현실을 있는 그대로 이해하고자 하면서도 "현실은 통일되어 있다"는 확신에 집착한 결과였음을 생각해보라. 우리는 겉보기에 이질적인 사실들을 통합해 하나의 통일된 틀을 만들어내고자 애쓴다. 그러므로 만약 우리가 속죄라는 현실을 믿는다면, 나로서는 어째서 우리가 하나님의 "갖가지" 지혜의 다양한 측면을 통합해서 하나의 일관된 틀을 만들기 위해 노력하면 안 되는지 알지 못하겠다.

이것은 단순히 이론적인 관심이 아니다. 과학에서의 모든 발전이 그러했듯이, 현실적 결과의 문제는 위기에 처할 수도 있다. 우리가 속죄의 배후에 있는 하나님의 "갖가지" 지혜를 이해하는 방식은 삶의 여러 분야에 속죄를 적용하는 방식에도 영향을 줄 수 있을 것이다(나는 이 장 말미에서 이 문제로 돌아갈 것이다).

이 글의 제한된 지면을 통해서는 그런 통합 작업을 시도할 수 없다. 그러나 적어도 나는 그런 프로젝트가 수행될 수 있는 한 가지 틀을 제안하고자 한다. 좀 더 상세히 말하자면, 나는 하나의 통합적인 틀이 처음 1천 년 동안 교회의 사고를 지배했던 그리스도의 사역에 관한 견해, 즉 승리자 그리스도(Christus Victor)라는 모델 안에서 발견될 수 있다고 주장하고자 한다. 이 모델은 하나님이 그리스도의 성육신, 삶, 죽음, 그리고 부활을 통해 마귀를 물리치셨다는 사실에 초점을 맞춘다. 이 글에서 나는 그리스도의 사역의 이런 측면이 그리스도의 사역의 다른 측면보다 훨씬 더 근본적이라 설명될 수 있으며 그리스도의 사역의 배후에 있는 "갖가지" 지혜의 다른 측면은 이런 상황 속에서 가장 잘 이해될 수 있다고 주장할 것이다.[1]

먼저 승리자 그리스도 모델을 위한 성서적 배경을 제공하는 것으로 시작할 것이다. 그 후에 그리스도의 삶과 사역에 대한 이런 식의 이해를 위해 가장 중요한 신약성서의 구절을 간략하게 살필 것이다. 이어서 나는 그리스도가 마귀를 물리치신 방법에 관한 다소의 정보를 제공하는 신약성서의 구절에서, 또한 속죄가 단순히 그리스도의 죽음과 부활만이 아니라 그

1_ 승리자 그리스도 모델이 지난 9세기 동안 대부분의 경우 안셀무스의 "만족론"으로 (그리고 나중에는 종교개혁자들의 "형벌 대속론"으로) 되돌아가기는 했으나, 지난 세기에 승리자 그리스도 모델은 일종의 르네상스를 경험했다. 특히 이제는 고전이 된 Gustaf Aulén의 책 *Christus Victor: An Historical Study of the Three Main Types of the Idea of the Atonement*, trans. A. G. Hebert (Eugene, Ore.: Wipf & Stock, [1931])가 출판된 이후부터 그러했다. 최근에 이 모델을 옹호하는 이들 중 몇 사람에 관해서는 Gregory A. Boyd, *God at War: The Bible and Spiritual Conflict* (Downers Grove, Ill.: InterVarsity Press, 1997), 238-68과 Thomas Finger, *Christian Theology: An Eschatological Approach*, vol. 1 (Scottdale, Penn.: Herald Press, 1985)의 참고문헌을 보라. 흥미롭게도 비복음주의 계열의 신학자 중 점점 더 많은 이들이 승리자 그리스도 모티프를 다양한 형태로 다소간 "비신화화시킨" 버전을 유익한 통찰과 함께 받아들이고 있다. 예컨대, Walter Wink, *Engaging the Powers: Discernment and Resistance in a World of Domination* (Minneapolis: Fortress, 1992), 『사탄의 체제와 예수의 비폭력』(한국기독교연구소 역간, 2009); J. Denny Weaver, *The Nonviolent Atonement* (Grand Rapids: Eerdmans, 2001); Darby Kathleen Ray, *Deceiving the Devil: Atonement, Abuse and Ransom* (Cleveland, Ohio: Pilgrims Press, 1998); John Macquarrie, *Principles of Christian Theology*, 2nd ed. (New York: Charles Scribners, 1977), 318-21을 보라; 참고. 또한 John Macquarrie, "Demonology and the Classic Idea of Atonement," *Expository Times* 68 (1956): 3-6, 60-63을 보라.

분의 삶과 가르침의 모든 측면과 관련되어 있음을 밝혀주는 신약성서의 구절에서 우리가 찾아낼 수 있는 다섯 가지 단서에 대해 논할 것이다. 그 후에는 그리스도 사역의 다른 측면이 승리자 그리스도 모델이라는 문맥에서 어떻게 이해될 수 있는지를 간략하게 살필 것이다. 나는, 내가 믿기로 속죄에 관한 승리자 그리스도 모델이 다른 모델들보다 훨씬 더 근본적이고 포괄적이라는 내 논지를 지지해주는 여덟 가지 의견을 요약하면서 이 글을 마무리할 것이다.

배경: 성서에 등장하는 전쟁 모티프

속죄에 관한 승리자 그리스도 모델은 성서 전체에서 나타나는 영적 전쟁이라는 보다 큰 모티프에 대한 이해 없이는 적절하게 이해할 수 없다. 비록 영적 전쟁이라는 모티프가 충분하게 제시된 적은 거의 없으나, 사실 성서의 이야기는 정확하게 하나님이 그분에게 맞서고 그분의 창조세계를 위협하는 우주적인 그리고 인간적인 행위자들과 벌이시는 지속적인 싸움과 그들에 대한 궁극적 승리의 이야기로 묘사할 수 있다.[2]

적대적인 물, 괴물, 그리고 신들. 구약성서에서 이 전쟁은 대부분 하나님이 세상을 둘러싸고 위협하는 적대적인 물, 그리고 사악한 괴물들과 벌이시는 전쟁이라는 맥락에서 묘사된다. 비이스라엘인들은 이런 사악한 세력과 맞서기 위해 다양한 신들(예. 마르두크와 바알)에게 기대를 걸었지만, 히브리인들은 심술궂은 물과 맞서 싸우고, 그것을 꾸짖고 억제하고 짓밟

2_ 성서 전반에서 나타나는 영적 전쟁 모티프에 관한 충분한 설명을 위해서는 Boyd, *God at War*를 보라.

으신 분은, 또한 우주적 괴물들을 항복시키신 분은 오직 야웨 한 분뿐이라고 선언했다(예. 시 29:3-4, 10; 74:10-14; 77:16, 19; 89:9-10; 104:2-9; 잠 8:27-29; 욥 7:12; 9:8, 17; 26:12-13; 38:6-11; 40:15-34; 겔 29:3; 32:2; 렘 51:34; 합 3:8-15; 나 1:4).

또한 우리는 구약성서에서 하나님과 그분의 천군에게 맞서 싸우는 반역하는 신들, 즉 창조된 영적 존재들에 관한 많은 이야기를 읽는다. 적대적인 물과 우주적 괴물의 경우와 마찬가지로, 고대 이스라엘 사람들은 지상에서 벌어진 싸움을 신들 사이에서 벌어진 싸움과 분리시키지 않았다(예. 삼하 5:23-24; 대상 12:22; 삿 11:21-24).[3] (오늘 우리가 그렇게 부르는 바) "영적 영역"에서 일어난 일은 역사 속에서 일어나는 일에 영향을 주며, 그 반대 역시 마찬가지다. 그러므로 고대 이스라엘의 세계관에 따르면, 기도가 즉각 응답을 얻지 못하고, 사람들이 부당한 일을 당하거나 빈곤에 처하고, 어떤 이들에게 "자연의" 재해가 닥쳐오는 부분적인 이유는 이런 반역적인 신들의 우발적 행위와 상관이 있다(예. 단 10장; 시 82편; 욥 1-2장).[4]

악을 이런 식으로 적대적인 물, 우주적 괴물, 반역하는 신들이라는 맥락에서 설명하는 것은 분명히 표준적인 고대 근동의 신화론적 이미지에

3_ 이에 대한 논의를 위해서는 Neil Forsyth, *The Old Enemy: Satan and the Combat Myth* (Princeton, N.J.: Princeton University Press, 1987); Jon D. Levenson, *Creation and the Persistence of Evil: The Jewish Drama of Divine Omnipotence* (San Francisco: Harper & Row, 1988); Carola Kloos, *YHWH's Combat with the Sea: A Canaanite Tradition in the Religion of Ancient Israel* (Leiden: E.J. Brill, 1986); Mary K. Wakeman, *God's Battle with the Monster: A Study in Biblical Imagery* (Leiden: E.J. Brill, 1973); John Day, *God's Conflict with the Dragon and the Sea: Echoes of a Canaanite Myth in the Old Testament* (Cambridge: Cambridge University Press, 1985); Patrick D. Miller, *The Divine Warrior in Early Israel* (Cambridge, Mass.: Harvard University Press, 1973); E. Theodor Mullen Jr., *The Assembly of the Gods* (Chico, Calif.: Scholars Press, 1980)을 보라. 또한 Boyd, *God at War*, 73-142에 실려 있는 다른 참고 문헌들을 보라.

4_ 다른 곳에서 나는 반역적인 신들의 행위가 전통적인 신정론이 놓치고 있는 몇 가지 요소 중 하나라고 주장한 바 있다. Gregory A. Boyd, *Is God to Blame?* (Downers Grove, Ill.: InterVarsity Press, 2003)을 보라.

의해 다양한 영향을 받고 있다. 하지만 그럼에도 그것들은 세상과 그것의 거주자들이 **우주적인 전쟁 지역**에서 살아가고 있다는 개념을 강력하게 전달한다. 우주의 질서와 이스라엘의 보존은 하나님이 지속적으로 악한 우주적 세력과 싸우시는 것에 의존한다. 그들의 이방인 이웃들과 대조적으로, 물론 구약성서의 저자들은 야웨께서 우주적 혼돈 세력을 저지하고 궁극적으로 그들을 타도하실 수 있다는 엄청난 확신을 드러낸다. 그러나 그와 동시에 그들이 이런 세력들에 대한 야웨의 승리가 찬양받을 만하다고 여기는 것은, 이런 적대적인 우주적 세력이 **가공할 만하며** 또한 영적 영역에서의 싸움이 **실제**라고 믿기 때문이라는 사실도 분명하게 드러난다.[5]

신약성서 속의 사탄. 갖가지 역사적 요인 덕분에, 그리스도 시대 이전 두 세기 동안—보통 묵시록 기간이라고 불린다—유대인들 사이에서는 세상이 선한 우주적 세력과 악한 우주적 세력 사이의 전쟁터라는 이해가 크게 강화되었다.[6] 이런 묵시적 작가들 사이에는 상당한 신학적 다양성이 존재하지만, 그들 모두는 구약성서의 정경적 저작들이 그렇게 하는 것보다 훨씬 더 많이 신과 천사, 그리고 마귀에게 영향력이 있다고 여겼다.[7] 더 나아가 그들 모두는 세상은 악한 세력에 너무 강하게 사로잡혀 있기에 오직 하나님의 급진적인 개입—그들은 그 일이 아주 가까운 미래에 일어날 것이라 여겼다—을 통해서만 자유로워질 수 있다는 잘 발달된 인식을 공유하고 있었다.

예수는 이런 세상 속으로 들어오셨다. 그리고 그와 그의 가장 초기 추

5_Levenson, *Creation and the Persistence of Evil*, 14-27을 보라.

6_Boyd, *God at War*, 172-76을 보라.

7_ 아마도 다니엘서의 경우가 예외가 되겠지만, 대부분의 학자들은 그것은 다니엘서가 묵시록 기간에 작성되었기 때문이라고 주장한다.

종자들이 이런 묵시적 세계관을 공유하고 있었고 어느 측면에서는 훨씬 더 강화시켰다는 온갖 증거들이 존재한다. 예컨대, 예수와 그를 따르는 자들이 사탄에게 부과한 역할은 이전의 묵시 문학에는 선례가 없다. 요한에 따르면 예수는 사탄이 "세상의 통치자"라고 믿었다(요 12:31; 14:30; 16:11).[8] 여기서 "통치자"(ruler)라고 번역한 단어(*archōn*)는 통상적으로 "그리스-로마 세계에서 어느 한 도시나 지역의 가장 높은 관리"를 가리킨다.[9] 물론 예수와 그의 추종자들은 하나님이 모든 창조세계의 **궁극적** 주님이시라고 믿었으나, 분명히 그들은 사탄을 현재 세상의 **기능적** 주인으로 보았다.

같은 방식으로 사탄은 "천하만국"을 소유했다고—**그가** 자신이 원하는 누구에게든 그런 나라를 다스릴 권세를 줄 수 있을 정도로—묘사된다(눅 4:5-6). 사실, 세상의 이런저런 다양한 나라들은 사탄의 통치 아래에 있는 **하나의 단일한 나라**로 묘사할 수 있다(계 11:15; 참고. 계 13장). 더 나아가 요한은 온 세상이 "악한 자 안에" 있다고 말한다(요일 5:19). 또한 바울은 주저하지 않고 사탄에게 "이 세상의 신"(고후 4:4)과 "공중의 권세 잡은 자"(엡 2:2)라는 이름을 붙인다. 이 만연하고 억압적인 마귀의 영향력 때문에, 바울은 전형적으로 묵시적인 방식으로 이 세상의 시스템을 근본적으로 악하다고 묘사한다(갈 1:4).

예수의 모든 일은 이 제국을 정복하는 것, 사탄이 사로잡고 있는 세상을 되찾아오는 것, 그것의 합법적인 부왕들—인간들—을 세상의 청지기라는 원래의 자리로 회복시키는 것에 집중되었다(창 1:26-28; 참고. 딤후 2:12; 계 5:10). 예수가 행한 수많은 치유와 해방 사건 각각은 세상에 대한 사탄의 지배력을 감소시키고 사람들을 그의 손아귀에서—그 정도가 어느

8_ 달리 언급하지 않을 경우, 성서 인용은 새개정표준역(NRSV)을 따른다.

9_ Clinton E. Arnold, *Powers of Darkness: Principalities and Powers in Paul's Letter* (Downers Grove, Ill.: InterVarsity Press, 1992), 81. 『바울이 분석한 사탄과 악한 영들』(이레서원 역간, 2008).

정도였든 간에 — 해방시켰다.[10] 베드로는 고넬료에게 예수의 사역을 간결하게 요약하면서 이렇게 말했다. "그가 두루 다니시며 선한 일을 행하시고 **마귀에게 눌린 모든 사람을** 고치셨다"(행 10:38, 강조는 덧붙인 것임). 구스타프 빙그렌(Gustaf Wingren)은 핵심 모티프를 다음과 같이 잘 표현해냈다.

> 예수가 병자들을 치유하고 악한 영들을 내쫓을 때, 사탄의 지배권은 사라지고 하나님 나라가 다가온다(마 12:22-29). 그러므로 그리스도의 모든 행위는 마귀와의 싸움이다(행 10:38). 하나님의 아들이 육신을 입고 인간이 되신 것은 마귀의 권세를 타도하고 그의 일을 무로 돌리기 위함이었다(히 2:14f; 요일 3:8).[11]

권세들과의 싸움. 예수와 신약성서의 저자들은 당대의 묵시적 관점을 강화하면서 단순히 악령에 사로잡히고 병든 사람들 안에서뿐 아니라 직접적으로든 간접적으로든 하나님의 통치에 부응하지 않는 모든 것 안에서 마귀의 영향력을 보았다. 예컨대, 맹세하는 것, 유혹, 거짓말, 율법주의, 거짓된 가르침, 분노, 영적 눈멂, 박해 등 모든 것이 사탄에 의해 영감을 받은 것으로 간주되었다.[12] 우리는 이에 대해 놀랄 필요가 없다. 왜냐하면 다시 말하지만, 당시에 예수와 그의 추종자들 모두는 마귀가 온 세상을 강력하게 통제하고 있다고 믿었기 때문이다(요일 5:19). "우는 사자"의 나라(벧

10_ 예수의 사역에서 치유와 축귀의 중심성에 관해서는 Boyd, *God at War*, 171-214를 보라.

11_ Gustaf Wingren, *The Living Word*, trans. T. V. Pague (Philadelphia: Muhlenberg, 1960), 53. 다른 곳에서 나는 예수의 "자연 기적들"(예. 거센 바다를 잠잠하게 하심, 열매 맺지 못하는 나무를 저주하심)조차 사탄의 나라에 대한, 그리고 그 나라에 맞서는 하나님 나라에 대한 표현이라고 주장한 바 있다(*God at War*, 205-14를 보라).

12_ 예. 마 5:37; 6:13; 13:19, 38; 행 5:3; 고전 7:5; 10:20; 고후 2:7, 10-11; 4:4; 11:3, 13; 갈 1:8; 4:8-10; 엡 4:26-27; 골 2:8; 살전 3:5; 딤전 4:1-5; 요일 4:1-4; 요이 1:7을 보라.

전 5:8)는 예수와 그의 가장 초기 제자들에게는 항상 존재하는 현실이었다. 이런 이유로 바울은 제자들이 세상에서 어떤 싸움을 수행하고 있든 간에 자기들의 실제 싸움이 "통치자들과 권세들과 이 어둠의 세상 주관자들과 하늘에 있는 악의 영들"에 대한 것임을 알아야 한다고 가르쳤다(엡 6:12; 참고. 고후 10:3-5).

바울이 말한 이 마지막 구절은 우리에게 신약성서의 묵시적 세계관의 최종적인 그리고 매우 중요한 측면을 제시한다. 신약성서 전반에서 나타나는 사탄과 마귀들에 대한 빈번한 언급 이외에도 우리는 바울이(그리고 다른 이들이, 예. 벧전 3:21-22) 다른 영적 권세에 대해 언급하는 것을 발견하는데, 그런 권세 대부분은 당대의 묵시 문학 안에서 그것들에 상응하는 존재를 갖고 있다. 그렇게 해서 우리는 "통치자", "정사", "권세", "권위자"에 관해(롬 8:38; 13:1; 고전 2:6, 8; 15:24; 엡 1:21; 2:2; 3:10; 6:12; 골 1:16; 2:10, 15), "주권"(엡 1:21; 골 1:16), "우주의 권세"(엡 6:12), "보좌"(골 1:16), "영적 세력"(엡 6:12), "초등 학문"(골 2:8, 20; 갈 4:3, 8-9) 그리고 다른 영적 실재들에 대해 듣는다.[13] 간결하게 말하기 위해 나는 월터 윙크(Walter Wink)가 세운 선례를 따라 이 방대한 우주적 권세를 간단하게 "권세"(the powers)라고 부를 것이다.

바울과 다른 이들이 이처럼 다양한 호칭으로 언급하는 것이 정확하게 무엇인지에 대해 아주 많은 논의가 있었고, 어떤 문제들은 여전히 논의 중이다. 그러나 이런 권세들이 적어도 다양한 사회 구조와 사람들의 집단—예. 국가, 정부, 계급, 인종, 부족, 그리고 다른 사회적 그룹들—이 갖고 있는 파괴적인 영적 힘과 밀접하게 관련되어 있다는 (어떤 이들이 주장하기로는,

13_ 예컨대, 바울은 롬 8:39에서 마귀의 실체에 대해 언급하는 것처럼 보인다. James D. G. Dunn, *Romans 1-8*, World Biblical Commentary 38A (Waco, Tex.: Word, 1988), 513을 보라. 『로마서 상: WBC 성경주석시리즈』(솔로몬 역간, 2003).

동일하다는) 광범위한 합의가 존재한다.[14]

바울이 죄를 무엇보다도 먼저, 현대의 대부분의 서구인들이 그렇게 하듯이, **개인적인** 행위의 문제로 여기지 않는 것은 아마도 그런 이유 때문일 것이다. 오히려 그는 "죄"(그리고 "율법"이나 "육신" 같은 연관된 개념)를 개인뿐 아니라 집단으로서의 사람들을 속박하는 준자치적인 권세로 여긴다(예. 롬 3:9; 6:6-12; 7:7-20, 23, 25). 바로 이것이 사람들이 그들 자신의 노력으로 죄의 권세를 깨뜨리고 율법을 성취하기를 소망할 수 없는 이유다. 대부분의 묵시 사상에서 그러하듯이, 바울은 필요한 것은 다름 아니라 하나님이 인간의 역사 속으로 깨치고 들어오셔서 죄의 권세를 물리치시고 우리를 죄의 굴레에 묶고 있는 우주적 권세로부터 구해내시는 것뿐이라고 믿었다. 바울과 모든 초기 그리스도인은 바로 그 일이 예수 그리스도의 강림과 더불어 일어났다고 믿었다. 그리고 그것이야말로 속죄에 관한 승리자 그리스도론의 핵심이다.

권세들에 대한 그리스도의 승리

루터와 다른 종교개혁자들에게 중요한 신학적 쟁점은 개별적인 죄인들이, 어떻게 죄를 벌하지 않고 넘어가실 수 없는 지극히 거룩하신 하나님 앞에

14_ 이와 관련한 논의를 개관하기 위해서는 Peter O'Brien, "Principalities and Powers: Opponents of the Church," *Evangelical Review of Theology* 16 (1992): 353-84를 보라. 이 주제에 관해 널리 호평받고 있는 Walter Wink의 "권세들" 3부작보다 이를 더 철저하고 통찰력 있게 연구하고 발전시킨 이는 달리 없다. 특히 Walter Wink, *Naming the Powers: The Language of Power in the New Testament* (Philadelphia: Fortress, 1984)를 보라. 안타깝게도 내가 보기에 Wink는 "권세들"이 인격적이고 초월적인 행위자라는 사실을 부인한다. 그의 견해에 대한 내 비판에 대해서는 Boyd, *God at War*, 273-76을 보라.

서 의로워질 수 있느냐는 것이었다. 그러나 지난 수십 년 동안 수많은 학자들이 확인해주었듯이, 이것은 1세기 유대인들이 씨름했던 주된 문제가 아니었다.[15] 바울의 경우에서처럼, 대부분의 1세기 유대인들의 핵심 관심사는 사람이 어떻게 세상을 사로잡고 있는 우주적 권세들의 억압적이고 파괴적인 힘으로부터 자유로워질 수 있느냐 하는 것이었다. 가장 기본적으로 예수의 추종자들이 그분의 삶, 죽음, 부활의 의미를 이해하게 된 것은 바로 **이런 범주들** 안에서였다.

적들에 대한 그리스도의 승리. 신약성서에 따르면 예수가 행한 핵심적인 일은 "이 세상의 임금"을 쫓아내는 것이었다(요 12:31). 그는 "마귀의 일을 멸하려" 오셨다(요일 3:8). 그는 "죽음을 통하여 죽음의 세력을 잡은 자, 곧 마귀를 멸하시며 또 죽기를 무서워하므로 한평생 매여 종노릇하는 모든 자들을 놓아주시기" 위해 오셨다(히 2:14-15). 예수는 궁극적으로 "모든 원수를 그 발아래에 둘"(고전 15:25) 새로운 통치 체제를 세우기 위해 살았고, 죽었고, 부활하셨다. 비록 "강한 자"가 "완전하게 무장을 하고" 있었으나, 마침내 "그보다 더 강한" 자가 와서 그를 공격해 쓰러뜨렸다(눅 11:21-22). 우주적 "도둑이 오는 것은 도둑질하고 죽이고 멸망시키려는 것"뿐이지만, 예수는 "양으로 생명을 얻게 하고 더 풍성히 얻게 하려" 오셨다(요 10:10). 예수는 "통치자들과 권세들을 무력화하여 드러내어 구경거리로 삼

15_ 이 문제에 관한 오늘날의 고전 작품은 E. P. Sanders가 쓴 *Paul and Palestinian Judaism: A Comparison of Paterns of Religion* (Philadelphia: Fortress, 1977)이다. 『바울과 팔레스타인 유대교』(알맹ⓔ 역간, 2017). 우리는 그의 "새 관점"(new perspective)의 이런저런 측면을 이해하기 위해 그가 제시한 모든 특별한 주장을 다 받아들일 필요는 없다. 내가 보기에는 Sanders 이후 바울에 대한 균형 잡힌 접근법은 N. T. Wright의 작품들에서 나타나는 것 같다. 가령, N. T. Wright, *The Climax of the Covenant: Christ and the Law in Pauline Theology* (Minneapolis: Fortress, 1992); "A Fresh Perspective on Paul?" *Bulletin of the John Rylands University Library of Manchester* 83 (2001): 21-39를 보라.

으시고 십자가로 그들을 이기셨다"(골 2:15). 요컨대, 예수는 기억조차 어려운 먼 과거 때부터 시작된 우주적 전쟁을 종결시키고 사탄에게 사로잡힌 자들을 해방시키기 위해 오셨다(눅 4:18; 엡 4:8).

성서에 나오는 최초의 메시아 예언—사실상 첫 번째 예언 시기—은 다음과 같이 선언했다. 하와의 후손이 처음부터 인간을 속여 자신의 반역에 가담시켰던 뱀의 머리를 짓밟을 것이다(창 3:15).[16] 그러므로 최초의 제자들이 메시아가 이룬 일을 **오래된 뱀에 대한 승리**라는 측면에서 표현했던 것은 놀랄 일이 아니다.

누가에 따르면, 기독교 최초의 설교는 그리스도의 우주적 승리에 초점을 맞췄다. 오순절에 성령이 부어진 후, 베드로가 일어나 이렇게 선포했다.

> 이 예수를 하나님이 살리신지라. 우리가 다 이 일에 증인이로다. 하나님이 오른손으로 예수를 높이시매 그가 약속하신 성령을 아버지께 받아서 너희가 보고 듣는 이것을 부어주셨느니라. 다윗은 하늘에 올라가지 못하였으나 친히 말하여 이르되,
> "주께서 내 주에게 말씀하시기를
> '내가 네 원수로 네 발등상이 되게 하기까지
> 너는 내 우편에 앉아 있으라 하셨도다'"
> 하였으니, 그런즉 이스라엘 온 집은 확실히 알지니 너희가 십자가에 못 박은 이 예수를 하나님이 주와 그리스도가 되게 하셨느니라 하니라(행 2:32-36).

베드로에 따르면, 예수가 행한 핵심적인 일은 시편 110:1을 **성취한** 것

16_ 창 3:15에 대한 메시아적 해석에 관해서는 Ralph A. Martin, "The Earliest Messianic Interpretation of Genesis 3:15," *Journal of Biblical Literature*, 84 (1965): 425-27. 다른 몇 가지 신약성서 본문들 배후에도 이런 식의 읽기가 있는 것처럼 보인다(예. 롬 16:19-20; 고후 11:3; 계 12장).

이었다. 예수는 패배하고 낮아진 그의 원수들(이제 그들은 그분의 "발판"이다)을 딛고서 신적 권세를 지닌 자리(여호와의 "오른편")에 오르셨다. 묵시적인 유대적 상황 속에서 하나님 나라가 왔다는 말은 곧 **사탄의 나라가 패배했다는** 말이다.

우주적 적들에 대한 승리라는 이 주제는 신약성서 전체에서 나타난다. 실제로 시편 110편은 신약성서에서 가장 자주 인용되는 구절이다. 또한 그것은 항상 다양한 방식으로 **그리스도가 하나님의 적들을 물리치셨으므로** 그분이 곧 주님이시라는 사실을 드러내는 데 사용된다.[17] 이런 사실의 의미를 강조해서 말하는 것은 과장이 아니다. 오스카 쿨만(Oscar Cullman)의 말을 빌리자면,

> 초기 기독교 사상의 핵심에 그리스도의 현재적 지배와 천사들의 권세에 대한 그분의 필연적인 승리라는 개념이 있음을 가장 잘 보여주는 것은 시편 110:1이 단지 어느 고립된 책들에서만이 아니라 신약성서 전체에서 자주 인용된다는 사실이다.[18]

예수는 그의 성육신, 삶, 가르침, 죽음, 그리고 부활을 통해 사탄과 마귀 및 온갖 반역적인 정사와 권세들을 능가하는 하나님의 권능을 보여주었다. "왕권들…주권들…통치자들…권세들"(골 1:16)을 창조하신 이가 육신을 입으시고 죽으시고 부활하심으로써 하나님이 "그의 십자가의 피로

17_ 예. 마 22:41-45; 막 12:35-37; 눅 20:41-44; 고전 15:22-25; 히 1:13; 5:6, 10, 6:20; 7:11, 15, 17, 21; 10:12-13을 보라. 참고. 마 26:64; 막 14:62; 눅 22:69; 행 5:31; 7:55-56; 롬 8:34; 고전 15:25; 엡 1:20; 골 3:1; 히 1:3; 8:1; 벧전 3:22; 계 3:21.

18_ Oscar Cullman, *Christ and Time*, trans. F. V. Wilson, rev. ed. (London: SCM, 1962), 193. 신약성서에서 시 110편이 갖는 중요성에 대한 상세한 설명을 위해서는 David M. Hay, *Glory at the Right Hand: Psalm 110 in Early Christianity* (Nashville: Abingdon, 1973)을 보라.

화평을 이루사 만물, 곧 땅에 있는 것들이나 하늘에 있는 것들이 그로 말미암아 자기와 화목하게"(20절) 하실 수 있게 되었다. 칼 하임(Karl Heim)의 말을 빌리자면, 십자가는 "하나님에 맞서 일어난 사탄의 압제적인 권세에 대한 하나님의 최종적인 평정"이다.[19]

마귀로부터의 구출로서의 구원. 그리스도가 이루신 핵심적인 일이 마귀를 물리치신 것이기에, 우리는 신약성서에서 구원이 종종 마귀의 억압으로부터의 자유로 묘사되는 것을 발견하더라도 놀라지 않는다. 예컨대, 바울이 처음으로 그리스도를 만났을 때 받은 메시지는 그가 이방인들이 "그 눈을 떠 어둠에서 빛으로, 사탄의 권세에서 하나님께로 돌아오게 하고 죄 사함과 나를 믿어 거룩하게 된 무리 가운데서 기업을 얻게" 하기 위하여 그들에게 보내심을 받았다는 것이었다(행 26:17-18).

바울을 통해 하나님은 이방인들을 "믿지 아니하는 자들의 마음을 혼미하게 했던" "이 세상의 신"(고후 4:4)으로부터 해방시킴으로써 그들을 사탄의 권세로부터 자유롭게 하고, 또한 하나님의 권능 안으로 이끌어 들이고자 하셨다. 이로 인해 – 그리고 **이 논리적 순서를 면밀하게 주목하라** – 그들은 하나님에 의해 구별된 ("성화된") 공동체 안에 속하게 될 뿐 아니라 "죄 사함을 받는" 위치에 서게 될 것이다. 구원은 분명히 죄 사함을 포함한다. 하지만 이런 용서는 한 사람이 사탄의 손아귀에서 벗어나는 것, 그리고 그로 인해 죄의 통제력에서 벗어나는 것에서 시작한다.

수많은 다른 구절들이 동일한 역학을 보여준다. 구원은 가장 기본적으로 "마귀의 올무에서 벗어나 하나님께 사로잡힌 바 되는 것"(딤후 2:26)과 관련이 있다. 구원은 "이 악한 세대에서 자유케 되는 것"(갈 1:4)과, "이 세

19_Karl Heim, *Jesus the World's Perfecter*, trans. D. H. Daalen (Edinburgh: Oliver & Boyd, 1959), 70.

상의 초등학문 아래에서 종노릇하는 것"으로부터 해방되는 것과 관련되어 있다(갈 4:3; 참고. 롬 6:18; 8:2; 갈 5:1; 히 2:14-15). 구원은 하나님이 "우리를 흑암의 권세에서 건져내사 그의 사랑의 아들의 나라로 옮기심으로써" "빛 가운데서 성도의 기업의 부분을 얻게 하는 것"과 관련되어 있다(골 1:12-13). 이 기업에는 "속량 곧 죄 사함"을 얻는 것이 포함된다(골 1:14). 그러나 우리는 이 기업을 우리가 하나님의 아들을 통해 사탄의 권세에서 벗어나 하나님의 통치 아래로 옮겨질 때만 얻을 수 있다.

비슷하게 베드로는 세례가 "하늘에 오르사 천사들과 권세들과 능력들의 순종을 받으며 하나님 우편에 앉아 계신 예수 그리스도의 부활을 통해" 신자들을 구원한다고 주장한다(벧전 3:21-22). 세례 규정이 의미를 갖는 것은, 베드로의 말에 따르면, 그것이 문자적 씻음이기 때문이 아니라 신자를 그리스도의 죽음과 부활에 연결시키기 때문이다. 다시 말하지만, 그리스도의 죽음과 부활이 성취한 가장 중요한 일은 모든 우주적 권세를 자기 아래 복종시키신 일이다. 그러므로 신자들은 세례를 통해 그리스도의 우주적 승리를 드러내고 거기에 참여한다. 실제로 베드로는 (비록 수수께끼 같고 논쟁의 소지가 있기는 하나) 그리스도가 이루신 일의 우주적 중요성 때문에 "전에 복종하지 아니하던" 자들조차 지금은 자유를 얻게 되었다고 주장하는 것처럼 보인다(벧전 3:19-20).

바울 역시 그리스도에 대한 우리의 신뢰는 우리가 그리스도 안에서 "세상의 초등 학문에 대해" 죽고(골 2:20) "모든 통치자와 권세의 머리"(골 2:10)이신 그리스도의 온전함에 이르기까지 자라는 것을 의미한다고 쓴다. 십자가와 부활을 통해 그리스도는 이런 권세들을 물리치고 무장 해제하신 후 그들을 "구경거리"(골 2:15, 군대 지도자가 자신이 사로잡은 적군 포로들을 성읍을 가로질러 지나가게 하는 것을 묘사하기 위해 사용되었던 용어)로 삼으셨다. 결과적으로 그리스도를 신뢰하는 모든 이들은 그분 안으로 받아들여지고 그분이 거두신 우주적 승리에 참여한다. 이것이 신약성서가 말하는 "구원"의 핵심 의미다. 사탄과 마귀의 권세가 우리에 대해 갖고 있던 모든 것—우리를 그들의 억압 속으로 밀어 넣었던 모든 죄—이 힘을 잃고 그로 인해 우리는 모든 정죄로부터 해방된다(골 2:14-15).

십자가의 우주적이고 구원론적인 의미. 나는 속죄에 관한 승리자 그리스도 관점—이것은 다른 모든 관점과 첨예하게 대조된다—에서 그리스도의 사역의 **우주적 의미가 구원론적** 의미보다 존재론적으로 훨씬 더 근본적이라는 사실을 지적함으로써 내가 지금껏 말해온 내용을 요약하고자 한다. 물론 십자가의 구원론적 의미는 아마도 **우리에게** 가장 중요한 의미일 것이며, 우리는 그것을 과소평가해서는 안 된다. 하지만 우리가 그것을 그리스도의 승리의 우주적 의미라는 맥락에서 이해할 때만 그 의미를 정확하게 이해하고 인식할 수 있다.

바로 그것이 바울이 그리스도의 사역의 우주적 의미—예수가 어떻게 정사와 권세들과의 싸움을 원칙적으로 종결시켰는지—에 관해 논한 후에야 비로소 다음과 같은 결론을 내리는 이유다.

> 전에 악한 행실로 멀리 떠나 마음으로 원수가 되었던 **너희**를 이제는 그의 육체의 죽음으로 말미암아 화목하게 하사 너희를 거룩하고 흠 없고 책망할 것이 없는 자로 그 앞에 세우고자 하셨으니(골 1:21-22, 강조는 덧붙인 것임).

우리가 하나님과 화목하게 된 것은 우주가 그분과 화목하게 되었기 때문이다. 반역하는 세력들이 그들의 위치에 묶여 있기에 우리가 하나님 앞에서 "거룩하고 흠 없는" 존재로 제시될 수 있는 것이다.

마찬가지로 에베소서 1-2장에서 바울은 "이 세상 풍조를 따르고 공중의 권세 잡은 자를 따랐던" 우리가 "그리스도와 함께 살아나게 된" 사실(엡 2:2, 5)을 축하하기에 앞서, 그로 인해 모든 하나님의 적들이 "그분의 발 아래에" 놓이게 된 그리스도의 사역의 우주적 의미를 칭송한다(엡 1:20-22). 이 장에는 우리를 권세들의 권위에 굴복시키고 영적으로 죽게 만들었던 죄에 대한 용서가 포함되어 있다(엡 2:1). 그러나 이런 구원론적 의미는 그리스도의 사역의 보다 넓은 우주적 의미의 한 측면에 불과하다. "강한 자"가 무장 해제되어 묶였기에 — 그리고 오로지 강한 자가 무장 해제되어 묶였기 때문에 — 그의 "소유"(세상)가 "나누어졌고" 또한 포로들이 자유를 얻었다!(눅 11:21-22)

우주적 의미로부터 구원론적 의미로의 이행은 신약성서에서 갖가지 방식으로 드러난다. 특히 그것이 그리스도 안에 있는 제자들의 삶에 관해 말할 때 그러하다. 예컨대, 우리가 그 고발하는 자(마귀)가 더 이상 우리의 죄로 인해 우리를 정죄하지 못한다고 확신할 수 있는 것은 오직 그가 죄와 율법과 함께 패배했기 때문이다(롬 8:1, 31, 33; 골 2:13-15; 참고. 계 12:10). 또한 제자들이 그 어떤 우주적 권세도 우리를 하나님의 사랑에서 떼어놓을 수 없다고 확신할 수 있었던 것은(롬 8:35-39) 오직 한때 세상을 지배했던 자가 원칙적으로 내쫓기고(요 12:31) 무장 해제되고(골 2:15) 파멸했기(요일 3:8) 때문이다.

마찬가지로 우리가 우리 역시 그리스도처럼 승리하리라는 흔들리지 않는 확신을 할 수 있는 것은 오직 제자인 우리가 그리스도를 "모든 통치와 권세와 능력과 주권" 위에 앉히신 그 권능이 지금 우리 안에서 작동하고 있음을 알기 때문이다(엡 1:18-21). 우리가 그리스도를 통해 "악한 자를 이길 수 있고"(요일 2:13-14), 또한 죄의 권세를 이길 수 있다(요일 5:18)고 확신할 수 있는 것은 오직 그리스도가 사탄과 죄를 정복하셨기 때문이다. 그리스도를 믿는 우리가 죽음에 대한 두려움에서 벗어나 살 수 있는 것은 오직 죽음의 열쇠를 갖고 있는 자가 파멸했기 때문이다(히 2:14-15). 그리스도를 믿는 우리가 "마귀라고도 하고 사탄이라고도 하는 옛 뱀"을 이길 수 있는 것은 오직 십자가가 마귀를 물리쳤기 때문이다. 왜냐하면 우리는 "어린 양의 피와 [우리의] 증언하는 말씀으로써" 마귀에 맞서 싸우기 때문이다(계 12:9, 11).

다시 말해, **우리의** 개인적이고 사회적인 승리는 **그리스도의** 우주적 승리에 대한 참여다. 신약성서가 그리스도의 사역의 구원론적 의미에 관해 말하는 모든 것은 그분의 사역의 우주적 의미에 달려 있다. 그러나 오직 승리자 그리스도 모델만이 이런 우주적 전쟁의 의미가 갖는 중심적 역할을 포착하며, 그로 인해 그리스도의 사역의 구원론적 의미를 적절하게 표현해낸다.

우주적이며 인류학적인 현실로서의 구원. 앞서 말했듯이 신약성서에서 "구원"이라는 개념은 우리가 권세들에 대한 그리스도의 우주적 승리에 참여하는 데 집중된다. 그것은 서구의 많은 그리스도인이 잘못 생각하고 있듯이—그것은 종종 하나님에 대한 그들의 심상(心象)에는 부정적인 영향을 주고, 그들의 삶에는 반율법주의적인 영향을 준다—무엇보다도 먼저 "하나님의 진노로부터의 구원"이나 "지옥으로부터의 구원"을 의미하지 않는다. 오히려 제임스 칼라스(James Kallas)가 말하듯이,

> 우주 자체가 악한 세력에 묶여 억압받고 있기에, "구원"이라는 단어의 핵심은 세상 자체가 구출되거나 새로워지거나 해방되리라는 것이다. 구원은 모든 피조 세계에 영향을 주는 우주적 사건이다.…구원은 단순히 나의 반역에 대한 극복과 나의 죄책에 대한 용서가 아니다. 오히려 구원은 내가 그 과정의 아주 작은 일부를 이루는 온 세계의 해방이다.[20]

그리스도는 우주를 마귀의 압제로부터 원칙적으로 해방시키셨고 우주의 모든 거주자들을 해방시켜 이 새로운 사랑의 통치에 복종하게 하셨다. "썩어짐에 종노릇"하느라 "함께 탄식"해왔던 우주는 이제 해방되었고 여전히 해방되고 있는 중이다(롬 8:19-22). 그리고 애초에 세상의 총독이 되도록 되어 있었던 우리(창 1:26-28) 역시 굴레에서 해방되어 그리스도와 함께 세상의 공동 지배자라는 우리의 합법적인 지위를 회복했고 여전히 회복하고 있는 중이다(딤후 2:12; 계 5:10).[21] 우리는 하나님의 대적의 권세로부터 구원을 받았고, 우리의 죄의 필연적 결과가 될 수밖에 없었던 파멸로부터 구원을 받았으며, 우리의 타락으로 인해 하나님과 올바른 관계를 맺으며 살아갈 수 없는 상태로부터 구원을 받았고, 세상의 것들로부터 "생명"을 찾으려 애쓰는 우상숭배적이고 헛된 노력으로부터 구원을 받았으며, 우리의 삶의 무의미성으로부터 구원을 받았고, 그렇게 구원을 받아 삼위일체 하나님의 통치 아래 있는 온전한 생명, 기쁨, 권능, 평안에 영원히 참여하게 되었다.

이것이 신약성서가 "구원"이라는 말로 의미하는 것이다. 그것은 인류학적 현실이기 이전에 우주적 현실이다. 또한 그것이 인류학적 현실인 것은 그것이 우주적 현실이기 때문이다. 내가 알기로는 오직 승리자 그리스도 모델만이 이 진리를 적절하게 표현해낸다.

20_James Kallas, *The Satanward View: A Study in Pauline Theology* (Philadelphia: Westminster, 1966), 74.

21_ 그리스도는 "원칙적으로"(in principle) 마귀를 물리치셨다. 그러나 우리는 이 승리가 온전하게 드러나는 것을 분명하게 보지 못한다. 이것이 신약성서의 종말론에서 유명한 "이미와 아직"(already—not yet) 간의 긴장이다. 사탄이 예수의 부활 이후에도 "이 세상의 신", "공중의 권세 잡은 자", "온 세상을 다스리고 있는 자"로 확인되는 것에 주목할 필요가 있다!(고후 4:4; 엡 2:2)

선으로 악을 이기기

고대의 승리자 그리스도 이론. 그리스도가 마귀와 그의 일들을 물리치기 위해 오셨다는 사실은 신약성서에서 아주 분명하게 드러난다. 그러나 그리스도의 삶과 죽음과 부활이 정확히 어떻게 해서 이런 위업을 이루는지는 분명하지 않다. 초기 교회의 신학자들은 이 문제에 대해 갖가지 추측을 제공했다.

그중 대중적인 한 부류의 사고는 하나님이 사탄이 사로잡고 있는 인간을 대신해 예수를 사탄에게 내어주셨으나 그 후에 예수를 죽음에서 일으키심으로써, 말하자면 그 제공을 철회하셨다는 것이었다. 또 다른 보다 대중적인 사고는 하나님이 예수를 부서지기 쉬운 인간의 모습으로 사탄의 영역에 보내시면서 그를 "미끼"로 삼으셨다는 것이었다. 하나님은 사탄과 그의 졸개들이 그리스도를 붙잡으려는 유혹에 저항하지 못하리라는 것을 아셨다. 동시에 하나님은 예수가 신이며 죄가 없기에 사탄이 그를 "삼킬 수" 없다는 것도 아셨다. 그러하기에 예수는 3일 만에 지옥으로부터 토해냄을 당하셨다. 그리고 예수는 지옥을 떠나면서 자기와 함께 그곳에 수감되어 있던 인간들을 이끌고 나오셨다. 교회사의 첫 번째 1천 년 동안 그리스도인들은 그리스도가 이루신 일에 대해 늘 이런 식으로 생각했다.

만약 이것들이 아주 엄밀하게 다뤄지고 상세하게 말해진다면, 이 두 가지 이론 모두는 분명히 문제가 있다. 그리고 부분적으로는 바로 그것이 안셀무스의 대안적 견해가 제시되었을 때 그런 이론들이 사람들에게서 더 이상 호응을 얻지 못했던 이유다. 그러나 나는 교회가 성서의 "아기"를 우리의 사색이라는 "목욕물"과 함께 던져버리려 했던 것은 아닌가 하는 의문을 품고 있다. 나는 그리스도에 관한 이런 오래된 사고 안에는 어떤 심오한 진리가 들어 있다고 생각한다. 이 주장을 구체화하는 과정에서 승리자 그리스도라는 모티프가 어떻게 해서 그리스도의 죽음에만 국한될 수 없고 오히려 그리스도의 삶과 가르침에까지 스며들고 있는지를 밝힐 수 있기를 소망한다.

하나님의 "은밀한" 지혜. 그리스도가 어떻게 마귀를 물리치셨는지에 관한 단서(상세한 설명은 아니지만)를 제공해줄 수 있는 다섯 개의 성서 자료가 있다. 첫째, 마귀들이 그리스도의 사역 기간 내내 예수가 누구인지 알았으나 그가 어째서 자기들의 영역 안으로 들어왔는지에 대해서는 알지 못했던 것처럼 보이는 것은 중요할 수 있다(막 1:23-24; 3:11; 5:7; 눅 8:28). 둘째, 십자가 사건으로까지 이어진 하나님의 갖가지 지혜는 어떤 이유에선가 십자가 사건 이후까지도 "은밀하게 감추어져" 있었다(롬 16:25; 고전 2:7; 엡 3:9-10; 골 1:26). 셋째, 사탄과 그의 졸개들이 그리스도의 십자가 사건을 초래하는 도구였음은 아주 분명하다. 결국 유다에게로 들어가 그로 하여금 예수를 배반하도록 부추긴 것은 사탄이었다(요 13:27). 넷째, 바울은 우리에게 "이 세대의 통치자들"이 하나님의 은밀한 지혜를 알았더라면 "영광의 주를 십자가에 못 박지 아니하였으리라"고 말한다(고전 2:8; 참고. 6-7절).[22] 다섯째, 그 통치자들이 패배하고 인간이 모든 피조물과 더불어 하나님과 화해한 것은 십자가를 통해서였다. 뒤틀린 마음을 지닌 영적 통치자들이 자기들이 예수를 십자가에 못 박으면서 이루고 있다고 여겼던 것이 무엇이든 간에, 그것은 역효과를 낳았다.

우리가 이 다섯 가지 사실을 설명해주는 그럴듯한 스토리라인을 묘사하기 위해 고대의 승리자 그리스도 이론의 사변적이고 신비적인 측면 모두를 수용해야 할 필요는 없다. 지금 세상을 다스리고 있는 정사와 권세들

22_ 고전 2:7에 나오는 "통치자들"의 의미와 관련한 논쟁에 관해서는, Boyd, *God at War*, 256-59를 보라.

은 예수가 누구인지는 인식했으나 하나님의 아들이 자신들의 영역 안으로 들어온 이유에 대해서는 알 수가 없었다. 바울의 말처럼 그들은 하나님의 지혜를 헤아리지 못했기 때문이다. 하나님의 지혜는 예수가 사탄과 권세들이 오랫동안 사로잡고 있던 인간에 대한 사랑 때문에 죽는 데 집중되었다. 그리고 이런 악한 권세들은 분명히 이와 같은 자기희생적 사랑에 의해 추동되는 행위에 대해 상상할 능력을 갖고 있지 못했다. 권세들이 유일하게 이해할 수 있는 것은, 그 이유가 무엇이든 예수가 실제로 그들의 영역 안으로 들어왔고, **이것이 그를 만만한 대상으로 만들었다**는 것이었다. 그러므로 그 권세들은 자기들에게 협조적인 인간 대리자들과 합력해 예수의 십자가형이라는 사건을 만들어냈다. 하지만 그들이 그렇게 함으로써 알게 된 것은 결국 자신들이 계속해서 하나님의 은밀한 계획을 따라 자기들에게 주어진 역할을 해왔을 뿐이라는 사실이었다(행 2:22-23; 4:28). 그러므로 바울이 그리스도가 권세들을 무장 해제시켰다고 말하는 것은 놀랄 일이 아니다. 그분은 그들을 웃음거리로 만드셨다(골 2:14-15).

내가 알기로 속죄에 관한 가장 오래된 사고를 통해 구체화된 진실은 하나님이 어떤 의미에서 사탄과 권세들을 속이셨고, 또한 예수가 어떤 의미에서 일종의 "미끼" 노릇을 하셨다는 것이다. 그러나 하나님의 행위 안에는 표리부동하거나 부당한 것이 전혀 없었다. 오히려 하나님은 자신의 행위가 자신들의 악으로 인해 사랑하는 법을 알지 못하는 권세들에게 이해되지 않으리라는 것을 아시면서도 그저 터무니없을 만큼 사랑으로 가득 찬 방식으로 행동하고 계셨다. 끝없이 지혜로운 군사 전략가처럼 하나님은 자신의 적들을 그들의 자신들에 대한 무지를 사용해, 그리고 그들 스스로 선택한 악을 이용해 정복하는 법을 알고 계셨다. 현명하게도 그분은 악이 스스로 내파(內破)하게 하셨고 그로 인해 창조세계와 인간을 악의 압제로부터 해방시키셨다.[23]

바울은 교회가 수행해야 할 일 중 하나가 권세들에 대한 하나님의 승리에 찬 그리고 사랑 어린 지혜를 계속해서 선포하는 것이라고 말한다. 바울 자신이 썼듯이, 그는 다음과 같은 일을 하도록 위임받았다.

> 영원부터 만물을 창조하신 하나님 속에 감추어졌던 비밀의 경륜이 어떠한 것을 드러내게 하려 하심이라. 이는 이제 교회로 말미암아 하늘에 있는 통치자들과 권세들에게 하나님의 각종 지혜를 알게 하려 하심이니, 곧 영원부터 우리 주 그리스도 예수 안에서 예정하신 뜻대로 하신 것이라(엡 3:9-11).

권세들이 무엇보다도 타락한 사회 구조 배후에 있는 마귀의 파괴적인 힘이라는 사실을 상기하라. 그래서 바울은 자신들의 삶을 그리스도께 전당 잡힌 모든 이들에게 개별적으로 그리고 집단적으로 계속해서 권세들에게 하나님의 자기희생적 사랑—갈보리 언덕에서 그들을 정복했으며 궁극적으로 세상을 변화시킬 사랑—의 승리하는 지혜를 상기시키는 방식으로 살아가야 한다고 말한다. 다시 말해, 우리는 우리의 삶과 말로써 모든 형태의 악에 맞서서 갈보리 언덕과 같은 사랑의 지혜를 드러내야 한다.

물론 자기희생적 사랑이라는 하나님의 지혜는 바울이 분명하게 시인하듯이(고전 1:18), 세상이 보기에는 어리석다. 세상의 방식—그것은 세상을 지배하는 권세들의 방식이다—은 십자가가 아닌 칼의 방식이다. 실제

23_ 분명히 이런 설명은 우리가 답을 얻기 바라는 갖가지 문제를 답이 없는 상태로 남겨둔다. 예컨대, 갈보리와 부활이 정확하게 어떻게 해서 권세들을 물리쳤는가? 내가 추측하기로는 속죄에 관한 오래된 승리자 그리스도 모델들은 어떤 다른 모델들과 마찬가지로 의심스러워졌는데, 그것은 정확히 말하자면 그것들이 지나치게 상세한 표현을 원했기 때문이었다. 나는 우리가 죽음을 통해 마귀를 물리치도록 그리스도를 보내시는 과정에서 보여주신 하나님의 다면적 지혜의 넓은 윤곽을 이해하기에 충분할 만큼 많은 것을 밝혔다고 믿는다. 그러나 종말에 우리는 우리의 이해가 지극히 제한적이라는 사실을 겸손하게 시인해야 할 것이다.

로 우리 시대에 그리스도의 예를 따르는 것—원수를 사랑하고, 다른 이가 우리에게 잘못을 행할 때 그에게 보복하기를 거부하는 것, 혹은 우리를 박해하는 자들을 섬기는 것 등—보다 더 어리석은 일은 없어 보인다. 아마도 이것이 오늘날 그리스도에 대한 신앙을 고백하는 이들 사이에서조차 갈보리 사건과 같은 태도와 행위가 거의 보이지 않는 이유일 것이다. 그러나 바울에 따르면 교회의 사명 중 핵심은 원칙적으로 권세들을 물리친 것이, 그리고 그날에 궁극적으로 승리할 것이 폭력의 방식이 아닌 자기희생적 사랑의 방식이라는 사실을 선포하는 것이다. 우리가 예수의 제자들로서 예수께서 갈보리에서 보여주신 삶을 모방할 때, 우리는 세상의 권세들에게 그들이 갈보리에서 패했음을 상기시키고 또한 세상을 폭력적인 권세들의 죽음의 손아귀에서 해방시키고 계신 하나님의 어리석어 보이는 은밀한 지혜를 다시 한번 드러내게 될 것이다.

사랑은 모든 것을 이긴다. 이 주제는 우리를 승리자 그리스도 모티프의 마지막 측면, 즉 그리스도가 악을 정복한 것에 관한 초기 교회의 사고에서 대개 빠져 있었던, 그러나 최근 승리자 그리스도 모델의 옹호자들에 의해 정당하게도 큰 주목을 받고 있는 한 측면으로 이끌어간다.[24]

우리가 권세들이 파괴적이고 체계적인 세력임을 이해할 때, 또한 예수의 삶을 갈보리에 비추어 살필 때, 예수의 삶의 모든 측면이 전쟁 행위였다는 사실이 분명하게 드러난다. 왜냐하면 그의 삶의 모든 측면은 갈보리 사건과 같은 사랑을 반영하기 때문이다.

24_ 이하의 주장과 관련해 나는 Walter Wink, 『사탄의 체제와 예수의 비폭력』(*Engaging the Powers*, 한국기독교연구소 역간, 2009); J. Denny Weaver, *The Nonviolent Atonement*; John Howard Yoder, *The Politics of Jesus* (Grand Rapids: Eerdmans, 2002; 『예수의 정치학』, IVP 역간)에 많은 빚을 졌다.

예수가 세리들, 창녀들, 그리고 다른 죄인들과 교제함으로써 종교적 금기를 깼을 때(예. 마 11:19; 막 2:15; 눅 5:29-30; 15:1; 참고. 눅 7:31-37), 또한 그가 안식일에 종교적 전통을 깨고 애정을 기울여 사람들을 치유하고 해방시켰을 때(마 12:1, 10; 눅 13:10-18; 14:1-5; 요 5:9-10), 갈보리 사건에 비추어 우리는 그가 권세들과 맞서 싸우고 있으며 종교적 율법주의와 억압을 지속시키는 체계적인 악을 폭로하고 있었다고 이해할 수 있다. 그는 자신을 따르는 자들이 따라야 할 모범을 제시하면서 사랑으로 악을 정복하고 있었다. 이것은 하나님의 통치가 어떤 것인지를 보여준다. 그러하기에 또한 파괴적인 권세와 마주하는 일이 어떤 것인지를 보여준다.

예수가 담대하게 인종의 구분이라는 선을 넘어서 사마리아인 및 이방인들과 교제하며 그들을 극구 칭찬했을 때(예. 마 8:5-10; 15:22-28; 눅 10:30-37; 17:11-16; 요 4장), 또한 그가 나병 환자들과 교제하고 그들을 어루만지면서(마 8:1-3) 다른 사회적 장벽들을 넘어섰을 때, 그는 인종주의나 사회적 주변화를 지속시키는 악한 권세를 폭로하고 그것에 저항하고 있었던 것이다. 그는 자신을 따르는 자들이 따라야 할 모범을 제시하면서 사랑으로 악을 정복하고 있었다. 이것은 하나님의 통치가 어떤 것인지를 보여준다. 그러하기에 또한 파괴적인 권세와 마주하는 일이 어떤 것인지를 보여준다.

예수가 지극히 가부장적인 문화 한가운데서 여자들을 품위 있게 존경심을 갖춰 대했을 때(마 26:6-10; 눅 7:37-50; 8:1-32; 10:38-40; 13:11-18; 요 4:7-29; 8:3-10; 11:5; 12:1-7), 갈보리 사건에 비추어 우리는 그가 성차별주의를 지속시키는 권세를 폭로하고 그것들과 싸우고 있다고 이해해야 한다. 그는 자신을 따르는 자들이 따라야 할 모범을 제시하면서 사랑으로 악을 정복하고 있었던 것이다. 이것은 하나님의 통치가 어떤 것인지를 보여준다. 그러하기에 또한 파괴적인 권세와 마주하는 일이 어떤 것인지를 보여준다.

예수가 자기들이 심판받아 마땅하다는 것을 알고 문화가 마땅히 심판을 받아야 한다고 규정했던 이들에게 자비를 베풀었을 때(막 2:15; 눅 5:29-30; 7:47-48; 19:1-10; 요 8:3-10), 그는 사회적·종교적 잔인성과 심판주의를 지속시키는 권세를 폭로하고 그것들과 맞서고 있었다. 그는 자신을 따르는 자들이 따라야 할 모범을 제시하면서 사랑으로 악을 정복하고 있었던 것이다. 이것은 하나님의 통치가 어떤 것인지를 보여준다. 그러하기에 또한 파괴적인 권세를 거부하는 일이 어떤 것인지를 보여준다.

권세들에 대한, 그리고 그들의 명령을 수행하는 자들에 대한 이런 지속적인 폭로와 저항은 권세들의 진노를 불러일으켰고 그것은 결국 예수의 십자가형으로 이어졌다. 그러므로 예수의 삶과 죽음과 부활은 이론적 측면에서도 서로 분리될 수 없다. 속죄에 관한 다른 모델들은 예수의 죽음의 의미를 그의 삶의 다른 측면으로부터 고립시키는 경향이 있는 반면, 승리자 그리스도론은 (적어도 지금 내가 설명하고 있는 방식대로라면) 그리스도의 삶의 모든 측면—그의 성육신으로부터 부활에 이르기까지—을 가장 근본적으로 **한 가지 일**에 관한 것으로 여긴다. 그 한 가지는 바로 파괴적이고 압제적인 사탄의 나라에 맞서 사랑으로 충만한 하나님 나라를 의기양양하게 드러내는 것이다.

그리스도의 삶의 **모든** 측면은 이런 식으로 생각할 때 가장 잘 이해된다. 예컨대, 예수는 본질상 신의 모든 특권을 누렸으나 그럼에도 잃어버린 인간들을 향한 그의 사랑이 그로 하여금 이런 모든 특권을 옆으로 밀쳐두고 인간과의 연대 속으로 들어오게 했다(빌 2:6-11). 예수는 정당하게 온 우주를 소유하고 있었다. 그러나 사랑으로 다른 이들을 섬기기 위해 그는 자신을 머리 둘 곳조차 없는 상황으로 밀어넣었다(마 8:20). 요한은 우리에게 비록 예수가 하늘과 땅의 모든 권세를 갖고 있었으나 그 권세를 제자들—불과 몇 시간 후에 자기를 배반하고, 부인하고, 버릴 바로 그 자들—의 더럽고 냄새 나는 발을 씻기 위해 사용했음을 상기시킨다(요 13:3-5). 베드로가 자기 보호 차원에서 대제사장의 종의 귀를 잘랐을 때도 예수는 자기를 잡으러 온 그 사람의 귀를 사랑 어린 마음으로 고쳐주고 베드로를 꾸짖었다(눅 22:50-51). 또한 예수는 자기를 위해 싸울 천사들의 군단을 불러들일 수 있었을 때에도 그렇게 하지 않고 사랑하는 마음으로 자신을 십자가에 내맡겼다(마 26:53). 예수와 관련된 모든 일은 갈보리의 사랑을 드러냈으며 따라서 사람들을 하나님의 사랑 안에서 살아가지 못하게 하려는 파괴적인 권세들에 맞선 전쟁 행위로 간주해야 한다.

모든 제자를 향한 핵심 요구는 **이런** 삶을 모방하고, **이런** 왕국을 드러내고, 그렇게 함으로써 **이런** 전쟁에 개입하라는 것이다. 우리는 우리의 삶에서 갈보리에 의해 정의되는 하나님의 성품 및 통치에 부합하지 않는 모든 생각과 태도와 행위를 제거해야 한다. 또한 그렇게 함으로써 권세들에 맞서서 우리가 생각하고 느끼고 행하는 모든 일에서 하나님의 사랑스러운 성품과 통치를 드러내야 한다. 우리는 "새로운" 모든 것을 드러내기 위해 "낡은" 모든 것을 벗어버려야 한다. 우리는 갈보리의 사랑 안에서 살아감으로써 하나님을 모방해야 한다(예. 엡 4:22-5:2을 보라). 이런 식으로 우리는 그리스도가 이룬 승리에 참여하고 그것을 확장한다. 우리는 하나님 나라의 담지자들이 되고 권세에 맞서 의기양양하게 십자가의 지혜를 선포한다.

갈보리에서의 예수의 가르침. 예수의 치유 및 구조는 물론이고 그의 성육신과 반문화적 삶의 방식이 의미하는 것은 그의 죽음과 부활이 의미하는 것과 동일하다. 그의 가르침 역시 마찬가지였다. 그 모든 것은 직접적으로 혹은 간접적으로 하나님의 통치를 드러내고 파괴적인 권세의 통치를 소멸시키는 것과 관련되어 있었다.

예컨대, 마귀에게 눌려 있는 이 세상에서 살아가는 인간에게 개인적·정치적·종교적, 혹은 민족적 관심사를 옹호하거나 진척시키기 위해 폭력에 의존하는 것만큼 "자연스러운" 것은 달리 없다. 사실 그것을 "자연스럽다"고 여기는 마음이야말로 "이 악한 세대에서"(갈 1:4) 상황이 작동하는 방식의 토대이며, 또한 인간의 역사가 주로 비정하고 악마적이고 순환적인 대학살의 역사가 된 주된 이유다. 우리가 그것을 "정당하다"고 여길 때 폭력에 의지하는 우리의 성향은 본능적이기에 대부분의 사람은 그렇게 하지 **않는** 것을 어리석다고 여긴다. 그러나 예수는 악마적이고 폭력적인 권세를 유일하게 무찌를 수 있는 "하나님의 은밀한 지혜"를 드러내면서 자신을 따르는 자들에게 이런 "자연스러운" 본능에 굴복하지 말라고 분명하게 요구한다.

> 또 눈은 눈으로, 이는 이로 갚으라 하였다는 것을 너희가 들었으나 나는 너희에게 이르노니 악한 자를 대적하지 말라. 누구든지 네 오른편 빰을 치거든 왼편도 돌려 대며…또 네 이웃을 사랑하고 네 원수를 미워하라 하였다는 것을 너희가 들었으나 나는 너희에게 이르노니 너희 원수를 사랑하며 너희를 박해하는 자를 위하여 기도하라. 이같이 한즉 하늘에 계신 너희 아버지의 아들이 되리니 이는 하나님이 그 해를 악인과 선인에게 비추시며 비를 의로운 자와 불의한 자에게 내려주심이라(마 5:38-39, 43-45).

우리는 우리가 사랑하는 사람의 장점에 대한 그 어떤 고려나 차별도 없이—해가 비추고 비가 내리듯이—사랑해야 한다. 이것은 "성부의 자녀들"의 구별되는 특징이 되어야 한다. 그리고 거기에는 무엇보다도 **우리의 가장 악한 적들**에게 갈보리의 사랑을 표현하는 일이 포함된다.[25]

윙크(Wink)를 비롯한 다른 이들이 지적했듯이, 마태복음 5:39에서 "대적하다"(resist)로 번역한 그리스어(*anthistēmi*)는 악 앞에서 보이는 수동성을 의미하지 않는다. 오히려 그것은 강력한 행동을 통해 유사한 강력한 행동에 대응하는 것을 의미한다.[26] 그래서 예수는 폭력적 행동에 유사한 폭력적 행동으로 대응하는 것을 금한다. 오히려 예수를 따르는 자들은 "적들"을 사랑하고 축복하는 방식으로 그들에게 대응해야 한다(참고. 눅 6:28). 적들에게 복수하기보다는 그들이 굶주릴 때 먹을 것을 주고 목말라할 때 마실 것을 주는 행동이 우리가 "악에게 지는 것"을 막아주는 유일한 길이고, "선으로 악을 이길 수 있는" 유일한 방법이다—그 악은 우리 안에도 있고 우리의 "적들" 안에도 있다(롬 12:17-21). 모한다스 간디(Mohandas Gandhi)와 마틴 루터 킹(Martin Luther King Jr.) 박사가 훌륭하게 예시했듯이, 적들에 대한 우리의 갈보리식 대응은 그들이 행하는 악한 일을 드러내고, 마귀에 의해 지배되고 있는 세상이 계속해서 작동하도록 만드는 폭력의 보복성 악순환을 깨뜨리며, 우리의 적들이 자신들의 길에 대해 후회하게 될 가능성을 애정을 담아 열어놓는다(참고. 벧전 2:23; 3:13-18).[27]

25_ 바리새인들을 향한 예수의 거친 말들(예. 마 23장)은 사랑의 표현이 언제나 꽃처럼 예쁜 말을 하는 것이 아님을 보여준다. 적어도 당신이 고집불통의 유대교 지도자들로부터 사람들을 보호하려고 하는 1세기의 유대인 예언자일 경우에는 말이다. 그럼에도 예수는 바리새인들이 요구했을 때에는 그들과 친구가 되어 함께 식사를 했다(예. 눅 7:36). 그리고 물론 그는 결국 그들을 위해 자신의 생명을 내주었다. 나는 예수가 바리새인들을 사랑이 담겨 있으나 여전히 대립적인 방식으로 대했던 것을 Gregory A. Boyd, *The Myth of a Christian Nation* (Grand Rapids: Zondervan, 2006)에서 좀 더 상세히 다뤘다.

26_ Wink는 "예수는…수동성과 폭력 모두를 혐오한다"고 주장한다(Walter Wink, *The Powers That Be* [New York: Doubleday, 1998], 111, 또한 99-100을 보라).

27_ 특별히 적들을 향한 자기희생적 사랑에 관한 그리스도의 가르침과 모범의 중심 역할은, 적어도 제도적 차원에서는 "콘스탄티누스적 기독교"의 도래와 함께 포기되었다. 교회가 세속적 권력을 얻게 되자, 그것은 자신의 과업을 예수의 이름으로 세상을 희생적으로 섬기는 것이 아니라 예수의 이름으로 세상을 **정복하는 것**으로 개정했다. 다른 곳에서 나는 기독교에 대한 콘스탄티누스적 모델보다 하나님 나라의 도래에 해악을 끼친 것은—그리고 지금도 끼치고 있는 것은—달리 없다

여기서 요점은 예수의 반문화적 삶의 방식과 치유 및 구조 사역만큼이나 그의 반문화적 가르침도 십자가와 부활에 근거한 그의 사역의 본질적 일부라는 점이다. 예수는 파괴적이고 폭력적인 권세들에 언제나 갈보리의 사랑으로 맞섰다. 속죄에 관한 다른 모델들은 십자가 사역을 예수의 삶의 다른 측면들로부터 고립시키려 하는 경향이 있으나, 승리자 그리스도론은 그것들 모두를 엮어내는 선교적 일치에 초점을 맞춘다. 그것들은 이론적으로도 분리될 수 없다. 예수에 관한 모든 것은 권세들의 파괴적인 통치에 맞서 하나님의 터무니없을 만큼 사랑으로 가득 찬 통치를 드러내는 데 집중되었다.

더 나아가 승리자 그리스도 모델은 그리스도가 우리를 **위해서** 한 일에 대한 우리의 이해를 그리스도가 우리 **안에서**, 그리고 우리를 **통해서** 이루고 있는 일의 실재와 엮어낸다. 그리스도에 대한 믿음을 갖는 것은 그가 그의 삶의 모든 측면에서 구현하고 드러냈던 하나님 나라에 충성을 다하며 살아가는 것을 불가분하게 포함한다. 그것은 오직 갈보리식 삶만이 인간을 억압하는 파괴적인 권세를 궁극적으로 정복할 힘을 갖고 있다고 믿는 것이다.

고 주장한 바 있다(Boyd, *The Myth of a Christian Nation*을 보라). 콘스탄티누스적 기독교가 기독교적 제자도의 본질을 서서히 쇠퇴시킨 방식에 관한 통찰력 있는 논의를 위해서는 L. Camp, *Mere Discipleship: Radical Christianity in a Rebellious World* (Grand Rapids: Brazos, 2003)를 보라. 어떤 이들은 콘스탄티누스적 변화가 승리자 그리스도 모티프의 궁극적인 종말의 원인이 되었다고 주장하기도 한다. Weaver, *Nonviolent Atonement*, 81-92; Denny Weaver, "Atonement for the Non-Constantian Church," *Modern Theology* 6, no 4 (1990): 309-11을 보라.

승리자 그리스도 모티프와 속죄의 다른 양상

내가 주장하는 것은 비록 지금 당장 입증하기는 어렵지만, 단순히 그리스도의 삶의 모든 측면만이 승리자 그리스도 모티프라는 맥락에서 이해될 수 있는 것이 아니라, 신약성서가 그리스도의 사역과 구원에 관해 말하는 모든 것 역시 그런 맥락에서 가장 잘 이해될 수 있다는 것이다. 그러므로 나는 승리자 그리스도 모델이 다른 속죄 모델들의 핵심 진리를 포괄할 수 있다고 주장한다. 실제로 그것은 그런 모델들만을 고려할 때 발생할 수 있는 몇 가지 다른 잠재적 어려움을 피하면서 그렇게 할 수 있다.

예컨대, 승리자 그리스도 모델은 속죄에 관한 대속 모델의 핵심 진리를 강하게 긍정한다. 참으로 예수는 우리의 대속물로 죽었고, 우리의 죄와 죄책을 짊어졌고, 우리의 죄 사함을 위해 희생되었고, 우리를 대신해 성부에 의해 벌을 받았다(예. 사 53:4-5, 10; 롬 3:23-25; 고후 5:21; 히 2:17; 9:26; 요일 2:2을 보라). 승리자 그리스도라는 관점에서 보자면, 우리를 노예 상태에 묶고 있는 우주적 악의 기를 꺾은 것은 예수가 타락하고 저주받고 억압받고 있는 인간과의 완전한 유대 관계 속으로 들어오면서 보여준 터무니없는 사랑의 행위였다. 하지만 아마도 승리자 그리스도 모델은 기본적으로 그리스도의 대속적 역할을 주로 법률적 측면에서가 아니라 전쟁 상태라는 측면에서 해석하기 때문에, 형벌 대속 이론의 몇 가지보다 문제가 많은 측면을 수용하지 않으면서도 그리스도의 대속 사역을 긍정할 수 있을 것이다. 예컨대, 승리자 그리스도 모델은 우리의 개인적인 죄와 죄책 그리고 당연히 받아야 할 심판이 어떻게든 법적으로 예수에게 전가되었고 예수는 문자적으로 성부 하나님의 진노를 경험했다고, 혹은 성부 하나님이 우리를 용서하실 수 있기 위해 자신의 성자를 벌하실 **필요가 있다**고 여길 필요가 없다. 십자가는 세상을 하나님과 화해시키지, 하나님을 세상과 화해시키지 않는다(고후 5:19).

승리자 그리스도 모델에서 오히려 우리는 예수가, 세상에서 우리가 통치하도록 허용한 반역하는 왕국의 모든 힘을 자발적으로 경험함으로써 우리의 대속물로 죽었고 우리의 죄와 죄책을 짊어졌다고 여길 수 있다. 새로운 아담—우리의 새로운 대표자, 새로운 인류의 창시자(엡 2:14-15)—인 예수가 우리를 대신해 우리가 지은 죄의 모든 결과를 감당했다. 예수에 관한 모든 것 안에서 예상되는 자기희생적인 사랑은 파괴적인 세력의 악을 드러내고 무력화시키며, 우리와 맞서고 있는 율법의 정죄를 지워버리고, 우리를 해방시켜 지금 우리를 삼위일체 하나님과의 교제 속으로 이끌 뿐 아니라 우리가 하나님과 올바른 관계를 맺으며 살아가도록 능력을 부여하는 생명을 제공하는 성령을 받게 한다.

더 나아가 승리자 그리스도 모델에서 우리는 예수가, 마치 성부와 성자 사이의 영원한 사랑이 유보된 것처럼 성부 하나님의 진노가 직접 그분의 성자를 향해 타올랐다는 의미에서가 아니라, 어떤 보다 큰 선을 위해 하나님이 자신의 아들을 악한 행위자에게 넘겨주어 그들이 그를 마음대로 하게 하셨다는 의미에서, 성부 하나님에 의해 고통을 당했다고 여길 수도 있다. 이것은 구약성서에서 하나님의 진노가 이스라엘을 향해 표현되는 대체적인 방식이다(예. 삿 2:11-19; 사 10:5-6). 예수의 경우 구약성서에서 이스라엘이 보통 그랬던 것처럼 그에게 순종을 가르치는 것은 별 유익이 없다. 대신에 성자 하나님은 권세와 죄에 맞서 성부 하나님의 의를 드러내고(롬 3:25), 그 권세를 물리치고 사람들을 그들의 압제로부터 해방시킨다는 보다 나은 목적을 위해 파괴적인 권세를 통해 표현된 성부 하나님의 진노를 감당했다.[28]

28_ 예수가 성부 하나님의 진노를 짊어진 방식에 관한 이런 식의 이해를 위한 통찰력 있는 논의를 위

또한 승리자 그리스도 모델은 예수가 그의 생명을 많은 이들을 위한 속전(贖錢)으로 지불했음을 전폭적으로 인정하지만, 그가 어떤 의미에서든 문자적으로 하나님이나 마귀에게 그 값을 지불했다고 억측하지는 않는다(마 20:28; 막 10:45; 참고. 딤전 2:6; 히 9:15). 속전이라는 단어는 "석방을 위한 비용"을 의미하며 대부분의 경우 노예 상인으로부터 노예를 구매하는 경우에 사용되었다.[29] 그러므로 승리자 그리스도 모델은 이 단어를 그리스도가 우리를 권세에 대한 노예 상태에서 해방시키는 데 필요한 모든 것을 이행했음을 의미한다고 여길 수 있다. 또한 그가 육신을 입고, 권세에 맞서 터무니없을 만큼 사랑을 드러내는 삶을 살고, 치유와 축귀를 통해 사람들을 마귀의 억압으로부터 해방시키고, 자기희생적 사랑의 길을 가르침으로써, 그리고 아주 분명하게 그의 희생적 죽음과 의기양양한 부활을 통해 그런 일을 했음을 의미한다고 여길 수 있다. 그는 우리와 모든 창조세계를 하나님의 구원으로 이끌어가는 데 필요한 "비용을 지불했다."

우리는 그리스도의 사역의 다른 측면에 대해서도, 그리고 속죄에 관한 다른 이론에 대해서도 비슷한 말을 할 수 있다. 예컨대, 승리자 그리스도 모델은 속죄에 관한 다양한 형태의 총괄갱신(recapitulation) 모델들을 완전하게 긍정할 수 있다. 단지 그것은 예수가 새로운 아담이 되어 옛 아담이 마귀의 유혹에 넘어갔을 때 했던 일을 뒤집은 것은, 그가 권세들에 맞서서, 그리고 마귀에게 사로잡힌 창조세계와 인간을 위해서 수행한 단호한 전쟁 행위였다고 덧붙일 뿐이다. 이 새로운 아담의 사랑 어린 순종이 인간에게 새로운 출발을 위한 기회를 제공했다. 그의 순종을 통해 폭력적인 권세가

해서는 Finger, *Christian Theology*, 327-30을 보라.

29_John Stott, *The Cross of Christ* (Downers Grove, Ill.: InterVarsity Press, 1986), 176(『그리스도의 십자가』, IVP 역간). Leon Morris, *The Atonement* (Downers Grove, Ill.: InterVarsity Press, 1983), 106-31.

정복되었고, 성령이 부어졌고, 우리는 새로운 본성을 얻게 되었다.

또한 승리자 그리스도 모델은 속죄에 관한 치유 모델도 긍정한다. 예수는 하나님의 통치를 드러내면서, 또한 마귀를 무찌르면서 우리의 죄의 결과인 질병을 치유하고 그것의 모든 파괴적인 결과에서 우리를 해방시킨다. 사랑 안에서 예수는 "낡은" 창조세계의 일부인 모든 것을 자기 안으로 흡수한다. 그리고 바로 그 사랑이 만물을 새롭게 한다(고후 5:17). 더 나아가 예수는 자신의 삶과 갈보리 사건을 통해 마귀를 물리치는 과정에서 우리가 하나님의 참된 본성을 보지 못하도록 가로막았던, 영적 눈을 덮고 있던 가리개를 제거했다. 예수가 "진리"인 것은 우리가 속박 상태에서 취하기 쉬운 하나님의 본성에 관한 온갖 추하고, 믿을 만하지 않고, 마귀에 의해 오염된 개념에 대조되는 하나님의 참되고 사랑스러운 본성을 그가 정확하게 밝혀주기 때문이다. 또한 이것은 하나님이 우리를 자기와 화해시키시는, 그리고 우리를 죄의 굴레에서 해방시켜 치유하시는 방법의 일부다. 우리가 자기를 십자가에 못 박은 이들을 위해 갈보리에서 죽어가는 그리스도 안에서 하나님의 아름다운 계시를 볼 때, 우리는 기만에 의해 유도된 질병으로부터 치유를 받고 점차적으로 그리스도의 모습으로 변화된다(고후 3:12-4:6).

마찬가지로 하나님은 자신의 아들이 우리의 죄를 위해 권세의 폭력적인 테러를 자기 안으로 흡수하게 하심으로써, 속죄에 관한 도덕적 통치 모델이 강조하듯이 모든 죄에 맞서 자신의 의를 드러내신다(롬 3:25). 다른 한편으로 예수는 갈보리에서 선으로 악을 이김으로써 우리가 따라야 할 아름다운 (그리고 어려운) 모범을 제시한다. 또한 그는 우리를 하나님의 생명으로부터 잘라내는 권세에서 해방시키면서 우리가 그런 모범을 실제로 따르고 신적 본성에 참여할 수 있도록 능력을 부여한다(벧후 1:4). 승리자 그리스도 모델은 그렇게 속죄에 관한 모범 모델과 신성화 모델의 근본적 측면을 포함할 수 있다.

이런 개관은 어쩔 수 없이 피상적일 수밖에 없지만, 나는 그것이 속죄에 관한 각각의 모델이 갖고 있는 독특한 진실이 하나의 일관된 틀 안에 포괄될 수 있는 가능성을 보여주기에 충분하기를 바란다. 그리고 이런 틀이 초기 1천 년 동안 교회를 지배해왔음을 기억하라. 만약 내가 옳다면, 그리스도의 삶의 모든 측면이 궁극적으로 한 가지 일과 상관 있듯이, 속죄에 관한 모든 모델은 한 가지 일의 독특한 측면으로 이해될 수 있을 것이다. 그 한 가지 일이란 바로 선으로 악을 이기는 것이다. 그리스도는 이 세상에 삼위일체 하나님의 완전한 사랑을 드러내고 세움으로써 우리를 사로잡고 있는 권세를 전복시키기 위해 왔다. 즉 그는 하나님의 통치를 드러내고 세우기 위해, 그리고 그로 인해 폭력적이고, 파괴적이고, 반역적인 권세들의 통치를 무찌르기 위해 왔다.

그렇다. 예수는 우리를 대신해 죽었고, 우리의 죄 사함을 가져왔고, 우리를 치유하고, 우리에게 죄의 결과를 보이고, 우리의 인간성을 총괄갱신하고, 아담이 한 일을 본래 상태로 돌리고, 우리가 신적 본성에 참여할 길을 열고, 우리가 따라야 할 모범을 제시하고, 하나님의 사랑을 계시함으로써 우리가 그것을 따르도록 하기 위해 왔다. 그러나 나는 그리스도의 사역의 이 모든 놀라운 측면이 그가 선으로 악을 이기고 우리를 불러 동일한 일을 하게 하기 위한 하나님의 갖가지 "은밀하고 숨겨진" 지혜의 독특한 측면으로 이해될 수 있고 또한 그렇게 해야 가장 잘 이해될 수 있다고 주장한다.

결론

나는 이 장을 속죄에 관한 승리자 그리스도 모델이 다른 속죄 모델들보다 예수에 관한 우리의 생각에서 더 근본적인 것으로 간주되어야 하는 이유를 8개로 요약하면서 글을 마무리하고자 한다.

1. 승리자 그리스도 모델은 신약성서에서 사탄에 대한 그리스도의 승리라는 모티프의 중심성을 제대로 평가하고 있는 유일한 모델이다.
2. 승리자 그리스도 모델은 다양한 형태로 기독교 역사의 초기 1천 년 동안 지배적인 모델이었다.
3. 다른 모델들은 그리스도의 삶과 죽음과 부활이라는 하나의 모티프와, 성서 전반을 관통하는 전쟁 모티프를 겨우 연결시키거나 전혀 연결시키지 않는 반면, 승리자 그리스도 모델은 그런 연관성을 분명하게 드러내며 또한 그것을 무대의 중심에 올려놓는다.
4. 다른 모델들은 그리스도의 죽음의 의미를 그의 삶의 방식, 그의 치유와 구제 사역, 그의 가르침과 심지어 (어떤 의미에서는) 그의 부활로부터 분리시키는 경향을 보이는 반면, 승리자 그리스도 모델은 그리스도에 관한 모든 것과 심원한 상호연관성을 드러낸다. 이 모든 것은 궁극적으로 **한 가지 일**, 즉 자기희생적 사랑의 힘을 통해 사탄과 권세들의 통치를 물리침으로써 하나님의 통치를 세우는 일과 관련되어 있다.
5. 오직 승리자 그리스도 모델만이 예수의 삶과 그가 출범시킨 하나님 나라의 혁명이라는 묵시적 정황을 제대로 평가한다. 내 생각에 이것은 주석학적 측면에서 아주 심도 있게 고찰해야 할 내용이다.
6. 속죄에 관한 다른 모델들은 그리스도의 사역의 우주적 의미에 관해 거의 혹은 전혀 언급하지 않는다. 마치 창조세계에서 유일한 문제는 인간이 죄를 짓는 것밖에 없는 것처럼! 하지만 승리자 그리스도 모델은 인간과 보다 넓은 창조세계의 상호연관성을 포착하며 그리스

도의 사역의 우주적·구원론적 측면이 어떻게 해서 실제로 하나의 현실의 두 측면이 되는지를 보여준다. 이런 이유로 승리자 그리스도 모티프는 그리스도의 사역이 어떻게 인간을 애초에 우리를 위해 계획되었던 세상을 다스리는 자리로 회복시키는지를 밝히는데, 이것은 성서의 스토리라인의 핵심을 이루는 내용이다(창 1:26-28; 딤후 2:12; 계 5:10).

같은 방식으로 비록 지금 입증할 수는 없으나, 적어도 나는 승리자 그리스도 모델이 갖고 있는 우주적 초점이 이치에 맞는 신정론을 산출하는 데 유리하다고 주장한다. 속죄에 관한 다른 모델들은 보다 인간중심주의적 초점 때문에 하나님이 십자가에서 맞섰던 악의 문제가 창조세계 전체를 포함한다는 진리를 적절하게 드러내지 못한다(롬 8:18-23). 그러므로 다른 모델들은 십자가에서의 그리스도의 사역이 (그의 삶의 모든 측면은 말할 것도 없고) 어떻게 우주적인 악의 문제를 수정했는지를 효과적으로 설명하지 못한다.[30]

7. 승리자 그리스도 모델은 분명히 속죄에 관한 다른 모델들에서 표현된 진리의 요소를 하나의 일관된 틀 안에 포괄할 수 있다. 그러나 내가 아는 한 그 반대는 진실이 아니다. 이뿐 아니라 또한 승리자 그리스도 모델은 분명히 이런 진리를 포용하면서도 (오직 그것들만 고려할 경우) 다른 모델 안에서 발견되는 몇 가지 난점을 피할 수 있다.
8. 마지막 한 가지 고려 사항은 보다 상세하게 언급할 필요가 있다. 나는 그리스도의 삶 전체가 승리자 그리스도라는 모티프를 드러낸다고 보는 데에는 아주 많은 이점이 있다고 믿는다. 특히 우리 중 현대 서구 문화 속의 교회가 처한 상황 안에서 이 모델을 살피는 이들에

30_Boyd, *God at War*, 8장을 보라.

게 그러하다고 믿는다.

예컨대, 승리자 그리스도 모델에서 그리스도가 우리를 **위해** 하는 일은 이론적으로라도 그리스도가 우리 **안에서** 그리고 우리를 **통해서** 하는 일과 분리될 수 없다. 그러므로 승리자 그리스도 모델 안에는 그리스도의 십자가 사역을 "법률적 허구"로 여기려는 유혹이 존재하지 않는다. 이와 관련해 이론적으로라도 칭의를 성화와 떼어 놓고자 하는 유혹은 존재하지 않는다.[31] 오히려 승리자 그리스도 모델 안에서 우리는 권세에 대한 그리스도의 우주적 승리에 참여하거나 참여하지 않거나 한다. 즉 우리는 모든 경우에 파괴적인 권세의 통치에 맞서면서 하나님의 통치의 영원한 확장에 참여하거나 참여하지 않거나 한다. 다시 말해, "구원"을 경험한다는 것은 그리스도가 그의 성육신, 삶, 사역, 죽음, 그리고 부활을 통해 이룬 우주적 해방에 우리가 참여함을 의미한다. 그러므로 그리스도가 **행한** 일에 대해 믿음을 갖는 것은 그리스도가 **행하고 있는** 일에 응답하며 살아가는 것이다.

물론 우리는 불완전하게 그렇게 한다. 하나님 나라가 우리의 삶 속에서 확립될 때, 우리는 점차적으로 한 단계의 영광에서 다른 단계의 영광으로 변화되어간다(고후 3:17-18). 그러나 승리자 그리스도 모델에는 사람들이 그들의 삶 속에 하나님 나라에 대한 어떤 증거도 없는 상태에서 자기들이 그 나라에 참여하고 있다고 잘못 생각하게 될 요소는 존재하지 않는다. 권세로부터의 해방과 갈보리식 사랑이라는 "법률적 허구"(legal fiction) 버전은 존재하지 않는다.

31_ 속죄에 관한 승리자 그리스도 모델 안에서 칭의와 성화의 불가분성에 관해서는 William M. Greathouse, "Sanctification and the Christus Victor Motif in Wesleyan Theology," *Wesleyan Theological Journal* (Spring 1972): 47-58을 보라.

오늘날 특별히 서구 문화 안에 그리스도의 사역에 대한 몇 가지 버전의 "법률적 허구"라는 견해를 구매하고 있는 듯 보이는, 또한 그러하기에 삶에 어떤 의미 있는 결과도 없이 그리스도에 대한 믿음을 고백하는 많은 이들이 있음을 감안한다면, 승리자 그리스도 모델의 이런 이점은 나로서는 아주 중요해 보인다.

서구 교회를 위해 승리자 그리스도 모델이 갖고 있는 실제적인 이점은 그것이 다수 서구인의 지극히 개인주의적인 세계관과 날카롭게 대조되는 방식으로, 모든 타락한 사회구조에 내재되어 있으나 쉽게 간과되는 악마적 차원을 무대의 중앙에 올려놓는다는 점이다. 승리자 그리스도 모델은 제자들에게, 그리스도가 상존하는 권세에 맞서 거둔 승리에 동참하도록 요청하면서 민족주의, 애국주의, 문화적으로 인정되는 폭력, 탐욕 그리고 우리 모두가 들이마시는 오염된 영적 공기의 일부를 이루는 다른 수많은 구조적 악이 내뿜는 악마적으로 매혹적인 유혹에 적극적으로 저항하는 반문화적인 삶을 살도록 고무한다.[32]

보다 특별하게 승리자 그리스도 모델은 신자들에게 마귀가 비록 갈보리에서 원칙적으로는 패배했으나 여전히 "이 세상의 신"(고후 4:4)이며, 여전히 모든 나라를 포함해(눅 4:5-6) 온 세상에 대한 권세를 갖고 있다(요일 5:19)는 계시를 진지하게 취급하도록 자극한다.

32_ 이에 대한 탁월한 설명을 위해서는 L. Camp, *Mere Discipleship*을 보라. 승리자 그리스도 모델에 대한 이런 강조 때문에, 수많은 흑인 신학자, 해방 신학자, 페미니즘 신학자들은 명시적으로 혹은 암묵적으로 (비록 비신화화한 형태이기는 하나) 승리자 그리스도라는 주제를 사용해왔다. 예컨대, James H. Cone, *The God of the Oppressed*, rev. ed. (Maryknoll, N.Y.: Orbis, 1997); Ray, *Deceiving the Devil*; Thelma Megill-Cobbler, "A Feminist Rethinking of Punishment Imagery in Atonement," *Dialog* 35, no. 1 (1996): 14-20을 보라. 이 문제와 관련된 유익한 개관과 건설적인 제안을 위해서는 Weaver, *Nonviolent Atonement*를 보라.

그러므로 그것은 제자들이 모든 형태의 민족주의적 우상숭배에 대해 경각심을 갖게 하면서, 또한 그들로 하여금 급진적이고 비폭력적이며 예수를 닮은 사회적 행동을 하도록 부추긴다. 오늘날 서구 기독교가 서구 문화의 악마적 측면을 받아들이고 심지어 그것을 기독교화하고 있는 비극적인 범위를 감안한다면, 제자들에게 권세를 확인하고 그것들에게 저항하라는 요구에 집중하는 속죄 모델의 이점은 아주 중요하다. 가장 중요하게는, 특별히 미국 기독교가 국가주의적 관심사와 그것들을 증진하거나 보호하기 위해 폭력의 사용을 용인하고 심지어 기독교화하는 정도를 감안한다면, 이런 사고방식이 우리가 사는 현대의 세계 상황에 얼마나 위험한지를 감안한다면, 또한 이런 국가주의적 결합이 기독교의 세계 선교에 얼마나 해로운지를 감안한다면, **이 세상이 아닌** 나라의 대사가 되어야 하는 우리의 소명에 초점을 맞추는 동시에, 비폭력과 자기희생적 사랑이라는 그리스도의 방식을 모방함으로써 권세들에게 맞서야 하는 우리의 소명에 초점을 맞추는 속죄 모델의 이점은 아무리 강조해도 지나치지 않다.[33]

그리스도가 그의 삶, 사역, 가르침, 그리고 죽음으로써 힘이 지배하고 폭력적인 성향을 지닌 세상의 나라와 대조되는 하나님 나라를 세웠던 것처럼, 그를 따르는 자들 역시 세상의 나라와 날카롭게 대조되는 삶을 삶으로써 하나님 나라를 진척시키라는 명령을 받고 있다. 그리스도가 그러했던 것처럼 우리의 증언 역시 이런 대조에, 즉 권세에 대한 지속적인 저항과 "이 세상의 풍조"(롬 12:2)에 순

33_ 국가주의적이고 애국주의적인 우상숭배의 해로움과 그것들에 맞서라는 하나님 나라의 소명의 중심성에 관한 보다 온전한 논의를 위해서는 Boyd, *Myth of a Christian Nation*을 보라.

> 응하기를 거부하고 실제적 결과와 상관없이 갈보리식 사랑 안에서 살아가고자 하는 완고한 헌신에 집중된다. 예수를 따르는 자들은 세상의 세력이 가진 힘을 믿는 대신 십자가의 "어리석은" 힘을 믿고 이 세대의 신들에게 십자가의 지혜를 선포하라는 부르심을 받고 있다(엡 3:10). 우리는 우리의 지도자의 모범을 따르면서, 비록 성 금요일에는 그런 일이 헛되게 보일지라도, 우주를 위한 부활의 아침이 올 때는 결국 그것이 그날을, 그리고 온 우주를 얻을 선이 되리라 믿으면서 언제나 선으로 악을 이겨야 한다.

승리자 그리스도 모델은 권세들에게 맞서고 또 그런 식으로 그리스도를 모방하라는 부르심을 그리스도를 따르는 일의 핵심으로 만들어주는 속죄 모델이다. 서구 교회가 얼마나 예수와 닮지 않았는지를 감안한다면, 또한 역으로 서구 교회가 얼마나 많이 서구 문화 그 자체의 종교적 버전에 불과한지를 감안한다면, 이런 속죄 모델을 수용하는 것은 유리할 뿐 아니라 적어도 서구에서는 아마 틀림없이 하나님 나라를 위한 필수 조건이 될 것이다.

논평

형벌 대속론

토마스 R. 슈라이너

그렉 보이드가 성서에 등장하는 승리자 그리스도라는 주제의 중요성을 강조하는 것은 옳다. 왜냐하면 우리를 위한 그리스도의 죽음과 부활의 의미는 속죄에 관한 어느 한 가지 모델에 의해 철저히 설명되지 않기 때문이다. 그동안 서구의 복음주의자들은 너무 자주 정사 및 권세들의 패배와 무장 해제라는 문제를 무시해왔다. 보이드는 성서의 스토리라인과 나사렛 예수를 통해 하나님 나라가 임한 것의 중요성을 강조한다. 보이드가 강조하듯이 우리는 마귀의 권세들에 대한 그리스도의 승리가 갖고 있는 우주적 차원을 보아야 한다. 우리는 너무나 자주 개인주의에 굴복하면서 하나님이 자신의 이름을 위해 모든 곳에서 모든 일을 수행하고 계심을 보는 데 실패한다. 또한 보이드는 우리에게 속죄가 변화된 삶, 자기를 내어주는 사랑의 삶, 급진적인 제자도로 이어져야 한다고 상기시킨다.

그러나 승리자 그리스도라는 주제가 하나님이 그리스도의 죽음을 통해 이루신 근본적이고 주된 일이라는 보이드의 주장은 잘못되었다. 보이드는 인간의 죄와 죄 용서의 필요성에 대해서는 거의 말하지 않는다. 성서의 스토리라인에서 용서의 필요는 권세에 대한 승리라는 주제보다 훨씬 더 자주 나타난다. 죄 용서라는 주제의 중심성은 세례자 요한의 사역에서

(막 1:4-5), 예수가 용서를 구현하고 선포했던 그의 사역에서, 그리고 죄를 용서하기 위해 자신의 생명을 내주었던 그의 죽음에서(마 26:28) 분명하게 드러난다. 세례자 요한과 예수의 선포는 죄 용서를 위해 제공되었던 구약 시대의 희생제사에서 선례를 발견한다. 성서에서 용서가 으뜸 주제라는 사실은 사람들에게 회개를 요구했던 초기 사도들의 가르침을 통해 구체적으로 드러난다(예. 행 2:38; 3:19; 5:31; 10:43; 13:38). 더 나아가 죄 용서가 근본적인 것이며, 따라서 그것이 단순히 서구의 개인주의로 치부되어서는 안 된다는 사실은 바울(참고. 롬 1:18-3:26; 갈 3:10-13; 고후 5:21), 히브리서 저자(히 7:11-10:25), 요한(요일 1:7-2:2; 2:12; 4:10), 베드로(벧전 2:21-24; 3:18; 벧후 1:9)의 글에서 아주 분명하게 드러난다. 보이드는 용서라는 주제가 악마적 권세의 패배를 포함하는 보다 큰 묵시적이고 구원사적인 캔버스 안에서 논의되어야 한다고 옳게 주장한다. 하지만 나는 그가 악마적 권세의 패배라는 주제를 그렇게까지 강조하는 것은 잘못이라고 여긴다.

또한 보이드는 성서가 죄를, 사람들을 노예로 만드는 권세로 묘사한다고 주장하면서 개인의 행위에 초점을 맞추지 않는다. 죄가 우리를 압도하는 권세라는 그의 말은 옳다. 하지만 그는 아마 의도하지 않았겠지만, 개인의 책임이라는 개념을 경시한다. 비록 죄가 우리를 속박하는 권세일지라도, 그런 현실이 개인의 책임을 줄여주지는 않는다. 바울은 우리가 아담 안에서 죄인이며 죄에 묶여 있다고 믿는다. 하지만 바울은 또한 우리가 자신이 저지르는 죄에 대해 온전한 책임이 있다고 주장한다. 악한 권세의 의미에 대한 주장을 하는 과정에서 보이드는 개인의 책임과 죄책의 중요성을 감소시키고, 그로 인해 자신의 견해를 인간은 단지 죄의 희생자에 불과하다는 개념으로부터 충분히 지켜내지 못한다. 그는 죄가 "사탄에 의해 영감을 받았다"고 또한 "실제 싸움"이 영적 권세에 대한 것이라고 강조한다. 보이드는 사탄과 마귀의 영향을 지나치게 강조함으로써 성서의 균형으로부터 멀어진다. 죄가 인간을 아담의 아들과 딸들로 속박하는 권세라는 그의 말은 옳다. 하지만 동시에 우리는 죄가 우리를 지배하도록 허락한 데 대해 전적인 책임이 있다. 우리는 육체의 욕망을 따르기로 선택했고(참고. 엡 2:1-3), 그로 인해 우리가 지은 죄에 대해 개인적으로 죄책을 지니고 있다(롬 3:19-20).

보이드는 E. P. 샌더스(Sanders)가 1세기의 문제는 자기의(自己義)가 아니었음을 결론적으로 입증했다고 말하지만 그런 주장은 납득이 가지 않는다. 샌더스에 의해 제시된 관점은 다음과 같은 책에서 심각한 비판을 받았다. Friedrich Avemarie, *Tora und Leben*; Mark A. Elliott, *The Survivors of Israel*; Simon J. Gathercole, *Where is Boasting?*; Stephen Westerholm, *Old and New Perspectives on Paul*; D. A. Carson, Peter T. O'Brien, Mark A. Seifrid가 편집한 *Justification and Variegated Nomism*, vol.2. 보이드는 샌더스가 제시한 패러다임에 이의를 제기하는 연구 결과들에 대한 인식을 보여주지 않는다.

그렉 보이드가 성서의 증거를 일방적으로 읽고 있다는 사실은, 사람들이 먼저 영적이고 사탄적인 세력으로부터 구원을 받고 **그 후에** 죄 용서를 받는다고 주장하는 데서 드러난다. 보이드는 우주론적인 것이 논리적 우선권을 가지며 구원론적인 것은 그 뒤를 따른다고, 또한 그러하기에 전자가 후자보다 근본적이라고 주장한다. 지면이 제한되어 있어 상세히 설명하기는 어렵지만, 나는 보이드의 논리와 해석이 설득력이 없다고 본다. 신약성서는 자주 그리스도가 죽었다가 부활했을 때 용서와 칭의가 이루어졌다고 주장한다. 또한 그것은 용서를 마귀와 사탄에 대한 승리에 분명하게 종속시키지 않는다. 죄 용서가 사탄에 대한 승리와 고립되어 일어나지 않는다는 것은 분명한 사실이다. 그러나 보이드는 후자가 전자를 위한 원인론적 근거가 된다는 사실을 성서 본문을 통해 분명하게 보여주지 못한다. 예컨대, 보이드의 주장과 대조적으로 골로새서 1:15-23에서는 마귀의 권세가 패했기 **때문에** 마지막 날에 우리가 거룩해지리라는 것이 분명하게 드러나지 않는다(전자가 후자를 앞선다는 의미에서). 마찬가지로 그리스도가 모든 적보다 높아지는 것(엡 1:20-22)이 그가 그의 사람들을 대신해 수행하는 구원론적 사역(엡 2:1-5)보다 우선시된다는 것은 논리적으로 타당하지 않을 뿐 아니라 주석학적으로도 증명되지 않는다.

또한 보이드는 그리스도의 죽음이 어떻게 악마적 권세에 대해 승리하는지를 명확하게 설명하지 못한다. 그는 예수가 십자가에서 마귀와 사탄을 무찔렀다고 반복해서 주장한다. 하지만 나는 보이드의 말에서 예수의 죽음이 어떻게 혹은 왜 그런 승리를 초래하는 데 필요했는가에 대한 설명을 분명하게 보지 못한다. 그는 성부 하나님이 우리를 용서하기 위해 성자를 벌하는 일이 필요하지 않고, 그것을 법적 거래로 보아야 할 이유가 없으며, 따라서 하나님의 진노는 성자에게 전가되지 않았다고 말한다. 하지만 나는 용서는 성자가 십자가에서 우리의 죄를 짊어짐으로써 하나님의 진노를 누그러뜨리는 일과 무관하지 않다고 주장한다. 보이드의 말대로 하자면, 나는 왜 성자가 우리를 대신해 우리가 지은 죄의 모든 결과를 감당해야 했는지 알지 못한다. 왜 그리스도는 "우리와 맞서 있는 율법의 정죄를 지워버렸던" 것일까? 보이드는 법률적 모델보다는 대속에 관한 일종의 유기적 전쟁 개념을 믿는다고 말한다. 그렇다면 그리스도의 죽음은 어떻게 정사와 권세를 무장 해제시켰을까? 보이드는 그리스도가 철저한 사랑을 통해 우리와 연대하여 악의 권세를 무찔렀다고 말한다. 그런데 이런 연관성은 주해를 통해 설명되지 않는다. 그것은 입증되기보다는 단언된다. 보이드는 어느 각주에서 성서는 이것이 어떻게 해서 그렇게 되는지를 설명하지 않으며 따라서 우리는 그것을 믿음으로 취해야 한다고 주장한다. 그러나 그가 자신의 주장을 주해를 통해 뒷받침하지 않기 때문에 나는 그의 입장을 받아들여야 할 이유를 찾지 못한다.

나는 (아주 간략하게!) 마귀의 권세가 우리를 지배하고 있는 이유가 인간의 죄 때문이라고 주장하고자 한다. 신약성서에는 묵시적인 것과 인류학적인 것이 함께 엮여 있다. 예수는 "우리 죄를 없앰으로써"(요일 3:5) "마귀의 일을 멸하러"(8절) 왔다. 또한 예수는 요한1서 4:9-10에 따르면, "우리의 죄를 속하기 위하여" 보내심을 받았다(참고. 요일 1:7, 9; 2:2). 악마와 마귀들이 우리를 지배하고 있는 것은 우리가 어떤 신비로운 방식으로 외부의 권세에게 꼼짝없이 묶여 있기 때문이 아니라 우리가 죄인이기 때문이다. 예수는 우리의 죄를 위한 속죄제물로서 우리를 대신해 고통을 당함으로써 마귀의 일을 멸했다. 그런 까닭에 이제 우리는 용서를 받은 자들로 하나님 앞에 서 있다. 예수는 단순히 우리에게 자신이 우리를 얼마나 많이 사랑하는지를 보임으로써 마귀를 정복하지 않았다. 성서는 이보다 훨씬 더 구체적이다. 우리에 대한 마귀의 지배력은 우리를 대신해 우리가 받아야 할 심판을 대신 받은 그리스도로 인해 십자가에서 우리의 죄가 사해졌을 때 깨졌다.

히브리서는 같은 지점을 지적한다. 예수는 우리가 죽음의 두려움에서 벗어나게 하기 위해 자신의 죽음을 통해 마귀의 권세를 깨뜨렸다(히 2:14-15). 이런 해방이 어떻게 성취되었는지 알기 위해서는 히브리서 전체를 읽을 필요가 있다. 히브리서는 그리스도의 죽음을 구약성서의 희생제사 시스템에 비추어 해설한다. 그의 죽음은 신자들을 죄로 인해 그들의 것이 된 죄책으로부터 씻어냈다(히 1:3; 9:14). 죽음의 심판은 죄 때문에 다가온다(히 9:27). 그리고 그리스도는 죄의 용서를 초래함으로써 신자들을 이 심판으로부터 해방시켰다. 그의 죽음은 속량, 즉 죄를 위한 희생제사를 이뤄냈다(히 2:17). 이제 신자들은 예수의 보혈 때문에 담대하게 하나님 앞으로 나아갈 수 있다(히 10:19). 히브리서 전체를 하나로 엮어 읽을 때, 우리는 그리스도가 그의 희생을 통해 자기의 사람들을 위한 죄 사함과 깨끗게 함을 이뤘을 때 사탄이 사망의 권세를 빼앗겼다는 것을 알게 된다. 죄책이 제거되었기에 사탄은 그리스도를 신뢰하는 자들에게 더 이상 그 어떤 권세도 행사하지 못한다. 요한계시록 12:11 역시 같은 지점을 가리킨다. 우리는 "어린 양의 피", 즉 우리를 죄에서 구해내는 예수의 죽음으로 우리를 고발하는 자인 마귀를 정복한다(참고. 계 7:13-14). 사탄에 대한 승리의 근거는 그리스도의 십자가 사역에 있는데, 그리스도는 그것을 통해 죄인들을 용서한다.

그렉 보이드가 우리에게 악마적 권세와 사탄에 대한 그리스도의 승리가 우리를 위해 그분이 이룬 영광스러운 일의 일부임을 상기시키는 것은 옳다. 그러나 사탄에 대한 그리스도의 승리는 죄인을 위한 그의 희생에 근거하는데, 그 희생을 통해 그는 하나님의 진노를 감당했고 우리가 받아야 할 벌을 대신 받았다.

논평

치유론

브루스 R. 라이헨바흐

솔직히 말해 만약 그렉 보이드의 논지가 옳다면, 그리스도인들은 얼마간 심각하게 근심해야 할 것이다. 이것은 보이드의 전쟁 모델이 성서의 지지를 받지 못한다거나 비논리적이라는 뜻이 아니다. 그보다는 오히려 하나님의 전쟁을 창조와 구속의 주된 특징으로 삼고 사탄과 그의 졸개들에게 막대한 권세를 부여하는 것은 기독교 신앙에 중대한 의미를 갖는다는 뜻이다.

이 글을 발전시키기에 앞서 그렉과 내 의견이 일치하는 부분을 확인해두고자 한다. 나는 만약 하나님에게 삼위일체적 사랑에 참여하는 대리자가 필요하고 그들로 하여금 자신의 사랑을 하나님에게 돌리도록 허락하셔야 한다면, 그들은 자유로워야 한다는 데 동의한다. 그러나 만약 그들이 자유롭게 하나님께 "예"라고 말할 수 있다면, 또한 그들은 그분에게 자유롭게 "아니오"라고도 말할 수 있을 것이다. 더 나아가 이런 자유를 허락하는 것은 하나님 편에서는 모험인데, 그것은 하나님이 미래의 우발적인 사건에 대한 예지를 갖고 계시든 그렇지 않든 간에 존재하는 모험이다.[1]

1_Gregory A. Boyd, *Satan and the Problem of Evil* (Downers Grove, Ill.: InterVarsity Press, 2001), 86.

미래에 대한 무지도 그리고 절대적인 예지도 사건에 대한 하나님의 통제력을 증진시켜주지 않는다. 왜냐하면 설령 하나님이 미래의 사건을 예지하실지라도, 그런 사건들은 일어날 것이고 그 어느 것도 그분이 일어날 것이라고 알고 계신 것을 변화시킬 수 없기 때문이다. 마찬가지로 모험이 도덕적 책임을 만들어낸다는 보이드의 말은 옳다.[2]

그렇다면 심각한 문제는 무엇인가? 보이드의 설명에 따르면, 사탄의 무리는 비록 원래는 하나님에 의해 창조되었으나 그분에게 맞서 반역했을 뿐 아니라 상당한 힘을 모아 인간과 자연 모두를 그리고 세상적인 것과 우주적인 것 모두를 지배할 수 있게 되었다. 지금 창조세계는 하나님이 아니라 사탄에게 속해 있다. 그 적은 오랜 세월 동안 이런저런 방식으로 우주를 벌거벗겨서 결국 텅 비고 황폐해지게(*tohu wabohu*) 했다. 그런 까닭에 하나님은 우주가 인간에게 친절해지도록 하기 위하여 그것을 다시 형성하셔야 했다.[3] 그러므로 보이드는 창조 문제를 다루면서 원래의 창조를 창세기 1장의 첫 번째 구절에 국한시킨다. 그는 창세기 1장의 처음 두 구절 사이에 커다란 간격이 있다고 주장한다. 즉 창세기 1:1이 "원래의 창조를 묘사하는 반면", 창세기 1:2은 악마적 세력에 의해서든 그런 세력을 격퇴하기 위한 싸움에 의해서든 발생한 우주의 파괴를 수정하는 데 필요했던 회복을 묘사한다는 것이다.[4] 나는 창세기 1장에 대한 보이드의 해석이 몹시 걱정스럽다. 내가 다른 곳에서 주장했듯이, 우리가 1절과 2절 사이에서 혼란과 파괴를 보아야 할 이유는 없다.[5] 오히려 그 구절들은 연속적이다. 1절

2_Ibid., 165.

3_Ibid., 313-14.

4_Franz Delitzsch, *A System of Biblical Psychology* (Grand Rapids: Baker, 1996), 74-76.

5_Bruce R. Reichenbach, "Genesis 1 as a Theological-Political Narrative of Kingdom Establishment," *Bulletin for Biblical Research* 13, no. 1 (2003): 56-59.

은 창조 행위 자체를 묘사하고, 이어지는 구절들은 창조의 내용을 묘사한다. 그로 인해 결국 하나님은 만물이 그에게서 나온다는 이유에서 정당하게 만물에 대한 소유권을 주장하실 수 있게 된다.

더 나아가 나는 하나님이 개인들에게 "우주를 관리하는 자연의 법칙을 왜곡하는" 능력을 주셔서 그 능력이 "진화 과정에 스며들 수 있게" 하셨다고 여길 만한 아무런 근거도 발견하지 못한다.[6] 비록 악마적 권세가 열방과 연결되어 있기는 하나(단 10장),[7] 또한 비록 사탄이 "이 세상의 신"(고후 4:4)이기는 하나, 그것은 사탄에게 우주에 대한 무제한적인 파괴적 권세를 제공하는 것과는 거리가 멀다.

더 나아가 창세기에 대한 보이드의 회복이라는 관점에서의 읽기에 따르면, 하나님은 그 어떤 명백한 승리도 거두지 못한 채 수십억 년의 세월 동안 사탄을 파멸시키는 일을 해오셨다. 첫 번째 싸움은 우주에 대한 재창조를 필요로 했는데, 그 재창조는 기껏해야 일시적인 휴식을 가져다준 행위에 불과했다.[8] 비록 그 회복이 육식 동물들을 제거해주기는 했으나[9] (비록 그런 극적인 동물군의 변화에 대한 고생물학적 증거는 존재하지 않으나), 그들이 곧 복수심을 지니고 돌아왔음은 분명하다. 두 번째 싸움은 세상을 깨끗이 씻어내기 위한 파괴적인 홍수를 필요로 했다(창 6-9장). 하나님의 첫 번째 반격은 악마적 권세에게 자연을 관리하도록 맡기는 결과를 낳았다. 두 번째 반격 역시 성공하지 못했다고 드러났다. 왜냐하면 인간들이 즉각 그들의 주인의 행위를 모방하는 상태로 돌아갔기 때문이다. 우리는 하나님이 이 시대의 끝에 또 다른 재창조를 하실 것이라는 말을 듣는다(계 21:1, 5).

6_Boyd, *Satan and the Problem of Evil*, 314.

7_Gregory A. Boyd, *God at War* (Downers Grove, Ill.: InterVarsity Press, 1997), 137-38.

8_Boyd, *Satan and the Problem of Evil*, 314.

9_Ibid., 315.

그사이에 우리는 속죄를 얻었는데, 하나님은 그것을 통해 마귀를 물리치시고, 마귀의 일을 멸하시고, 전쟁을 계속해나가도록 교회를 세우셨다.

두 가지 심각한 쟁점이 제기된다. 첫째, 왜 누가 이기고 있는지가 보다 분명하게 드러나지 않는가? 결국 도덕적 악도 자연의 악도—그 둘 모두 사탄의 원인론적 힘에 기인한다—현저하게 줄어들지 않았다. 오히려 도덕적 악이 증가했다(20세기 들어 그보다 앞선 모든 세대에서보다 더 많은 사람이 전쟁으로 죽었다). 또한 자연재해의 파괴력은 강도 면에서나 치명성의 측면에서나 경감되지 않았다. 만약 사탄과 그의 무리가 십자가에서 정복되었다면, 마땅히 우리는 이런 승리에 대한 보다 경험적인 증거를 발견하기를 기대할 것이다. 보이드는 교회의 실패가 다음과 같은 이유 때문이었다고 지적한다. "교회는 언제나 모든 현세욕, 옹졸함, 편협함, 자기중심성, 그리고 다른 모든 타락한 인간 조직의 특징을 이루는 권력 남용의 경향을 드러내는 아주 인간적이고 매우 타락한 기관이었다. 표면적으로 우리는 하나님이 전시하고 싶어 하실 만한 트로피처럼 보이지 않는다." 하지만 보이드는 계속해서 이렇게 말한다. "이런 사실이 우리가 이런 신적 봉사에 부적격하도록 만들지는 않는다." 왜냐하면 하나님은 "이 세상의 어리석고 약한 것들을 택해 자신에게 맞서는 세상의 '현명하고' '강한' 자들을 타도하시기 때문이다"(고전 1:18-30).[10] 그러나 교회의 약함은 우리의 관심사가 아니다. 우리의 관심사는 교회의 죄악성이다. 그리고 죄는 사탄의 일이다. 그러므로 만약 사탄이 교회에 대해 그처럼 큰 통제력을 갖고 있다면, 이 "트로피"가 사탄에 대한 하나님의 싸움에서 성공적인 역할을 하기를 기대하기는 매우 어렵다. 내 주장의 요점은 보이드의 견해가 사탄이 여전히 활동

10_Boyd, *God at War*, 252-53.

적이라는 신약성서의 단언과 어긋난다는 것이 아니다.[11] 오히려 이런 주장이 우주를 두고 벌이는 전투에서 그리스도가 사탄을 이긴다는 것이 성서의 **지배적인** 속죄 모티프라는 주장과 부합하기 어렵다는 점이다.

둘째, 그렉 보이드는 계속에서 우리에게 하나님이 결국 승리하실 것이라고 확언한다. 이에 대해 그와 나, 그리고 성서는 모두 일치한다. 보이드는 하나님이 소규모 접전이나 전투가 아닌 (적어도 현재로서는) 겉보기에 동등한 적들과 전면전을 수행하고 계신다고 묘사한다. 그러나 이런 시나리오를 염두에 둔다면, 어째서 우리가 하나님이 궁극적으로 사탄의 세력으로부터 통제권을 빼앗아오는 일에 성공하실 것이라고 여겨야 하는가? 보이드가 주장하는 수십억 년의 세월에 걸친 사탄과 하나님의 싸움의 역사는 하나님의 최종적 승리에 대한 큰 확신을 고무하지 못한다. 하나님에 대한 개방적 견해라는 관점을 감안한다면, 하나님이 이 가공할 만한 적을 패퇴시키기 위해 계속해서 다양한 전략을 시도하고 계시고, 심지어 승리를 쟁취하기 위해 자기 아들을 보내 죽게 하실 만큼 필사적인 것처럼 보인다.

이에 대해 보이드는 두 가지 중요한 원리를 소개하며 대응한다. 하나는, 하나님이 주시는 자유는 취소될 수 없다는 것이다. 다른 하나는, 그 자유는 유한하다는 것이다. 보이드가 첫 번째 원리로 의미하는 것은, 만약 영향을 끼치는 능력이 취소될 수 없는 것이 아니라면, 하나님은 참된 자유를 허락하신 것이 아니라는 점이다. 참된 자유는 자유로운 행위자가 "오랜 시간 동안 이런 영향력을 행사할 수 있는" 힘을 가졌음을 의미한다. 하나님은 행위자가 그것을 오용한다고 해서 이 자유를 "즉각" 회수하실 수 없다.[12]

11_Ibid, 276-77에서 이와 연관된 구절들을 보라.

12_Boyd, *Satan and the Problem of Evil*, 181. "자신이 제공한 자유라는 선물을 흠 없는 상태로 보존하기 위해 하나님은 이런 파괴적인 반역자들에 대한 진노를 오랫동안 억누르신다. 그렇게 하지 않는

이 취소할 수 없음이라는 원리가 사실일지라도, 보이드가 그것을 적용하는 방식은 잘못되었다. 사실 만약 우리가 다른 이에게 아무 데도 매이지 않는 상태를 허락한다면, 우리는 그 행위자가 우리의 뜻을 따라 행동하게 하기 위해 계속해서 그의 일에 개입해서는 안 된다. 자유의 수여자는 손을 떼야 한다. 자유를 얻은 이가 조금만 잘못해도 즉각 개입한다면, 그것은 그 어떤 의미 있는 자유도 해친다. 그러나 이런 원리는 행위자의 자유에 그 어떤 제한도 가해서는 안 됨을, 그리고 하나님이 사탄에게 인간뿐 아니라 우주에 대한 통제권을 갖도록 허락하셔야 함을 의미하지 않는다. 힘이 지속적으로 그리고 점점 심각하게 남용될 때 하나님이 그 힘을 사용하는 자유를 거둬들이시는 것은 정당하다. 만약 연합국이 히틀러의 악한 의도를 막는 것이 정당하다면, 혹은 보다 덜 극적으로 만약 당국이 범죄자들을 감금함으로써 그들의 자유를 제한하는 것이 정당하다면, 하나님이 심각하고 지속적으로 자신의 계명을 어기는 자들의 자유를 회수하거나 제한하시는 것 역시 분명히 정당하다. 자유를 부여하는 것이 자동적으로 그런 자유를 얻은 이들이 하는 일에 대한 무제한적 관용을 의미하지는 않는다. 법과 도덕의 구조 자체가 자유의 방정식 안에 하나의 요소로 포함되어야 한다. 그러므로 악마적 권세가 하나님의 율법과 도덕 모두를 위반했기에, 우리는 왜 하나님이 더 자주 그리고 더 강력하게 인간의 일에 간섭하시지 않는가 하는 문제로 돌아가게 된다. 우리의 유한성과 상황의 복잡성 때문에 그 이유를 이해할 수 없다는 보이드의 답[13]은 그가 비판하는 신정론자들의 진영 안으로 그를 정확하게 몰아넣는다.

보이드는 자유가 비록 취소될 수는 없지만 유한하다고 주장한다. 이

것은 의심할 여지없이 자유라는 선물을 부정직한 것으로 만들 것이다"(Boyd, *God at War*, 287).

13_Boyd, *Satan and the Problem of Evil*의 부록 1을 보라.

원리는 그로 하여금 하나님이 궁극적으로 승리하실 것이라고 확신하게 만든다.[14] 하나님이 자신을 택한 이들에게 주시는 생명이라는 선물은 영원하지만, 자기에게 맞서는 쪽을 택한 이들에게 주시는 자유라는 선물은 분명히 그렇지 않다.[15] 그러나 만약 하나님이 자유의 위임과 상통하게 위임된 힘을 제한하실 수 있다면, 어째서 그분은 그토록 오랫동안 악마적 권세의 활동이 지속되고 확대되는 것을 모두 용인해오셨을까? 우리는 이제 더 이상은 안 된다고 말할 수 있다. 결정적인 개입, 일시적이지 않은 전투, 그리고 자유의 제한은 오랫동안 지연되고 있다.

보이드는 "다른 이들을 해치고 악해지는 사탄의 권세는 다른 이들에게 복을 주고 사랑스러워지는 그의 잠재적 능력에 비례해야 했다"라고 답한다.[16] 그러나 사탄에게 위임된 복을 주거나 파괴하는 권세의 양이 하나님의 정의와 일치하는지를 의심해볼 만한 충분한 이유가 존재한다. 존 롤스(John Rawls)는 "최소극대화의 원리"(maximin principle)를 주창한다. 그 원리에 따르면 다양한 대안 사이에서 공정한 결과를 얻으려면, 보다 나은 선을 얻을 가능성을 낮추는 비용을 지불하고서라도, 얻을 수 있는 최소한의 선을 극대화하는 구조를 세워야 한다.[17] 그런 구조를 결정할 때는 마치 우리가 그런 사회 구조 속에서 어떤 상황에 떨어지게 될지를 알지 못한 채 무지의 장막 뒤에 있는 것처럼 심사숙고해야 한다. 우리는 최고의 특권층에 속할 수도 있으나, 마찬가지로 가장 낮은 권리를 지닌 사람들 가운데 있을 수도 있다. 그러므로 공정한 구조를 세울 때 우리가 이기심 때문에라도 해야 할 합리적인 일은 가능한 최악의 결과가 다른 대안에 의해 제시

14_Ibid., 185-86.

15_Boyd, *God at War*, 287.

16_Boyd, *Satan and the Problem of Evil*, 205.

17_John Rawls, *A Theory of Justice*, rev. ed. (Cambridge, Mass.: Harvard University Press, 1999).

된 가능한 최악의 결과들보다 나은 구조를 만드는 것이다. 하나님에 대한 보이드의 열린 관점에 의하면, 하나님은 무지의 장막 뒤에 계신다. 왜냐하면 그분은 미래에 어떤 일이 일어날지 아실 수가 없기 때문이다. 그러므로 하나님이 선이나 악을 행하도록 허락된 균형 잡힌 자유가 가장 낮은 권리를 지닌 이들을 위한 최고의 전반적인 결과와 일치하는 우주적 구조를 창조하셔야 한다고 지적하는 것은 옳다. 즉 하나님이 선이나 악을 행할 자유를 주심으로써, 더 적은 행복이라는 값을 치르면서조차 지독하게 비극적인 상황의 가능성을 만들어내는 것은 부당하고 지혜롭지 못한 일이 될 것이다. 하나님은 사람들이 하늘의 권세에 의해 복을 덜 받을 수는 있으나, 동시에 해도 덜 입을 수 있는 대안적 행동 방향을 가지고 계시기 때문에, 또한 이런 상황은 자유와 일치하는 훨씬 더 나은 세상을 제시하기 때문에, 이런 루트를 따르는 것이 정당하다. 하나님의 정의는 보이드의 비례성 원리가 제시하는 바에 따르면, 하나님이 하늘의 세력들에게 제공하시는 권세—선을 행하는 권세와 악을 행하고 재앙을 일으키는 권세 모두—를 심각하게 억제하는 것을 가리킨다. 요컨대, 보이드의 견해는 하나님의 정의를 희생시키면서 자유를 확대한다.

이것은 결국 속죄라는 문제로 이끌어간다. 두 가지 질문에 대한 답이 나와야 한다. 첫째, 앞서 언급한 기분 나쁜 문제들이 있는 상태에서, 속죄에 관한 승리자 그리스도 모델이 그렉 보이드가 주장하는 것처럼 지배적인 모티프라고 주장하는 것이 옳은가? 우리는 성서에 그런 모티프가 없다고 주장하고 있지 않다. 보이드는 그 모델의 중요성을 분명하게 입증하는 신약성서의 핵심 구절들을 제시한다. 그러나 우리는 과연 그것이 합리적으로 그리고 적절하게 **핵심** 모티프, 즉 속죄에 관한 다른 모든 은유를 체계화하는 모티프로서의 기능을 할 수 있는가에 대해 의문을 품고 있다. 보이드는 "예수가 행한 핵심적인 일은 '이 세상의 통치자'를 쫓아내는 것이었다", "그리스도가 이룬 주된 일은 그가 마귀를 물리쳤다는 것이다", "구원은 가장 기본적으로 '마귀의 덫으로부터' 벗어나는 것과 관련되어 있다"고 말한다. 그러나 그가 인용한 구절(요 12:31; 행 26:17-18; 딤후 2:26)들 중 어느 것도 사탄에 대한 정복이 속죄를 해석하는 **근본적**이거나 주된 방식이라고 주장한다는 측면에서 그리스도의 행위에 대해 말하지 않는다. 우리는 보이드의 핵심 논지가 성서 본문**으로부터** 나오지 않고 계속해서 성서 본문으로 **향하고** 있지는 않은지 의문을 갖는다. 부분적으로 그의 논지는 구원론적인 것이 우주적인 것에 의존한다는 그의 주장에 의존하고 있다. 그는 이 주장이 골로새서 1:15-22과 에베소서 1:22-2:8로부터 나온다고 옹호한다. 그러나 과연 이 본문들이 그의 해석을 지지하거나 요구하는지는 논쟁거리다.

우리는 그가 사도행전 10:38에 등장하는 베드로의 설교를 다루는 방식과 관련해서도 유사한 점을 지적할 수 있다. 예수가 "마귀에게 눌린 모든 사람을 고쳤다"는 진술은 "예수가 고친 모든 이들이 마귀에게 눌려 있었다"고 잘못 읽혀서는 안 된다.[18] "이 모든 것은 궁극적으로 **한 가지 일**, 즉 자기희생적 사랑의 힘을 통해 사탄과 권세들의 통치를 물리침으로써 하나님의 통치를 세우는 것과 관련되어 있다"는 보이드의 주장의 배후에는 모든 질병이 마귀 때문이라는 억측이 있다.

둘째, 이런 승리는 어떻게 이루어졌는가? 구약성서에 등장하는 전쟁하시는 하나님(God-at-war)이라는 모티프에 대한 보이드의 논의에서, 권세는 승리의 수단을 제공한다.[19] 리워야단 및 라합과의 싸움은 권력 게임이다. 하나님은 "리워야단의 머리를 부수시고"(시 74:13-14) "라합을 깨뜨

18_Boyd의 본문 읽기가 그런 방향을 드러내는 것에 관해서는 *God at War*, 250을 보라.

19_Boyd, *Satan and the Problem of Evil*, 31-32.

리신다"(욥 26:12-13). 창세기 3:15에 등장하는 "뱀의 머리를 상하게 하다"라는 표현 역시 마찬가지다. 그러나 보이드가 그리스도의 승리에 대해 논할 때는 사랑이 승리를 위한 수단이다. 사랑의 중심성은 성서적으로 옳지만 승리자 그리스도라는 맥락에서는 도발적이며 의심스럽다. 실제로 최후의 성공적인 싸움은 사랑의 싸움이 아니라 전면적인 무서운 전쟁이다(계 19-20장).[20]

그러나 사랑이 어떻게 사탄에 대한 정복과 우리의 속죄를 가져다주는가? 보이드는 "종말에 우리는 우리의 이해가 지극히 제한적이라는 사실을 겸손하게 시인해야 할 것이다"라고 지적한다. 이런 시인은 적절하다. 하지만 우리가 승리자 그리스도라는 입장에서 속죄가 어떻게 일어나는지에 대해 알지 못한다는 것은 혼란스러워 보인다. 특히 만약 이런 견해가 속죄에 대한 가장 중요하고 핵심적인 이해라면 더욱 그러하다. 실제로 속죄가 어떻게 이루어지는지를 설명하는 것은 그동안 승리자 그리스도 모델을 수용하는 데 중요한 걸림돌이 되어왔다. 확실히 그 방법에 대한 설명은 치유 모델, 희생제사 모델, 만족 모델에서 더 잘 제시된다.

요약하자면, 그렉 보이드의 승리자 그리스도론은 속죄에 관한 한 가지 강력한 이해를 제공한다. 그는 속죄를 사탄에 대한 그리스도의 승리라는 관점에서 이해하는 것을 옹호하는 주장을 강력하게 제시했다. 그러나 과연 승리자 그리스도가 구원의 주된 모티프인가? 그 프로젝트에서 그 부분의 성공 여부는 의심스러운 상태로 남아 있다.

20_ 하나님에 대한 열린 관점의 경우에, 우리는 그 결과가 어떻게 될지 혹은 그것이 요한계시록에서 묘사하거나 상징하는 것처럼 될지를 어떻게 알 수 있는가?

논평

만화경론

조엘 B. 그린

속죄의 승리자 그리스도 모델에 대한 그렉 보이드의 설명은 여러 가지 점에서 감탄할 만하다. 첫째, 그것은 이 모델이 성서 전체에 얼마나 골고루 펴져 있는지를 보여준다. 우리 중 속죄에 관한 **성서의** 모델을 설명하는 일에 관심을 갖는 이들은 이 모델이 성서 본문의 많은 부분에서 나타나고, 그 기초가 정경의 구원사라는 드라마 자체 안에 들어 있음을 보이는 것 모두에서 보이드에게 빚을 지고 있다. 둘째, 보이드의 입장이 예수가 로마의 십자가에서 죽은 일의 역사적 실제성을 얼마나 잘 설명하는지는 주목할 만한 가치가 있다. 속죄에 관한 신뢰할 수 있는 모델들은 예수의 삶, 즉 국가의 적으로서의 그의 죽음을 초래했던 그의 삶의 이야기로부터 분리되어서는 안 된다. 승리자 그리스도 모델은 그 역사를 진지하게 다룬다. 셋째, 보이드는 이 모델이 우주적 영향을 갖고 있음을 옳게 지적한다. 확실히 이것은 오늘날 강조될 필요가 있는 내용이다. 넷째, 그는 자신의 입장이 십자가형에 대한 기독교적 해석의 전통에 얼마나 잘 뿌리 내리고 있는지를 정당하게 지적한다. 우리의 신학적 뿌리 한 무더기가 이 훌륭한 모델 안에 뒤섞여 있다. 그리고 우리의 신학적 작업은 그에 따라 진행되어야 한다. 다섯째, 보이드의 손에서 이 모델은 속죄의 객관적 성격을 유용하게 설명한다. 마지막으로 그는 승리자 그리스도 모델이 악의 현존을 얼마나 진지하게 다루는지를, 그리고 하나님이 자기 백성을 구하기 위해 어느 정도까지 나아가셔야 하는지를 보여준다.

나는 보이드의 설명에 진심으로 감사한다. 그러하기에 여기서 내가 제기할 필요가 있는 문제는 다양한 쟁점에 대한 우리 두 사람의 의견 일치라는 보다 넓은 우산 아래에서 이해되어야 한다. 내가 갖고 있는 기본적인 관심사는 두 가지다. 첫 번째로, 나는 그가 이것을 환영해주기를 바라며, 승리자 그리스도 모델에 대한 그의 설명이 좀 더 강화될 수 있는 부분에 초점을 맞추고자 한다. 둘째로, 나는 우리가 승리자 그리스도 모델이 "그리스도의 사역의 모든 측면을 이해할 수 있는 '내적 논리'를 드러낼 수도 있는 하나의 포괄적인 개념적 모델"을 제공한다는 보이드의 주장을 받아들일 수 없는 이유를 제시하고자 한다.

승리자 그리스도 모델에 대한 그렉 보이드의 설명이 강화될 수 있는 방법과 관련해서는 다음 네 가지 제안을 하고자 한다.

첫째, 보이드는 하나님의 백성이 애굽으로부터 해방된 역사적 사건이 성서 안에서 발전되고 있기에 그것을 구원의 원형으로 중시할 수도 있을 것이다. 성서에서 출애굽은 새로운 출애굽을 위한 모형의 역할을 한다. 성서는 수많은 방식으로 이스라엘의 삶의 이야기를 출애굽에서 나온 이야기들과 엮어낸다.[1] 특별히 이사야서에서 출애굽 이야기는 변형되어 새로운 출애굽의 소망을 부추기는 역할을 한다. 새로운 출애굽이라는 약속의 실현—거기에는 싸움, 해방, 체류에 관한 이미지가 포함된다—은 신약성서

1_ 참고. Göran Larsson, *Bound for Freedom* (Peabody, Mass.: Hendrickson, 1999); Rikki E. Watts, "Exodus," in *New Dictionary of Biblical Theology*, 3d. T. D. Alexander and Brian S. Rosner (Downers Grove, Ill.: InterVarsity Press, 2000), 478-87.

신학에서 나타나는 공통된 주제다.[2] 이런 맥락에서 성서의 이야기를 추적하는 것은 보이드의 설명을 강화해준다.

둘째, 신약성서에 따르면 "예수가 한 핵심적인 일은 '이 세상의 통치자'를 내쫓는 것이었다"는 주장이 참으로 옳을까? 비록 사탄의 졸개에 관한 이야기를 하고 있기는 하나, 누가복음 11:24-26의 주장은 적절하다. 악한 영 하나를 내쫓는 것만으로는 결코 충분하지 않다. 그것이 돌아와 "그 집이 청소되고 수리된 것을" 알게 된 후 나가서 "저보다 더 악한 귀신 일곱을 데리고 들어가서 거하니 그 사람의 나중 형편이 전보다 더 심해"질 수도 있기 때문이다. 우리는 예수가 가진 사명의 "핵심"을 그가 말과 행동을 통해 하나님 나라를 선포한 데서 찾는 편이 나을 것이다. 보이드가 그 일에 이 세상의 통치자를 내쫓는 일이 **포함되어 있다**고 주장한 것은 옳을 수 있다. 그러나 동시에 그는 예수가 선포하고 구현했던 대안적 "통치"를 세상 속으로 깨치고 들어오는 하나님 나라로 인해 나타난 인간의 반응과 함께 묘사할 필요가 있다.

셋째, 신약성서에서 하나님과 맞서 포진해 있는 "권세들"에 대한 보이드의 논의는 놀라울 정도로 영적이다(그 권세들은 구약성서에 등장하는 사회적이고 정치적인 반대자들과 대조된다). 충분한 이유를 가지고 그는 월터 윙크가 바울 서신에 나오는 "권세들"에게 지나칠 정도로 과하게 사회제도라는 옷을 입힌 것을 나무란다. 하지만 나는 보이드가 다른 방향으로 균형을 잃은 것이 걱정된다. 예컨대, 이른바 "마리아의 노래"에서(눅 1:46-55) 구원은 불가피하게 세속적인 용어로 묘사된다.

2_ 예컨대, Rikki E. Watts, *Isaiah's New Exodus and Mark*, Wissenschaftliche Untersuchungen zum Neuen Testament 2:88 (Tübingen: Mohr/Siebeck, 1997); David W. Pao, *Acts and the Isaianic New Exodus*, Wissenschaftliche Untersuchungen zum Neuen Testament 2:130 (Tübingen: Mohr/Siebeck, 2000).

권세 있는 자를 그 위에서 내리치셨으며
비천한 자를 높이셨고
주리는 자를 좋은 것으로 배불리셨으며
부자는 빈손으로 보내셨도다(눅 1:52-53).

나는 설령 그런 것이 있다고 할지라도, 인간의 제도 안에서 그것을 위한 표현이 없는 마귀의 영적 세력에 대한 우려를 단지 아주 드물게만 바울(이나 다른 신약성서 저자들)의 탓으로 돌릴 수 있을 뿐이며, 그런 제도들의 악한 활기의 원인이 되지 않는 하나님에 맞서 포진해 있는 인간적 제도에 관한 신학을 바울(이나 다른 신약성서 저자들)의 탓으로 돌려서는 안 된다고 생각한다. 그런 까닭에 나는 보이드가 "권세들"에 대해 설명하는 과정에서 승리자 그리스도론이 갖고 있는 가장 인상적인 자산 중 하나 — 예수의 죽음이 계속해서 하나님의 구원 목적에 맞서는 사회정치 현실을 심각하게 다룬다는 사실을 보여주는 능력 — 를 박탈하고 있지는 않은지 걱정된다.

넷째, 오늘날의 세상 안에서 하나님과 하나님의 백성을 향한 반대가 계속되고 있다는 자명한 현실을 감안한다면, 하나님의 백성이 전쟁에서 수행하는 역할은 무엇인가? 출애굽에서 이스라엘의 하나님은 자신의 목적에 맞서 포진해 있는 세상의 강력한 구조에 대해 통치권을 행사하시면서 그 안에서 자신의 목표와 성품이 구체화되는, 따라서 하나님의 백성이 하나님과 함께 싸움에 참여하는 새로운 구조를 추구하고 형성하시는 분으로 묘사된다. 새로운 출애굽을 위한 싸움터에서 하나님의 백성이 수행해야 하는 역할은 무엇인가? 요한계시록은 우리가 나아가야 할 방향을 정하는 데 도움을 준다. 폭력에 관한 이미지로 점철된 듯 보이는 그 책에서 특별히 요한계시록 12:11이 그 책의 주제를 잘 제시해준다. "또 우리 형제들이 어린 양의 피와 자기들이 증언하는 말씀으로써 그를 이겼으니 그들은 죽기까지 자기들의 생명을 아끼지 아니하였도다." 하나님의 백성은 끈기 있는 인내와 신실함이라는 무기(계 2:3, 7, 10-11, 25-26; 3:5, 12; 13:10; 14:12; 15:2)와 어린 양의 피, 그리고 말씀의 증언(계 12:11; 19:10)으로 적을 무찌르라는 명령을 받고 있다. 그 싸움에서 그리스도인들의 역할에 관해 어떤 말을 더 할 수 있을까?

성서와 신학적 전통 모두에 충분한 근거를 둔 속죄에 관한 승리자 그리스도 모델은 그리스도의 죽음이 구원에 대해 갖고 있는 의미에 대한 오늘날의 표현 안에서 안전한 자리를 확보하고 있다. 그러나 여러 가지 이유로 우리는 승리자 그리스도 모델이 그리스도의 십자가 사역을 해석하는 방법으로서 "보다 근본적"이라는 그렉 보이드의 주장은 과장일 뿐이라고 여길 수 있다.

첫째, 보이드는 현실의 본질이 단 하나의 포괄적인 속죄 모델을 요구한다고 잘못 가정하고 있다. 그는 "현실은 통일되어 있다"는 확신에서 시작해 그 확신에 기반한 추론의 결과로서 "속죄의 현실"이 모든 속죄 모델을 위한 하나의 단일하고 통일된 틀을 갖고 있다고 주장한다. 이런 논리가 매력적이기는 하지만, 우리는 보이드가 **현실**이라는 단어를 명백하게 두 가지 서로 다른 방식으로 사용하고 있음을 인식할 필요가 있다. 사람들이 현실의 통일성에 호소할 때, 그들은 대개 "실제로 존재하는 것"과 같은 그 무엇을 가리킨다. 그러나 보이드가 "속죄의 현실"을 언급할 때 그는 우리를 보다 멀리 데려가면서 "현실"을 하나의 특별한 해석적 네트워크 안에 위치시킨다. 그러므로 비록 우리 모두가 예수가 본디오 빌라도에 의해 십자가에 못 박혔다는 현실에 동의한다고 할지라도, 이것은 그 사건에 대한 특정한 해석의 현실을 인정하는 것과 같지 않다. 흥미롭게도 신학자 콜린 건튼(Colin Gunton)이 "속죄의 현실성"(the actuality of the atonement, 보이드가 말하는 "속죄의 현실"[the reality of the atonement]에 가까운 상대어처럼 보이는 표현)을 주장할 때, 이 "현실성"을 "승리", "정의의 행위", "희생제사"라고 표현하는데, 어느 하나의 단일하고 통일된 은유가 아니라 그 세 가지 표현 모두를 한 쌍으로 사용하면서 그렇게 한다.[3]

내 비판의 요점은 마치 속죄가 "현실"이 아닌 것처럼 혹은 그것에 대해 확실한 것은 아무것도 말해질 수 없는 것처럼 포스트모던적 관점주의(perspectivalism)를 옹호하는 것이 아니다. 오히려 "속죄의 현실"을 보이드가 바라는 방식으로 말하는 유일한 길은 "속죄가 실제로 이루어지는 방식"에 대해 하나님의 관점에서 말하는 것임을 인정하는 것이다. 그러나 왜 우리가 그토록 분명하게 다양성을 기뻐하시는 하나님(가령, 그분이 창조하신 세상이나 종말에 예배하기 위해 모이는 다양한 사람[계 7장]에 대해 생각해보라)이 자기 아들의 구원 사역을 해석하기 위한 단일하고 통일된 틀을 세우려 하신다고 상상해야 하는가? 그리스도인들 가운데서 그리스도의 십자가에 의해 제공된 해결책의 본질을 설명하는 방식은 우리가 해결을 요구하는 문제의 본질을 이해하는 방식에 아주 많이 달려 있다. 그리고 성서는 이런 이해의 방식을 현기증이 날 만큼 다양한 가능성을 통해 발전시킨다. 선교학적이고 교육학적인 관심사 역시 우리의 모델을 서로 다른 방향으로 밀고 나간다.[4] 이것은 예수의 십자가를 그만큼 덜 "실재적"이게 만들지 않는다. 오히려 그것은 우리가 동일한 "현실"(reality, "실재하는 그 무엇")을 서로 다른 현실(realities, 삶과 세상에 대한 서로 다른 세계관)에 따라 해석한다고 입증해준다. 어떤 경우든 우리가 하나님의 관점에 관해 아는 것은 단지 하나님이 밝혀주신 것뿐이다. 그리고 성서에서 하나님의 계시는 구원 드라마의 중심으로서 그리스도의 십자가를 가리키지만 십자가에 대한 단일한

3_ Colin Gunton, *The Actuality of the Atonement* (Grand Rapids: Eerdmans, 1989).

4_ 이것이 Joel B. Green과 Mark D. Baker가 *Recovering the Scandal of the Cross* (Downers Grove, Ill.: InterVarsity Press, 2000)를 통해 한 일이다.

해석을 확인해주지는 않는다.

둘째, 승리자 그리스도 모델이 중요하기는 하나, 그것이 제공하는 해석적 덮개가 성서 안에서 그리고 오늘날 신학자들 사이에서 옹호되는 속죄 신학이 점유하고 있는 모든 영역을 포괄하지는 못한다. 보이드는 형벌 대속론이 승리자 그리스도론이 그리는 서클 밖에 있음을 인식하고 있는 것처럼 보인다. 그래서 승리자 그리스도론이 형벌 대속론을 강화한다는 것을 인정하면서도 즉시 그 대속 모델을 법적 용어가 아니라 전쟁 용어로 재해석한다. 보이드가 속죄 신학의 만신전에 형벌 대속론을 위한 공간을 마련해두었든 아니든, 우리는 "대속"에서 그것이 갖고 있는 "법적" 관심사를 제거하면 "형벌 대속론"에서 "형벌"을 부정하는 것임을 놓쳐서는 안 된다.

다른 모델들은 승리자 그리스도론 아래에 포섭되기보다는 그것과 나란히 놓인다. 우리는 "희생제사"를 어떻게 전쟁 용어를 사용해 이해해야 하는가? 용서를 강조하는 모델들에서 하나님은 전쟁터에서 누구와 맞서 싸우시는가? 로마서 5:8-10에서 바울은 우리가 죄인 되었을 때 하나님이 우리에 대해 전쟁을 선포하시기보다 우리를 위해 자기를 바치신 그리스도를 통해 자신의 사랑을 확증하셨다고 주장한다. 승리자 그리스도론은 속죄의 객관적 측면을 잘 다루지만, 속죄의 주관적 측면을 묘사할 때는 비틀거린다. 우리는 십자가에서 하나님이 우리를 **위해** 전쟁에 개입하시고 우리의 구원을 얻어내신다고 말할 수 있다. 하지만 이것이 우리 **안에서** 이루어지는 속죄 사역을 묘사하는 것과 동일하지는 않다. 보이드가 주장하듯이, 비록 우리가 승리자 그리스도론이 우리를 이끌어 변화시키도록 허락할 수는 있을지라도 이 모델에서 실제로 우리가 어떻게 거룩해지는지는 분명하지 않다.

『구원』(*Salvation*)이라는 책에서 나는 전사로서의 야웨와 치유자로서의 야웨에 대한 성서의 초상은 서로 겹치며 보완되는 이미지이기는 하나 그것들 각각은 다른 쪽의 관점에서 축소되지 않는다고 주장한 바 있다.[5] 야웨 하나님이 오직 다수의 초상을 통해서만 이해될 수 있듯이, 인간의 상황 역시 다양한 방식의 발전을 요구한다. 속죄 신학은 하나님과 인간에 대한 우리의 교리의 교차점에 놓여 있다. 그러므로 속죄 신학은 그런 다양한 초상을 반영할 수밖에 없다. 따라서 성서 자체는 신학 전통과 함께 속죄에 대한 다양하고 축소될 수 없는 모델들의 공존을 포함하고, 입증하고, 요청한다.

5_Joel B. Green, *Salvation*, Understanding Biblical Themes (St. Louis, Missouri: Chalice, 2003).

2

형벌 대속론

_토마스 R. 슈라이너

형벌 대속론은 속죄에 관한 복음주의적 견해의 핵심이다.[1] 나는 이것이 성서가 가르치는 속죄에 관한 **유일한** 진리라고 주장하려는 게 아니다. 또한 형벌 대속이 성서의 모든 문헌에서 강조되고 있다거나 성서의 모든 저자가 형벌 대속을 분명하게 표현하고 있다고 주장하려는 것도 아니다.[2] 다만 우리가 하나의 온전한 정경으로서의 성서를 살필 때 형벌 대속이 속죄의 다른 모든 차원을 위한 닻과 토대의 역할을 한다고 주장하고자 한다.[3] 나는 형벌 대속을 다음과 같이 정의한다. 성부 하나님이 인간에 대한 사랑 때문에 자신의 정의를 만족시키기 위해 자신의 성자를 보내셨고(성자는 그 일을 위해 기꺼이 그리고 즐거이 자신을 바쳤다), 그로 인해 그리스도가 죄인들을 대신하셨다. 우리가 받아야 할 심판과 형벌이 우리 대신 예수 그리스도에게 가해졌고, 그로 인해 십자가에서 하나님의 거룩과 사랑이 드러났다.

하나님이 자기 백성을 위해 그리스도를 통해 이루신 일의 부요함은 형벌 대속으로는 다 설명되지 않는다. 정경의 증언을 공정하게 다루기 위해

1_ 나는 Jim Hamilton, Bruce Ware, Justin Taylor가 이 글을 신중하게 읽고 개선하기 위한 몇 가지 유익한 조언을 해준 데 대해 감사드린다. 달리 지적하지 않는 한 이 글에서 언급하는 모든 성서 구절은 ESV에서 인용했다.

2_ 최근에 형벌 대속론을 간략하게 옹호한 글을 위해서는 Simon Gathercole, "The Cross and Substitutionary Atonement," *Scottish Bulletins of Evangelical Theology* 21 (2003): 152-65; Henri Blocher, "The Sacrifice of Jesus Christ: The Current Theological Situation," *European Journal of Theology* 8 (1999): 23-36을 보라.

3_ 이런 주장에 대한 견고한 그리고 확신 있는 옹호와 관련해서는 John R. W. Stott, *The Cross of Christ* (Downers Grove, Ill.: InterVarsity Press, 1986), 133-63을 보라.

서는 속죄의 다면적 성격이 인정되어야 한다. 만약 십자가에서 이루어진 악에 대한 그리스도의 승리가 무시되거나, 그리스도의 모범적인 사랑이 한편으로 밀려나거나, 그리스도의 십자가와 부활을 통해 신자에게 부여된 치유가 경시된다면, 하나님의 백성은 가난한 상태가 될 것이다. 그러므로 나는 그리스도의 속죄가 갖고 있는 광범위한 성격을 부인하지 않으면서, 그럼에도 형벌 대속이 속죄의 근본이며 핵심이라고 주장할 것이다.

형벌 대속의 근본적인 성격은 우리가 속죄에 관한 다른 이론 몇 가지를 생각해보면 분명하게 드러난다. 예컨대, 승리자 그리스도론(Christus Victor)이라는 모티프는 그리스도가 마귀의 권세를 정복했고 우리의 삶 속에 존재하는 마귀의 지배로부터 우리를 해방시켰다고 옳게 지적한다.[4] 그러나 만약 승리자 그리스도론이 형벌 대속론에 속박되지 않는다면, 우리는 인간이 단지 죄의 희생자로서 악한 권세에 의해 노예 상태로 묶여 있을 뿐이라는 결론을 내리게 될 것이다. 형벌 대속론은 우리에게 죄인들이 마귀의 권세에 속박되어 있는 것은 우리 자신의 도덕적 실패와 죄책 때문임을 상기시켜준다.[5] 인간으로서 우리의 근본적인 문제는 외부의 권세가 우리를 피해자로 만드는 것이 아니다. 근본적인 문제는 우리 자신이 철저하게 악하며 우리가 하나님과 그릇된 관계를 맺고 있다는 것이다. 악한 권세가 우리를 지배하는 것은 우리 안에 있는 악 때문이다. 우리는 우리에게 마땅한 방식으로 하나님께 영광을 돌리고 그분께 감사하는 데 실패했기 때문에 죄의 먹이가 되었다(롬 1:21).

속죄에 관한 치료적 관점(therapeutic view)은 우리를 위한 그리스도의

4_승리자 그리스도라는 주제는 Gustaf Aulén, *Christus Victor: A Historical Study of the Three Main Types of the Idea of Atonement*, tans A. G. Herbert (London: SPCK, 1931)를 통해 현대의 논의의 전면에 등장했다.

5_Blocher, "Sacrifice of Jesus Christ," 31.

죽음 때문에 우리가 경험하는 치유를 소중히 여긴다.[6] 우리는 하나님의 은혜가 그분이 구원하시는 자들을 회복시키기 때문에, 또한 죄의 흉측한 결과가 그리스도의 사역에 의해 (즉각적으로가 아니라 점진적으로) 제거되기 때문에 하나님을 찬양한다. 그럼에도 치료적 관점을 핵심으로 여기는 것은 잘못이다. 그것은 우리의 관심의 초점을 하나님의 영광으로부터 인간을 위해 성취된 선으로 옮겨가게 한다. 그럴 때 우리는 그리스도의 객관적 사역의 의미를 감소시키고 사람들의 주관적 경험을 드높인다. 죄가 그런 식으로 재정의될 경우 그것은 우리를 타락시키고 정죄하는 철저한 자아 중심성, 교만, 반역이 되기보다는 우리의 모습을 망가뜨리는 질병이 된다.

속죄에 관한 통치론(governmental theory)은 하나님이 모든 위반에 대해 완전한 보상을 요구하지 않으면서도 율법을 얼마나 진지하게 여기는지를 보이길 원하신다는 점을 강조한다. 이 견해에 따르면 하나님의 법이 높임을 받아야 하는 것은 죄인들이 용서를 받기 위해서다. 그럼에도 통치론은 하나님의 법을 그분의 성품과 분리시키고 그로 인해 하나님의 두렵고도 아름다운 거룩하심에 관한 성서의 가르침을 약화시키기 때문에 결함이 있다. 통치 모델은 하나님이 율법과 자신의 도덕적 기준의 중요성을 드러내기를 갈망하신다고 주장한다. 그러나 그것은 성공하지 못한다. 왜냐하면 통치 모델은 하나님의 정의가 단순히 근사치로서가 아니라 **완전하게** 충족되어야 한다는 진리를 지지하지 않기 때문이다.

어떤 이들은 칭의(justification)보다는 화해(reconciliation)가 현대인들에게 더 설득력이 있다고 주장할지도 모르겠다. 화해는 관계를 다루고 칭의

6_Stanley P. Rosenberg는 속죄에 관한 아우구스티누스의 가르침이 죄로 인해 망가진 인간의 재형성과 회복을 강조했다는 점을 지적한다("Interpreting Atonement in Augustine's Preaching," in *The Glory of the Atonement*, ed. Charles E. Hill and Frank A. James III [Downers Grove, Ill.: InterVarsity Press, 2004], 235-38).

는 적법성에 초점을 맞추기 때문이다.[7] 때때로 사람들은 현대인들이 형벌 대속에 내재하는 법률적 범주와는 관계하지 못하는 반면, 화해가 갖고 있는 따뜻하고 인격적인 차원은 그들의 마음에 호소한다고 말한다. 그 누구도 화해의 중요성을 손상시켜서는 안 된다. 그러나 동시에 우리는 화해를 강조하느라 칭의를 경시해서도 안 된다.[8] 인간이 하나님과 화해할 필요가 있는 것은 그들의 죄와 죄책 때문이다. 죄는 죄인들을 거룩하신 하나님으로부터 분리시키는 객관적 현실이다. 하나님과 인간의 화해는 단순히 인간의 회개와 용서에 대한 갈망이라는 기초에 의존해 현실이 되지 않는다. 만약 인간이 회개만으로 하나님과 화해할 수 있다면, 그리스도의 십자가 희생은 완전히 쓸모없어질 것이다. 또한 용서받기 위해 우리에게 필요한 모든 것이 우리의 죄에 대해 유감을 느끼는 것뿐이라면, 그리스도의 사역은 전혀 필요하지 않게 된다. 화해는 소중한 현실이다. 하지만 그것은 하나님의 진노를 달래기 위해 그리스도가 십자가에서 우리의 죄를 대신 짊어지는 사역과 깊이 결부되어 있다.[9]

속죄에 관한 모범설(example theory)은 예수가 그리스도인들을 위해 전형적인 역할을 한다고 옳게 주장한다. 어떤 이들은 형벌 대속에 대한 관심이 예수를 본받으라는 요구를 대체한다고 여길지도 모른다. 그와는 반대로 십자가에서 최고로 드러난 예수 그리스도의 사랑은 신자들에게 사랑의 전형이 된다(예. 마 20:25-28; 요 13:1-17; 롬 15:1-4; 고후 8:8-9; 엡 5:2; 빌

7_Ralph P. Martin, "Reconciliation: Romans 5:1-11," in *Romans and the People of God*, ed. Sven K. Soderlund and N. T. Wright (Grand Rapids: Eerdmans, 1999), 47.

8_Leon Morris는 칭의, 화해, 구속 모두가 대속에 뿌리를 두고 있다고 옳게 주장한다(*The Cross in the New Testament* [Grand Rapids: Eerdmans, 1965], 404-19).

9_Martin Hengel은 다음과 같이 말한다. "다시 말해, 인간은 더 이상 자신의 행위를 통해 하나님의 진노를 진정시킬 필요가 없다. 하나님은 구원 사건으로, 적이 되었던 불충실한 창조물을 자신과 화목하게 하셨다"(*The Atonement: The Origins of the Doctrine in the New Testament*, trans. John Bowden [Philadelphia: Fortress, 1981], 32). 74쪽의 발언에도 주목하라.

2:5-11; 벧전 2:21-25; 요일 3:16-18; 4:10-11). 십자가에서 드러난 예수의 자기 내어줌은 신자들에게 사랑의 모델로서의 역할을 한다. 그리스도에게 속한 이들은 그를 본받고 그를 따라 걸어야 한다. 예수를 본받는 것이 중요하기는 하나, 만약 그가 보인 모범을 속죄와 관련한 주된 진리라고 여긴다면 우리는 크게 실수하는 것이다. 그런 견해는 인간 안에 만연해 있는 죄를 경시하며 우리에게 가장 필요한 것이 사랑의 모델 및 전형이라고 암시한다. 이 견해에 따르면, 예수는 우리를 우리 자신에게서 구원하는 구주로서보다는 본받아야 할 모델로서 기능한다. 모범설에서 인간의 악의 깊이는 얼버무려진다. 그리고 인간의 본성에 관한 낙관적 견해가 전면에 등장한다. 형벌 대속론은 인간이 하나님 앞에 빚진 자로 서 있으며 그들에게 이 세상에서 무엇보다도 절실하게 필요한 것은 그분의 용서라는 사실을 옳게 가르친다. 그런 용서는 예수 그리스도의 십자가와 부활을 통해 확보된다.

십자가를 통해 드러난 하나님의 지혜는 이 시대의 현자들에게 거부된다. 형벌 대속이라는 개념은 식자층 중 많은 이들에게 분개의 대상이고 또한 정기적으로 웃음거리가 된다.[10] 예컨대, 많은 과격한 페미니스트들은 형벌 대속이 여성과 아이들에 대한 가정 폭력을 인정한다고 주장한다.[11]

10_ 이 반대에 관한 간략한 개요를 위해서는 Blocher, "Sacrifice of Jesus Christ," 24-47을 보라.

11_ 이 논지에 대한 서론을 위해서는 Joanne Carlson Brown and Rebecca Parker, "For God So Loved the World?" in *Christianity, Patriarchy and Abuse: A Feminist Critique*, ed. Joannes Carlson Brown and Carole R. Bohn (New York: Pilgrims, 1989), 1-30; Darby Kathleen Ray, *Deceiving the Devil: Atonement, Abuse, and Ransom* (Cleveland: Pilgrim, 1998), 1-18을 보라. 여기서 그런 비난에 대응하는 것은 내 목적이 아니다. 형벌 대속론의 입구에 학대라는 비난을 내려놓는 것은 전혀 설득력이 없다. 왜냐하면 성서는 그리스도를 십자가에 못 박고 그를 고통스러운 죽음에 처하게 했던 이들의 도덕적 정당성을 결코 옹호하지 않기 때문이다. 그러므로 성서에는 다른 이들에게 학대를 가하는 자들을 정당화시켜주는 그 어떤 근거도 존재하지 않는다. 성부가 성자를 학대했다고 주장하는 이들은 삼위의 각 위들 사이의 구분을 지나치게 강조함으로써 성부가 성자의 죽음에서 (심술궂은 쾌락이 아니라) 슬픔을 경험했음을 보지 못한다. 또한 그들은 예수의 죽음을 인간 아

데니 위버(Denny Weaver)는 최근에 출간한 책에서 형벌 대속을 거부하고 비폭력적 속죄를 옹호했다.[12] 학자들은 주기적으로 형벌 대속이 추상적이고, 법률적이고, 비인격적이라고 불평한다. 그들은 그것이 성부를 성자와 맞서게 하고, 율법을 하나님 위에 놓고, 진노하시는 하나님을 강조한다고 한탄한다.[13] 복음주의 진영 안에서조차 형벌 대속은 "우주적 아동 학대"이며 하나님의 사랑과 반대된다는 주장이 제기되고 있다.[14]

형벌 대속론에 대한 비판은 복음주의 공동체로부터도 나오고 있다. 조엘 그린(Joel Green)과 마크 베이커(Mark Baker)는 최근에 『십자가와 구원의 문화적 이해』(*Recovering the Scandal of the Cross*)라는 제목의 책을 썼다.[15] 그들은 형벌 대속이 그리스도의 십자가를 이해하기 위한 많은 은유 중 하나라고 주장한다. 그리고 성서가 속죄에 관해 가르치는 모든 것을 형벌 대속이 설명하지는 않는다고 말하는 것은 분명히 옳다.[16] 그러나 형벌 대속

버지가 자기 아들을 죽이기로 한 결정과 완전하게 동일시하면서 그것을 인간적 관점으로 축소시킨다.

12_J. Denny Weaver, *The Nonviolent Atonement* (Grand Rapids: Eerdmans, 2001). 또한 Anthony W. Bartlett, *Cross Purposes: The Violent Grammar of Christian Atonement* (Harrisburg, Penn.: Trinity Press International, 2001); C. D. Marshall, *Beyond Retribution: A New Testament Vision for Justice, Crime and Punishment* (Grand Rapids: Eerdmans, 2001)을 보라.

13_ 참고. John Goldingay, ed., *Atonement Today: A Symposium at St. John's College Nottingham* (London: SPCK, 1995). 이 작품에 기고한 저자 중 많은 이들이 위에서 언급한 이유 때문에 형벌 대속론을 거부했다.

14_Steve Chalke, *The Lost Message of Jesus* (Grand Rapids: Zondervan, 2003), 182-83. D. A. Carson은 Chalk의 주장에 들어 있는 현격한 약점을 지적함으로써 그가 형벌 대속에 관해 한 말이 진지한 학문적 연구 결과물로서의 자격을 갖추고 있지 않음을 보여주었다(*Becoming Conversant with the Emergent Church* [Grand Rapids: Zondervan, 2005], 185-87.

15_Joel B. Green and Mark D. Baker, *Recovering the Scandal of the Cross: Atonement in New Testament & Contemporary Context* (Downers Grove, Ill.: InterVarsity Press, 2000). 『십자가와 구원의 문화적 이해』(죠이선교회 역간, 2014).

16_ 그러나 나는 형벌 대속이 가장 중요한 은유라고 주장한다는 점에서 그들과 다르다. 또한 Henri Blocher는 은유적 언어 사용이 성서가 말하는 형벌 대속의 중심성과 명확성을 철회시키지 않는다고 옳게 주장한다("Biblical Metaphors and the Doctrine of Atonement," *The Journal of the*

을 받아들인다는 그들의 주장은 그 책의 내용에 의해 부정되는 것처럼 보인다. 왜냐하면 그들은 형벌 대속을 자주 비판하기 때문이다. 그 책에서 형벌 대속에 대한 비판은 자주 그것에 대한 대중적인 관점 및 오해와 대치된다. 그들은 왜곡되지 않은 형벌 대속을 분명하게 추천하지도 않고, 일반적인 오해를 벗겨낸 형벌 대속에 관한 적극적 관점을 제시하지도 않는다. 실제로 그 책에서 형벌 대속에 관한 대중적 관점에 맞서 제기된 비판 중 많은 것들은 동시에 찰스 하지(Charles Hodge)의 주장에 맞서 제기된다. 그들은 다음과 같이 말하면서 하지가 그 이론을 옹호하는 것을 비난한다. 그 이론은 (1) "성서적인 것처럼 보이기만 할 뿐" "성서에서는 낯선 것이다."[17] (2) 성부와 성자를 나눈다. (3) 오늘날의 사람들에게 호소하지 못하는 정의에 대한 추상적 관점을 지지하며 성서에서 발견되는 관계적이고 언약적인 관점에서 떠난다. (4) "하나님의 진노를 보복적 심판으로" 잘못 이해한다.[18] (5) 이와 같은 "정의에 대한 추상적인 개념"으로 하나님의 사랑을 제한한다.[19] (6) 부활의 필요성을 제거한다. (7) 성서가 말하는 것을 왜곡한다. (8) 윤리에 대한 필요를 제거한다.

그린과 베이커는 형벌 대속에 대한 대중적 견해에 맞서, 그리고 형벌 대속을 지적으로 옹호하는 하지에 맞서 그와 동일한 갖가지 비판을 제기한다. 그러므로 대중적 견해에 맞서 제기된 갖가지 반대는 동시에 형벌 대속론의 지적인 옹호자들에게도 적용되는 것처럼 보인다. 그린과 베이커는 형벌 대속에 대한 대중적인 설명과 지적인 설명 모두에 반대 발언을 하고

Evangelical Theological Society 47 [2004]: 629-45).

17_Green and Baker, *Scandal of the Cross*, 146-47. 그들은 Hodge가 "성서의 단어와 구절들을 그것들이 등장하는 성서 문맥에서 더 이상 인식 가능하지 않을 정도로 왜곡한다"고 주장한다.

18_Ibid., 147.

19_Ibid.

있기에 우리는 그들이 형벌 대속은 "가장 신중하고 지적인 옹호자들에 의해" 옹호될 때조차 "오해와 기이하게 희화화된 설명에 빠지기 쉽다"고 말하는 이유를 알 수 있다.[20]

비록 그린과 베이커가 형벌 대속이 속죄를 위한 한 가지 모티프라고 주장하기는 할지라도, 사실 그들은 그들의 책 어디에서도 그것을 추천하지 않는다. 실제로 그들은 C. H. 도드(Dodd)가 제안한 것과 아주 유사한 하나님의 진노에 대한 견해를 인정하는 것처럼 보이는데, 도드는 하나님의 진노를 우리의 죄로부터 흘러나오는 부정적인 결과에 국한시키고 하나님의 분노가 달래져야 할 필요가 있다는 개념을 거부했다.[21]

나는 형벌 대속론이 오늘날에도 옹호가 필요하다고 여기는데, 오늘날 어떤 학자들에게는 그것이 스캔들처럼 여겨지기 때문이다. 우리는 형벌 대속론이 하나님의 아동 학대의 한 형태라고 여기는 과격한 페미니스트들에게, 혹은 비폭력적 속죄를 주장하는 데니 위버(Denny Weaver) 같은 학자들에게 스캔들처럼 여겨지고 있음을 안다. 실제로 속죄에 관한 모든 견해 중에서 형벌 대속론은 가장 부정적인 반응을 불러일으키고 있다.

물론 그런 반응이 형벌 대속이 성서적 근거를 갖고 있다는 사실을 입증해주지 않는다.[22] 우리는 형벌 대속이 그리스도를 통한 하나님의 역사

20_Ibid., 30.

21_Ibid., 51-56. 그들이 "성서 전체는 속죄를 위한 희생제사를 통해 진정될 필요가 있는 진노하시는 하나님에 관한 초상의 근거를 제공하지 않는다"라고 주장한다(51). 우리는 그들이 Dodd와는 다르다고 말할 수도 있는데, 그것은 그들의 책에서 하나님의 진노는 "하나님의 심판의 적극적인 임재"로 정의되고 있으며, 또한 그들이 하나님이 사람들을 그들의 죄에 넘기시는 것에 대해 말하고 있기 때문이다(54). 그러나 그들은 보복적 정의를 거부하며, 하나님의 적극적인 임재를 하나님이 사람들에게 "그들의 그릇된 희망과 헌신의 열매를 받도록" 허락하신다는 측면에서 정의하는 것처럼 보인다(54). Dodd의 견해와의 차이는 내가 판단하기로는, 종류보다는 정도의 문제처럼 보인다.

22_그 견해를 옹호하는 최근 자료로는 David Peterson, ed., *Where Wrath and Mercy Meet* (Carlisle, U.K.: Paternoster, 2001); Hill and James, eds., *Glory fo the Atonement*를 보라.

의 핵심이라는 사실을 성서 자체를 통해 입증해야 한다. 나는 다음 세 가지 신학적 주제에 호소함으로써 형벌 대속을 옹호할 것이다. (1) 인간의 사악함과 죄책, (2) 하나님의 거룩하심, (3) 그리스도의 희생. 이 세 가지 범주에는 약간의 중첩이 존재하며, 이 글에서 서로 깔끔하게 분리되어 있지 않다.[23] 성서를 통해 형벌 대속을 옹호하기에 앞서 먼저 형벌 대속이 무엇을 의미하는지부터 명확하게 정의해야 할 필요가 있다. 죄에 대한 형벌은 사망이다(롬 6:23). 죄인들은 그들의 죄와 죄책 때문에 하나님으로부터 지옥에서 영원한 벌을 받아야 마땅하다. 하나님의 거룩한 분노는 죄를 짓고 하나님의 영광에 이르지 못한(롬 3:23) 모든 자에게 향한다(롬 1:18). 그러나 하나님은 위대한 사랑 때문에 그리스도를 보내어 우리의 죄에 대한 심판을 대신 받게 하셨다. 그리스도는 우리가 죄를 용서받게 하기 위해 우리를 대신해 죽었고, 스스로 우리의 죄(고후 5:21)와 죄책(갈 3:10)과 형벌을 짊어지셨다.[24] 그리스도의 죽음 덕분에 이루어진 우리의 죄 용서는 윤리의 원천이 된다. 우리는 그분이 먼저 우리를 사랑하셨기에 하나님을 사랑한다(요일 4:19). 또한 그런 사랑은 순종의 삶을 위한 원천이다. 우리는 그런 용서가 그리스도의 죽음 **그리고 부활**과 무관하게 우리의 것이 될 수 없음에 주목해야 한다(롬 4:25). 복음주의자들은 너무 자주 대속적 속죄를 가리키

23_ 예컨대, 나는 두 번째 단락에서 하나님의 거룩하심을 표현하기 위해 죄에 초점을 맞출 것이다.

24_ 어떤 학자들은 **대속**(substitution)보다 **대표**(representation)라는 단어를 선호한다. J. I. Packer는 대표라는 용어가 대속이라는 개념을 포함하고 있지도 않으며, 성서의 증언에 전혀 충실하지도 않다고 설명한다("What Did the Cross Achieve?" in *Celebrating the Saving Work of God* [Carlisle, U.K.: Paternoster, 1998], 1:102-5, 112-13). Leon Morris 역시 대속보다 대표를 택하는 이들의 언어 사용의 부정확함에 대해 비판한다(*Cross in the New Testament*, 407-9). 참고. 또한 Colin Gunton도 비록 이 글이 옹호하는 형벌 대속론에 동의하지는 않으나, 대표라는 용어가 대속을 배제하기 위해 사용되어서는 안 된다고 주장한다(*The Actuality of the Atonement* [Grand Rapids: Eerdmans, 1989], 160-67).

면서도 부활에 관해 무언가를 말하는 일에 실패한다.[25]

인간의 사악함

인간에게 형벌 대속이 필요한 이유는 "모든 사람이 죄를 범하였으매 하나님의 영광에 이르지 못하였기 때문이다"(롬 3:23).[26] 아담과 이브는 동산에서 쫓겨나 죄에 대한 심판을 받았다. 동산에서의 기준은 아담과 이브가 대부분의 시간에 혹은 99%의 시간에 하나님을 신뢰해야 한다는 것이 아니었다. 하나님은 그들이 자신의 요구를 단 한 차례 어기자 그들에게 죽음을 선언하셨다. 하나님이 완전을 요구하신다는 사실은 야고보서 2:10의 진술과도 상응하는데, 야고보는 "누구든지 온 율법을 지키다가 그 하나를 범하면 모두 범한 자가 되나니"라고 말한다.[27] 하나의 범죄가 사람을 범법자로 만든다. 야고보서 2:11은 그 점을 예시한다. 만약 어떤 이가 살인죄로 재판을 받았는데, 재판 기간 동안 "나는 간음한 적이 없으니 유죄 선고를 받아서는 안 된다!"라고 항변한다면 그 소송 사건에 도움이 되지 않을 것이다. 그런 항변은 적절하지 않다. 그 법정에서 쟁점 사항은 그가 누군가를 살해했는가이기 때문이다. 또한 야고보는 우리에게 우리는 자신이 대체로 법을 지킨다고 주장함으로써 하나님 앞에서 자신을 변호할 수 없다고 가

25_Richard Gaffin, "Atonement in the Pauline Corpus: 'The Scandal of the Cross,'" in *The Glory of the Atonement*, ed. Charles E. Hill and Frank A. James III (Downers Grove, Ill.: InterVarsity Press, 2004), 142-44, 160을 보라.

26_ 또한 Gaffin, "Atonement in the Pauline Corpus," 145-50에 실려 있는 죄에 관한 통찰력 있는 논의를 보라. 거기서 그는 현재 학계에서 유통되고 있는 몇 가지 결함 있는 견해에 대해 다루고 있다.

27_Roger T. Beckwith, "Sacrifice in the World of the New Testament," in *Sacrifice in the Bible*, ed. Roger T. Beckwith and Martin J. Selman (Grand Rapids: Baker, 1995), 109를 보라.

르친다. 율법을 지키는 일에 한 번만 실패해도 우리는 범법자로 낙인찍히며 그로 인해 하나님 앞에서 유죄가 된다.

어떤 학자들은 구약성서가 율법에 대한 완전한 복종을 요구하지 않는다고 말한다. 우리가 이 문제를 주의 깊게 다뤄야 하는 이유는 구약성서가 어느 의미에서는 완전한 복종을 요구하고, 또 어느 의미에서는 요구하지 않기 때문이다. 그 문제에 대해 설명해보자. 하나님은 그분의 백성 이스라엘을 은혜로 구원하신다. 그분은 그들과 언약을 맺으시고 출애굽을 통해 그들을 구원하신다. 그분은 그들이 자신과의 언약 안에 머물게 하기 위해 율법에 완전히 복종하라고 요구하지 않으신다. 대신 야웨께서는 만약 자기 백성이 악에 빠지면 그들을 추방하겠다고 위협하신다. 만약 그들이 마음을 강퍅하게 하고, 야웨를 저버리고, 그분에게서 등을 돌린다면 그들은 하나님에게 심판을 받을 것이다. 그러나 만약 그들이 율법을 지킨다면 그들은 그분의 백성으로서 복을 누릴 것이다. 그런 복은 완전한 복종에 달려 있지 않다. 이스라엘 백성은 야웨께 완전히가 아니라 현저하게 그리고 상당히 복종함으로써 그분에 대한 자신들의 믿음을 보일 것이다.

이상을 통해 우리는 하나님이 완전한 복종을 요구하지 않으신다는 결론을 내릴 수 있다. 그러나 하나님이 정하신 희생제사 시스템은 그분과의 관계를 유지하기 위해서는 완전한 순종이 요구된다는 사실을 드러낸다. 이스라엘이 하나님과의 관계를 유지하기 위해서는 속죄일에 희생제사를 드려야 했다(레 16장). 구약성서는 어느 곳에서도 희생제사가 오직 악한 죄인들에게만 요구된다고 가르치지 않는다. 한 번이든 여러 번이든 죄를 지은 사람은 누구나 희생제사를 드려야 했다. 실제로 구약성서는 여러 곳에서 그 누구도 죄로부터 제외되어 있지 않다고 인정한다. 전도서 저자는 이렇게 말한다. "선을 행하고 전혀 죄를 범하지 아니하는 의인은 세상에 없도다"(전 7:20). 희생제사를 드리기 위한 성전은 인간의 죄 때문에 필요했다. 솔로몬은 이렇게 말한다. "범죄하지 아니하는 사람이 없사오니 그들이 주께 범죄함으로…"(왕상 8:46; 참고. 대하 6:36). 잠언은 모든 사람이 옳은 길에서 벗어났음을 인정한다. "내가 내 마음을 정하게 하였다. 내 죄를 깨끗하게 하였다 할 자가 누구냐"(잠 20:9; 참고. 욥 15:14; 25:4). 다윗은 자기가 모태에서부터 악했다고 인정한다(시 51:5). 만약 하나님이 단순히 상당하고 의미 있는 정도의 순종만을 요구하셨다면, 대부분의 시간 동안 하나님을 신뢰했던 이들에게는 희생제사가 요구되지 않았을 것이다. 그러나 죄를 속하기 위해 여전히 희생제사가 필요했던 까닭은 하나님이 완전한 순종을 요구하셨기 때문이다.

완전한 순종의 필요성은 신약성서에서도 발견된다. 우리는 야고보서에서 이미 그런 요구를 보았다. 베드로는 유대인과 이방인 모두가 구원을 얻기 위해서는 예수 그리스도의 은혜를 필요로 한다고 인정한다. 그들 모두 율법의 조항을 지킬 수 없기 때문이다. "그런데 지금 너희가 어찌하여 하나님을 시험하여 우리 조상과 우리도 능히 메지 못하던 멍에를 제자들의 목에 두려느냐? 그러나 우리는 그들이 우리와 동일하게 주 예수의 은혜로 구원받는 줄을 믿노라"(행 15:10-11).[28] 유대인들은 율법을 지키는 데 실패했기에 율법의 멍에를 멜 수 없었다. 베드로는 이방인들의 구원을 위해 그들에게 할례를 강요해서는 안 된다고 결론 내린다. 구원을 얻는 유일한 방법은 그리스도의 은혜를 통해서다.

갈라디아서 3:10 역시 하나님의 기준이 완전이라고 가르친다. 여기서 바울의 주장은 특별히 중요한데, 그것은 결국 모든 사람이 갈라디아서 3:10-14이 갈라디아서에서 가장 중요한 본문 중 하나라고 인정하기 때문

28_ 여기서 제시된 것과 같은 행 15:10-11에 대한 해석을 지지하는 문헌으로는 John Nolland, "A Fresh Look at Acts 15:10," *New Testament Studies* 27 (1980): 105-15를 보라.

이다. 갈라디아서 3:10은 이렇게 전한다. "무릇 율법 행위에 속한 자들은 저주 아래에 있나니 기록된 바 누구든지 율법 책에 기록된 대로 모든 일을 항상 행하지 아니하는 자는 저주 아래에 있는 자라 하였음이라."[29] 이 구절의 주장은 아래와 같은 삼단논법으로 설명할 수 있다.

> 우리는 구원을 얻기 위해 율법에 완전하게 순종해야 한다.[30]
> 아무도 율법을 완전하게 지키지 않는다.
> 그러므로 구원을 얻기 위해 율법의 행위에 의존하는 자들은 하나님의 저주 아래 있는 셈이다.

때때로 이 구절이 두 번째 명제를 담고 있지 않다는 반론이 제기되곤 한다. 그러나 바울은 어렵지 않게 두 번째 명제를 누락시켰을 것이다. 왜냐하면 그것은 그의 주장에 이미 전제되어 있었고, 또한 구약성서와 인간의 경험 모두에서 이미 잘 알려진 사실이었기 때문이다. 바울은 우리가 율법에 기록된 "모든 것"을 행해야 한다고 특별히 강조한다. 부분적인 순종은 물론이고 상당한 정도의 순종조차 불충분하다. 오직 완전한 순종만이

29_ 이 구절은 오늘날 많은 논쟁의 주제가 되고 있다. Thomas R. Schreiner, *The Law and Its Fulfillment: A Pauline Theology of Law* (Grand Rapids: Baker, 1993), 44-59를 보라.

30_ Stephen H. Travis가 이 본문에서 개인들을 배제하는 것은 잘못이다. 이는 개인과 집단의 구분이 잘못된 이분법임을 깨닫지 못하는 것이다("Christ as Bearer of Divine Judgment in Paul's Thought About the Atonement," in *Jesus of Nazareth: Lord and Christ*, ed. Joel B. Green and Max Turner [Grand Rapids: Eerdmans, 1994], 335). Travis는 여기서 논의하는 입장과 반대로, 그리스도가 보복적 심판을 감당한다는 개념은 성서에서 지지를 얻지 못한다고 주장한다. 그의 논문 332-45와 그의 책 *Christ and the Judgment of God: Divine Retribution in the New Testament* (Basingstoke, U.K.: Marshall, Morgan and Scott, 1986)을 보라. Travis가 옹호하는 견해에 맞서는 주장을 위해서는, Blocher, "Sacrifice of Jesus Christ," 32와 그의 논문 "Justification of the Ungodly (Sola Fide): Theological Reflections," in *Justification and Variegated Nomism*, vol. 2: *The Paradoxes of Paul*, ed. D. A. Carson, P. T. O'Brian and M. A. Seifrid (Grand Rapids: Baker, 2004), 473-78을 보라

구원을 위한 자격을 부여한다. 그렇다면 저주는 어떻게 제거할 수 있는가? 우리는 세 절 후에 저주가 오직 예수 그리스도의 십자가를 통해서만 제거될 수 있다는 말을 읽고도 놀라지 않는다(갈 3:13).

죄에 대한 바울의 가르침의 표준 구절은 로마서 1:18-3:20이다. 이 본문에서 바울은 인간의 죄 때문에 하나님의 진노가 모든 사람에게, 즉 유대인과 이방인 모두에게 나타났다고 주장한다. 근본적인 죄는 하나님의 선하심을 찬양하고 그것에 감사하지 않는 것이다(롬 1:21). 오직 창조질서를 통해서만 (기록된 율법을 통해서가 아니라) 하나님을 아는 사람들조차 자기가 하나님에 대해 아는 것을 억압하고 거부했다(롬 1:18-20). 그리고 하나님의 율법을 소유하는 복을 받은 유대인들은 그것을 지키는 데 실패했다. 유대인들이 비난받는 것은 단순히 그들이 이방인들에게 심판을 넘겼기 때문이 아니다. 그들 역시 율법을 지키는 데 실패했기 때문이다(롬 2:1-5). 만약 유대인들이 율법의 규정을 지키지 않는다면 그들이 율법을 소유하고 할례를 행하는 것은 그들에게 어떤 이점도 제공해주지 않는다(롬 2:17-29). 바울은 로마서 3:9-20에서 1:18-3:20의 주장을 요약한다. 그는 단 한 사람도 의롭지 않다는 결론을 내린다. 예외 없이 모든 이가 죄를 지었고 하나님 보시기에 유죄다. 아무도 스스로 하나님을 찾지 않는다. 모든 인간은 말과 행위로 죄를 지었다. 그러므로 율법은 그 누구도 의롭다고 선포하지 않는다(롬 3:19-20). 심판관이신 하나님 앞에 서 있는 자들은 자기를 옹호할 그 어떤 말도 갖고 있지 않다. 율법의 행위는 칭의로 이어지지 못한다. 왜냐하면 인간의 죄가 그들이 하나님 앞에서 의로운 자로 서 있지 않음을 드러내기 때문이다. 그러므로 인간은 속죄를 필요로 한다. 그들은 죄인이고, 하나님의 율법에 이르는 데 실패했기 때문이다. 하나님은 완전한 순종을 요구하신다. 그리고 아무도 그 기준을 맞출 수 없다.[31]

인간이 죄를 지었다는 것은 사실일 뿐 아니라, 또한 그들은 스스로 지은 죄에 대한 책임이 있다(참고. 롬 2:1). 아담 안에서 죄를 지은 모든 이들은 하나님 앞에서 정죄된다(롬 5:16, 18). 죄의 비용과 값은 사망이다(롬 6:23). 성자에게 복종하기를 거부하는 자들에게는 하나님의 진노가 임한다(요 3:36; 참고. 요 3:18). 강퍅하고 반항적인 마음을 지닌 자들은 마지막 날에 하나님의 의로운 심판을 마주할 것이다(롬 2:5, 16). 하나님의 의로운 심판은 복음에 복종하지 않은 자들이 예수가 재림할 때 영원한 파멸과 마주하리라는 것을 의미한다(살후 1:5-10). 심판은 행위를 따라 이루어진다(롬 2:6-11). 그리고 악을 행한 모든 이들은 크고 흰 보좌 앞에서 재판을 받게 될 것이다(계 20:11-15).

하나님의 거룩하심

하나님의 거룩하심이라는 주제는 인간이 하나님의 율법에 순종하지 못하는 것과 밀접하게 연관되어 있다. 이 단락에서 나는 다음 세 가지를 주장하고자 한다. (1) 율법을 어기는 것은 비인격적인 일이 아니다. (2) 하나님은 죄를 보복적으로 심판하신다. (3) 하나님은 죄에 대해 인격적으로 진노하신다. 그러므로 죄에 대해 살피는 것으로부터 시작하기로 하자. 죄의 본질에 대한 이해 없이 하나님의 거룩하심을 이해하기란 불가능하다. 나는 내가 이미 죄에 관해 했던 말을 단순히 반복하지 않을 것이다. 여기서 죄의 본질은 다른 각도에서 고찰할 것이다. 어떤 학자들은 율법 준수에 대한 요구가 추상적이고 비인격적이며, 율법 준수를 인격적 관계보다 높인다

31_John Stott는 많은 사람이 대속적 속죄를 받아들이지 않는 것은 죄를 가볍게 여기기 때문이라고 옳게 주장한다(*Cross of Christ*, 87-100). 우리는 안셀무스의 유명한 말을 떠올릴 수 있다. "당신은 죄의 무게가 얼마나 큰지 생각해본 적이 있는가?"(*Cur Deus Homo* 1.21)

고 불만을 제기한다. 그런 반대는 결국 실패한다. 왜냐하면 하나님의 율법은 그분의 도덕적 성품을 묘사하기 때문이다.[32] 율법의 도덕규범은 외부로부터 하나님께 부여된 것이 아니다. **율법의 규범은 하나님의 성품, 즉 그분의 아름다움과 거룩하심을 표현한다.**[33] 분명히 죄는 하나님의 율법에 대한 위반을 포함하지만(요일 3:4), 율법의 위반이 가증스러운 것은 그것이 하나님의 주 되심에 대한 반역을 이루기 때문이다. 율법을 어기는 자들은 자신의 삶에 대한 하나님의 권위를 거부한다. 로마서 7장에서 바울은, 인간은 율법을 어기는 쪽으로 이끌린다고 주장한다. 계명의 존재 자체가 사악하고 반역적인 인간 가운데서 그것을 위반하고자 하는 갈망을 촉발시킨다.

율법 준수에 대한 실패는 반역, 즉 독립에 대한 강렬한 열망과 하나님의 주 되심에 굴복하기를 거부한 데서부터 나온다. 로마서 1:21에서 우리는 죄의 핵심이 하나님께 영광을 돌리고 그분에게 감사드리기를 거부하는 것이라는 사실을 떠올린다. "믿음을 따라 하지 아니하는 것은 다 죄니라"(롬 14:23)는 말이 이치에 맞는 이유는 우리는 하나님을 신뢰할 때 그분께 영광을 돌리기 때문이다(롬 4:20). 믿음은 예수 안에서 만족을 찾는다. 그리고 우리는 그것이 무엇이든 우리가 가장 기뻐하는 것을 예배한다.[34] 다시 말해 죄는 창조주보다 피조물을 경배함으로써 진리를 거짓으로 바꾸면서(롬 1:25) 하나님의 영광을 구하기보다 사람들의 찬양에서 기쁨을 발견한다(요 5:44). 달리 표현하자면, 죄는 영적 간음이다. 구약의 예언서는

32_ 또한 Morris, *Cross in the New Testament*, 382-89를 보라.

33_ 특히 Garry Williams, "The Cross and the Punishment of Sin," in *Where Wrath and Mercy Meet*, ed. David Peterson (Carlisle, U.K.: Paternoster, 2001), 81-97을 보라. 참고. Derek Tidball, *The Message of the Cross* (Downers Grove, Ill.: InterVarsity Press, 2001), 73.

34_ John Piper, *Desiring God: Meditations of a Christian Hedonist*, 3rd. ed. (Sisters, Ore.: Multnomah, 2003)을 보라.

종종 율법을 어기는 일이 간음의 영으로부터 나온다고 가르친다.[35] 그러므로 율법 위반이 비인격적인 일이라는 주장은 배우자를 속이고 행하는 간음이 비개인적인 일이라고 말하는 것만큼이나 설득력이 없다. 간음에 대한 금지는 도덕규범에 해당하지만, 우리 모두는 결혼 서약을 어기는 것이 매우 개인적인 일임을 알고 있다.[36]

우리는 죄가 하나님에 대한 인격적 반역임을 살펴보았는데, 그것은 우리를 이 단락에서 논할 두 번째 진리로 이끌어간다. **죄를 지은 사람은 하나님의 보복적 심판과 마주한다**. 성서는 하나님이 거룩하시다고 반복해서 강조한다(예. 레 19:2; 시 71:22; 사 6:3). 실제로 성결 규정과 희생제사 및 하나님의 전에 들어가는 것과 관련해 요구되었던 정교한 의식은, 악한 인간은 하나님의 두려운 현존 안으로 들어갈 자격이 없음을 지적해준다. 지성소 안으로 들어가는 행위는 1년에 단 한 차례, 즉 속죄일에만 가능하다(레 16장; 히 9:6-8). 하나님의 거룩하심이 훼손되면 그에 대한 보복으로서 심판이 따른다. 이것은 성서의 가장 앞쪽에서 분명하게 드러난다. 아담과 하와는 그들의 죄 때문에 동산에서 추방되었다. 세상은 인간의 사악함 때문에 홍수에 의해 삼켜졌다(참고. 창 6:5). 바벨탑을 세운 이들은 그들의 교만 때문에 흩어짐을 당했다(창 11:1-9). 심판이라는 주제는 구약성서 전체에 스며들어 있다. 가나안 사람들은 그들의 죄 때문에 그들의 땅에서 쫓겨났다. 사사 시대에 하나님이 이스라엘 백성을 괴롭히신 것은 그들이 그분을 저버렸기 때문이었다. 이스라엘의 북왕국과 남왕국 모두가 파멸당해 추방된

35_Raymond C. Ortlund Jr., *God's Unfaithful Wife: A Biblical Theology of Spiritual Adultery* (Downers Grove, Ill.: InterVarsity Press, 2002).

36_Williams가 설명하듯이, 형벌 대속론을 거부하는 이들은 실제로 속죄에 관한 비인격적이고 기계론적인 견해를 찬성하는 잘못에 빠진다("Cross and the Punishment of Sin," 94-97). 죄의 결과는 죄의 자연스러운 과정이나 불가피한 현상으로 간주되며 그로 인해 하나님의 인격으로부터 분리된다.

것은 그들의 죄 때문이었다. 예언자들은 야웨의 날이 심판이 될 것이라고 선언했는데, 그것은 하나님의 백성이 영적 간음이라는 죄를 지었기 때문이었다.

신약성서 역시 동일한 주제를 드러낸다. 세례자 요한은 이스라엘 백성에게 회개하지 않으면 하나님의 심판이 임할 것이라고 경고했다(마 3:1-12). 예수는 동일한 심판의 메시지를 선포했는데, 종교 지도자들을 상대할 때는 가장 비타협적인 용어를 사용했다(마 23:1-36). 사도행전에 등장하는 사도들의 연설(예. 행 2:14-39; 3:12-26; 4:8-12)은 모든 사람에게 회개하고 믿으라고, 그렇지 않으면 죄 때문에 심판과 마주할 것이라고 강조했다. 바울은 종종 하나님의 종말론적 심판 혹은 마지막 날에 죄인들에게 임할 징벌에 대해 말했다(참고. 롬 2:5, 16; 6:23; 9:22; 고전 1:18; 5:5; 고후 2:16; 갈 1:8-9; 6:8; 빌 3:18-19; 살전 1:10; 2:14-16; 5:9).[37] 더 나아가 하나님이 행하시는 심판이 보복적이라는 것은 분명하다(살후 1:5-9). 하나님을 알지 못하거나 복음에 순종하지 않는 이들은 그들의 완고함 때문에 보복을 당할 것이다. 그때의 형벌은 "영원한 멸망"이 될 것이고(살후 1:9), 이 보복은 주님이 재림하시는 날에 이루어질 것이다. 6절에서 바울은 죄에 대한 보복적이고 영원한 심판이 "공정하다"(*dikaios*)고 강조한다. 하나님의 보복은 정의의 원시 형태로 간주되지 않으며, 하나님의 사랑에 의해 묻히지도 않는다. 사악한 자들에 대한 하나님의 심판은 그분의 공의와 거룩하심을 드러낸다.

또한 심판에 대한 경고는 히브리서, 베드로후서, 유다서에도 스며들어 있다. 마지막으로 요한계시록은 정경 전체를 의로운 자들에 대한 종말론

37_D. A. Carson은 Stephen Travis의 견해에 맞서 롬 2:5-9이 하나님의 정의가 보복적임을 분명히 가르친다고 주장한다("Atonement in Romans 3:21-26: 'God Presented Him as a Propitiation,'" in *The Glory of the Atonement*, ed. Charles E. Hill and Frank A. James III [Downers Grove, Ill.: InterVarsity Press, 2004], 131). 하나님의 진노와 보복에 대해서는 Gaffin, "Atonement in the Pauline Corpus," 150-52에 실려 있는 통찰력 있는 설명을 보라.

적 보상 및 불순종한 자들에 대한 진노와 심판에 대한 약속으로 마감한다. 심판이라는 주제는 요한계시록 전체에 스며들어 있기에 보조적인 주제로 격하되어서는 안 된다. 요한계시록의 저자는 악한 자들에 대한 하나님의 심판이 보복적임을 강조한다. 하나님은 불경건한 자들을 심판하심으로써 그들이 자신의 행위에 대한 보답으로서 마땅히 받아야 할 것을 그들에게 제공하신다(계 16:5-7; 18:4-7; 19:2-4; 20:12-15; 22:12, 18-19). 그러므로 신약성서가 심판에 대한 구약성서의 강조를 약화한다고 여기는 이들은 신약성서를 신중하게 읽지 않고 있는 것이다. 왜냐하면 신약성서는 주기적으로 하나님을 저버리고 불순종한 삶을 사는 자들에게 최후의 심판이 다가오고 있다고 선언하기 때문이다. 오늘날 마르키온주의(Marcionism, 2세기의 신학자 마르키온은 신약이 가르치는 사랑의 하나님은 구약이 가르치는 진노의 하나님과 다르다고 여겼다 — 역자 주)는 결코 사라지지 않았다. 그러나 심판에 대한 마르키온주의의 보다 친절하고 부드러운 견해는 마르키온이 시도했던 것보다 훨씬 더 철저한 외과적 수술을 통해서만 유지될 수 있을 뿐이다!

하나님은 거룩한 분으로서 죄를 심판하신다. 그리고 그것은 우리를 이 단락에서 논할 세 번째 진리로 이끌어간다. **죄에 대한 하나님의 심판은 죄에 대한 그분의 인격적 진노를 드러낸다**. 주님이 죄를 심판하시는 것은 그분의 거룩하심 때문이다. 그 거룩하심은 그분을 인간과 철저하게 구분해주는 그분의 선하심이 드러내는 아름다움이다. 하나님의 심판은 마치 그것이 그저 단지 죄의 불가피하고 비인격적인 결과인 양 관념적으로 임하지 않는다. 죄는 심판으로 이어진다. 그러나 성서적 세계관 안에서 심판은 인간의 죄에 대한 거룩하신 주님의 인격적 반응을 나타낸다. 성서는 종종 하나님이 죄인들에게 개인적으로 진노하신다고 가르친다. 개신교 자유주의(Protestant liberalism)는 하나님의 진노가 죄인들에게 향한다는 개념을 거부한다. C. H. 도드(Dodd)는 심판이 죄의 자연스러운 결과일 뿐이라고 주장했다.[38] 그것은 중력의 법칙과 같다. 어떤 이가 높은 빌딩에서 뛰어내리면 그는 죽을 것이다. 그러므로 스스로 복음주의 진영에 속해 있다고 주장하는 이들이 도드의 주장과 아주 유사한 견해를 지지하는 것은 조금 놀랍다.[39] 하나님의 진노에 대한 그와 같은 견해는 성서의 증언에서 크게 벗어날 뿐 아니라, 성서가 말하는 인격적인 하나님을 수용하기보다는 하나님에 대한 이신론적 견해에 굴복한다. 성서에서 하나님의 진노는 죄에 대한 그분의 인격적인 반응이며, 마치 그런 법이 하나님의 인격이라는 범위 밖에서 작동하는 것처럼 원인과 결과라는 법칙에 묶여 있지 않다.[40] 하나님의 진노와 심판은 하나님을 찬양하고 그분에게 영광과 감사를 돌리지 않는 죄인들을 직접 향하고 있다. 죄는 단순히 하나님의 율법을 어기는 것이 아니라 영적 간음이다. 우리는 생수의 원천이신 하나님을 저버리고 포기함으로써 죄를 짓는다(렘 2:13).

하나님이 진노하시는 것은 인간이 그분의 주 되심을 거부하기 때문이다. 여기서 즉각 나는 하나님의 진노가 종종 정당한 근거 없이 나타나는 대부분의 인간의 진노와 같지 않음을 지적해두어야 할 것 같다. 하나님의 진노는 변덕스럽거나 예측불허이거나 독단적이지 않다. 우리는 누군가가 뜻하지 않게 우리의 발을 밟아도 화를 낸다. 그러나 하나님의 진노는 인간보다 약간 더 나은 것에 불과한, 그리고 사소한 이유로도 격분하는 그리스-로마의 신들의 진노와는 현저하게 다르다. 참된 하나님의 진노는 그분

38_ C. H. Dodd, *The Epistle of Paul to the Romans*, Moffatt New Testament Commentary (London: Hodder & Stoughton, 1932), 21-24.

39_ 가령, Green and Baker, *Scandal of the Cross*, 53-55.

40_ 특히 Leon Morris, *The Apostolic Preaching of the Cross*, 3rd ed. (Grand Rapids: Eerdmans, 1965), 144-213; Roger R. Nicole, "C. H. Dodd and the Doctrine of Propitiation," *Westminster Theological Journal* 17 (1954-1955): 117-57을 보라. 이와 대조해서 Paul S. Fiddes, *Past Event and Present Salvation: The Christian Idea of Atonement* (Louisville: Westminster John Knox, 1989), 93을 보라.

의 거룩하심으로부터, 즉 그분의 완전하신 성품과 아름다운 선하심으로부터 흘러나온다. 하나님은 자신에 대한 통제력을 잃어버려서 화를 내시는 게 아니다. 그분의 진노는 그분의 선하심, 즉 그분의 견줄 수 없는 성품으로부터 나온다. 하나님의 진노는 그분의 선하심에 대한 의문을 불러일으키기는커녕 그것에 대한 표현이다. 하나님의 선하심은 필연적으로 그분의 성품과 일치하는 것을 승인하고 그것에 어긋나는 것을 물리친다. 그래서 그분의 선하심은 필연적으로 옳은 것을 사랑하고 악한 것을 미워한다. 그러므로 하나님의 진노는 거룩하고 의로우며 그 어떤 악한 동기에 의해서도 오염되지 않는다.[41]

죄에 대한 하나님의 정당한 진노는 성서의 모든 증언에 색을 입힌다. 홍수는 단순히 인간의 죄의 결과가 아니라 대규모로 이루어진 인간의 악에 대한 심판이라는 하나님의 인격적 대응이었다(참고. 창 6:5). 하나님은 언제나 거룩한 분이시다.[42] 나답과 아비후는 다른 불을 드리는 것이 인간의 창의성과 선택 능력을 보여주는 적법한 예가 되리라 여겼을지도 모른다. 그러나 야웨께서는 그들을 불로 태우셨고 레위기 10:3의 놀라운 말씀은 그 이유를 다음과 같이 설명해준다. "이는 여호와의 말씀이라. 이르시기를 '나는 나를 가까이하는 자 중에서 내 거룩함을 나타내겠고 온 백성 앞에서 내 영광을 나타내리라.'" 다시 말해, 하나님의 진노가 나답과 아비후를 향해 타올랐던 것은 그들이 하나님을 전적 타자이신 분으로서 경배하는 데 실패했으며 자기들에게 내려진 방식을 따르지 않고 간편하게 하나님의 현존 안으로 들어갈 수 있다고 여겼기 때문이었다. 만약 어떤 이가

41_ 이 주제에 관한 보다 상세한 논의를 위해서는 John M. Frame, *The Doctrine of God* (Phillipsburg, N.J.: Presbyterian & Reformed, 2003), 463-68을 보라.

42_ 참고. David Peterson, "Atonement in the Old Testament," in *Where Wrath and Mercy Meet*, ed. David Peterson (Carlisle, U.K.: Paternoster, 2001), 7-9.

신약성서의 하나님은 다르다고 주장한다면, 우리는 사도행전 5:1-11에서 주님이 아나니아와 삽비라를 치신 사건을 떠올릴 수 있을 것이다. 의심할 바 없이 아간은 자신이 여리고에서 금지된 물품을 취할 권리가 있다고 여겼을 것이다. 하지만 그로 인해 이스라엘 백성을 향한 하나님의 진노가 타올랐고(수 7:1), 그와 그의 가족은 파멸하고 말았다. 우리가 두렵고도 거룩하신 하나님의 타오르는 불꽃 앞에서 두려워 떠는 것은 당연한 일이다.

하나님은 고라, 다단, 아비람, 그리고 그들의 무리에게 진노하셨고 그로 인해 땅이 열려 그들을 삼켰다(민 16:1-35). 이스라엘이 광야에서 죄를 지었을 때, 우리는 하나님의 진노가 타올라 그들 중 일부를 불사르셨다는 말씀을 읽는다(민 11:1). 다윗조차 우리아를 살해하고 밧세바와 간음을 저질렀을 때 하나님의 진노와 마주해야 했다(삼하 11-20장). 남왕국 유다 백성이 추방되었을 때, 우리는 하나님의 진노가 그들을 향해 타올랐다는 말씀을 듣는다(왕하 17:25; 참고. 렘 7:20; 32:29; 애 2:3; 습 2:3). 신약성서 역시 같은 목소리로 말한다. 예수는 연민과 사랑으로 가득 차 있었으나, 또한 의분으로 가득 찬 독설을 퍼부으며 바리새인들을 비난했다(마 23:1-36). 요한은 하나님의 아들에게 복종하기를 거부하는 자들 위에 "하나님의 진노가 머무른다"고 선언한다(요 3:36). 바울은 인간의 죄에 대한 고발을 다음과 같은 말로 시작한다. "하나님의 진노가 불의로 진리를 막는 사람들의 모든 경건하지 않음과 불의에 대하여 하늘로부터 나타나나니"(롬 1:18). 이어지는 구절들은 하나님의 진노가 인간이 그분을 하나님으로 경배하며 영광 돌리기를 거부한 데서부터 흘러나온다고 설명한다. 인간이 그분을 그 무엇보다 사랑하지 않을 때, 그리고 그들이 다른 신을 예배하고 섬길 때 하나님은 의롭게 진노하신다. 강퍅하고 굳은 마음을 가진 자들은 "하나님의 의로우신 심판이 나타나는 그날에 임할 진노를 쌓고 있는" 셈이다(롬 2:5).

실제로 모든 곳에 있는 모든 이들은 본질상 "진노의 자녀들"이다(엡 2:3).

온화한 예수가 또한 진노로 가득 차 있는가? 요한계시록 6장은 마지막 심판의 날이 사람들이 "어린 양의 진노에서" 용서 얻기를 간구하는 날이 될 것이라고 선언한다(계 6:16; 참고. 계 19:11-21). 최후의 심판은 하나님의 진노의 표현으로 묘사된다(계 11:18). 요한계시록 14:9-11에서는 지옥에서의 영원한 고통이 회화적으로 묘사된다. 그리고 그 고통을 겪는 자들은 "하나님의 진노의 포도주를 마신다"(계 14:10). 주목할 만한 것은 성서가 심판을 통해 드러나는 하나님의 진노를 얼마나 자주 언급하는가다. 실제로 우리는 갖가지 다른 언급을 지적할 수 있다. 하나님의 진노에 대한 잦은 언급과 그 언급의 강렬함이 반문화적 느낌을 제공함을 인정하자. 우리에게 죄는 일상적이기에 그런 무서운 징벌을 받을 만하다고 여겨지지 않는다. 우리는 그분의 거룩하심의 높이를 부분적으로만 이해할 수 있는 성서의 하나님을 우리의 수준에 맞게 길들이려는 유혹을 받는다. 성서 본문에서 죄에 대한 하나님의 인격적 진노에 관해 읽을 때 우리는 하나님의 진노를 원인과 결과라는 측면에서만 정의하는 이들이 성서의 계시에서 벗어나 그들 자신의 감각에 맞는 하나님 개념을 만들어내고 있음을 깨닫게 된다. 그리스도의 희생제사는 아주 값지다. 우리가 받아야 마땅한 심판이 너무나 끔찍하기 때문이다.

그리스도의 희생제사

모든 인간이 죄를 지었고, 거룩하신 하나님은 보복적으로 심판하시며 죄를 단순하게 간과하실 수 없기에, 죄는 희생제사를 통해 속죄되어야 한다. 형벌을 대속할 존재가 있어야만 한다. 먼저 구약성서의 희생제사를 살피는 것으로 시작하고자 한다.[43] 시작 단계에서 우리는 구약성서의 희생제사가 다양한 목적을 갖고 있음을 강조해두어야 한다. 왜냐하면 그 제사 모두가 죄를 속하기 위해 바쳐졌던 것은 아니기 때문이다(참고. 레 1-7장).[44] 그럼에도 희생제사의 근본 목적은 속죄, 즉 죄인들이 거룩하신 분에게서 용서를 받을 수 있게 하는 것이다.[45] 짐승에게 안수하는 것은 아마도 그 짐승이 사람을 위한 대속물의 역할을 함을 의미할 것이다.[46] 인간의 죄는 말하자면, 짐승에게 전가된다.[47] 우리 중 많은 이들에게 짐승의 희생제사는

43_ 희생제사의 대속적 성격은 창 22장에서 암시된다. 거기서 하나님은 이삭의 희생을 대신하도록 숫양 한 마리를 제공하신다. 실제로 그 장의 주제 중 하나는 야웨 자신이 제공하신다는 것이다.

44_ 신 21:1-9 역시 대속적 속죄를 암시한다. 이를 지지하는 글을 위해서는 *Basic Biblical Theology*, ed. Scott Hafemann and Paul House (Leicester, U.K.: InterVarsity Press)라는 가제가 붙은 책에 실려 있는 곧 발표될 논문, Frank Thielman, "Substitutionary Atonement"를 보라. 미발표된 논문의 내용을 공유할 수 있도록 허락해준 Thielman에게 감사드린다.

45_ Gordon J. Wenham은 다음과 같이 말한다. "그것[희생제사]들 모두는 희생되는 짐승이 예배자를 위한 대속물이며, 그를 위해 죄를 속하며, 그로 인해 그에게 하나님의 호의를 회복시킨다고 전제한다"("The Theology of Old Testament Sacrifice," in *Sacrifice in the Bible*, 84). 참고. 또한 번제와 화목제에 관한 Angel Manuel Rodriguez의 논의를 보라("Substitution in the Hebrew Cultus and in Cultic-Related Texts" [Ph.D. diss., Andrews University Seventh-day Adventist Theological Seminary, 1979], 225-32). 비록 이런 희생제사 중 어느 것도 속죄에 초점을 맞추지 않으나 그는 거기에는 손을 얹는 것, 짐승을 도살하는 것, 그리고 그것을 흔드는 의식이 포함되어 있기에 속죄가 포함되어 있다고 결론짓는다(참고. 겔 45:17).

46_ Fiddes는 여기서 속죄는 고려할 수 없는데, 그것은 짐승이 사람보다 더 순결하지 않아 죄가 순결한 짐승에게 전가될 수 없기 때문이다(*Past Event and Present Salvation*, 73). 그러나 Rodriguez는 레 10:16-18을 바탕으로 짐승이 여전히 거룩하고, 동시에 인간의 죄를 짊어진다고 간주된다고 주장한다("Substitution in the Hebrew Cultus," 217-19). 그런 결론은 신약성서에 의해 견지된다. 고후 5:21에서 우리는 하나님이 우리의 죄를 용서하시기 위해 죄 없는 분이신 예수를 죄로 삼으셨다는 말씀을 읽는다. 예수는 우리의 죄를 짊어졌으나, 다른 의미에서 그는 여전히 죄가 없는 상태로 남아 있다.

47_ 이것은 한번 손을 얹는 행위는 전가가 아니라 소유권을 의미한다는 Jacob Milgrom의 주장과 대조된다(*Leviticus 1-16*, Anchor Bible [New York: Doubleday, 1991], 151-52). Emile Nicole은 보다 확신을 갖고서 여기서 대속이 고려되고 있다고 주장한다("Atonement in the Pentateuch: 'It is the Blood That Makes Atonement for One's Life,'" in *The Glory of the Atonement*, ed. Charles E. Hill and Frank A. James III [Downers Grove, Ill.: InterVarsity Press, 2004], 44-45). 희생제사 중 어떤 것들은 소제(곡물로 드리는 제사)였기에 여기서 대속이 고려될 수 없다는 반대 주장은 설득력이

난해하게 남아 있다. 하지만 그 활동이 드러내는 폭력성에 대해 생각해보라. 피, 내장, 그리고 그 모든 과정에 동반되는 피 흘림에 대해. 짐승의 죽음은 죄에 대한 형벌이 죽음이라고 알려준다. 우리가 희생제사는 진정시키는 향기라는 말을 들을 때, 이런 이미지는 그것이 하나님의 진노를 가라앉히고 그분의 화를 달랜다고 지적한다.[48] 나는 궁극적으로 짐승의 피는 죄를 속하지 못한다는 히브리서의 주장에 동의한다(히 10:4). 그럼에도 희생제사에 대한 요구는 그리스도의 죽음을 예기하고 우리에게 죄의 지극한 심각성을 상기시킨다.[49]

만약 안수가 사람에게서 짐승에게로 죄를 전가한다는 상징이라면, 그 짐승의 죽음이 대속적이라는 결론이 자연스럽게 도출된다.[50] 웬함(Wenham)은 이렇게 말한다. "그[예배자]가 짐승에게 행하는 일을, 그는 상징적으로 자신에게 행한다. 그 짐승의 죽음은 그 자신의 죽음을 표현

없다(Fiddes, *Past Event and Present Salvation*, 73). Rodriguez는 비록 속죄가 소제의 핵심 목표는 아니지만, 속죄라는 개념이 배제될 수는 없다고 주장한다(레 5:11-13; 삼상 3:14; "Substitution in the Hebrew Cultus," 146-47). 비록 구약성서에서 몇몇 제사가 속죄를 위한 것이 아니라고 인정될지라도, 히브리서는 죄 용서가 피 흘림 없이 일어나지 않음을 분명히 밝히고(히 9:22), 또한 짐승의 희생제사가 그리스도의 희생제사의 모형으로서의 역할을 한다고 적시한다. 마지막 요점과 관련해, Emile Nicole의 말을 살펴보라. 그는 현명하게도 곡식 제사는 "예외 중의 예외"이며 따라서 희생제사의 의미를 해석하는 지침이 될 수 없다고 지적한다("Atonement in the Pentateuch," 45).

48_ 희생제사가 하나님의 진노를 달랜다는 개념은 그것이 그분의 화를 가라앉힌다고 암시한다. John E. Hartley, *Leviticus*, Word Biblical Commentary (Dallas: Word, 1992), lxviii; Wenham, "Theology of Old Testament Sacrifice," 84.

49_ 번제는 "죄에 대한 하나님의 진노를 달랜다"(Gordon J. Wenham, *The Book of Leviticus*, New International Commentary on the Old Testament [Grand Rapids: Eerdmans, 1979], 57); Nicole, "Atonement in the Pentateuch," 43. 하나님의 진노가 진정된다는 개념은 성서의 여러 본문에서 발견된다(민 15:24; 삼하 24:25; 욥 1:5; 대하 29:7-8).

50_ 구약성서에 등장하는 대속을 옹호하는 글을 위해서는 Garry Williams, "The Cross and the Punishment of Sin," in *Where Wrath and Mercy Meet*, 68-81을 보라.

한다."[51] 구약성서의 다양한 희생제사의 정교한 의식과 처방에 대해 생각해보자. 인간은 특별한 방식으로 하나님께 나아가라는 요구를 받았다. 만약 그들이 그분이 명하신 것에서 벗어난다면, 그들은 그분의 진노를 경험할 것이다. 무엇보다도 하나님의 임재가 특별한 방식으로 나타나는 지성소에 대한 접근은 1년에 단 한 차례, 오직 속죄일에만 허락되었다(레 16장). 이날에는 이스라엘 모든 백성의 죄를 용서받기 위한 희생제사가 드려진다. 대제사장은 처방된 방식으로 희생제사를 드리고 승인된 의식을 따르고서야 하나님이 임재하신 곳으로 들어갈 수 있다. 그 희생제사는 이스라엘이 마땅히 받아야 할 심판을 받지 않게 하기 위해 예배자들을 대신해 드려지는 것처럼 보인다.

우리는 레위기 16:21-22에 등장하는 표현에 주목해야 한다. "아론은 그의 두 손으로 살아 있는 염소의 머리에 안수하여 이스라엘 자손의 모든 불의와 그 범한 모든 죄를 아뢰고 그 죄를 염소의 머리에 두어 미리 정한 사람에게 맡겨 광야로 보낼지니, 염소가 그들의 모든 불의를 지고 접근하기 어려운 땅에 이르거든, 그는 그 염소를 광야에 놓을지니라." 이 구절은 안수가 대속을 의미한다고 분명하게 보여준다. 아론이 염소에게 안수할 때, 그는 이스라엘의 죄를 고백하고, 그로 인해 그 죄는 그가 두 손을 얹은 곳인 염소의 머리로 옮겨간다.[52] 22절은 대속이 고려되고 있음을 확증해준다. 왜냐하면 염소가 이스라엘의 죄를 짊어지고 광야로 들어가기 때문이다.[53] 살아 있는 염소는 이스라엘의 죄를 위한 형벌(광야로의 퇴거)을 짊

51_Wenham, "Theology of Old Testament Sacrifice," 77. 그는 계속해서 이렇게 말한다. "그 짐승은 그 예배자의 대체물이다. 그것의 죽음은 그 예배자를 위한 대속을 이룬다. 제단 위에서 이루어지는 그것의 희생이 인간의 죄에 대한 하나님의 진노를 가라앉힌다"(Ibid., 82).

52_Ibid., 79.

53_Milgrom은 아사셀 염소가 다른 이들을 위해 희생되거나 벌을 받은 게 아니라며 반론을 편다(*Leviticus* 1-16, 1021). 아사셀 염소가 **희생적** 대속의 예가 아니라는 것은 사실이다. 그러나

어지는 대속물이라는 역할을 한다. 또한 그 염소가 죽기 위해 광야로 들어 간다는 것 역시 사실이다.[54] 여하간에 게할더스 보스(Geerhardus Vos)는 그 규정을 통해 전해지는 진리를 이해하기 위해서는 그 염소 두 마리 모두를 살펴야 한다고 옳게 주장한다. 왜냐하면,

> 실제로 희생되는 대상이 있었기 때문이다. 고통스러운 죽음과 속죄 이후 죄가 제거되었음을 가시적 형태로 보다 분명하게 표현할 목적으로 이루어지는 먼 곳으로의 퇴거를 염소에게 떠넘기는 일이 행해졌는데, 그것은 평범한 희생제물이 표현할 수 있는 것이 아니었다. 왜냐하면 그 제물은 속죄의 과정에서 죽기 때문이다.[55]

레위기 17:11에도 대속에 대한 언급이 들어 있는 것처럼 보인다. "육체의 생명은 피에 있음이라. 내가 이 피를 너희에게 주어 제단에 뿌려 너희의 생명을 위하여 속죄하게 하였나니, 생명이 피에 있으므로 피가 죄를 속하느니라." 여기서 모세는 특별히 피가 제단에 뿌려지는 것은 생명으로 속죄를 이루기 위함이라고 말한다.[56] 속죄를 뜻하는 동사는 히브리어로는

Rodriguez는 그 의식 중 안수의 역할이 희생제물이 드려질 때 대속이 고려되고 있음을 나타낸다고 옳게 주장한다("Substitution in the Hebrew Cultus," 219-20).

54_ 아사셀 염소가 죽기 위해 광야로 보내진다는 견해를 지지하는 글을 위해서는 Peterson, "Atonement in the Old Testament," 15; Williams, "The Cross and the Punishment of Sin," 79를 보라.

55_ Geerhardus Vos, *Biblical Theology: Old and New Testaments* (Grand Rapids: Eerdmans, 1977), 163. 이 글은 Nicole, "Atonement in the Pentateuch," 26-27에서 재인용했다.

56_ 이 본문에 대한 철저한 연구를 위해서는 Rodriguez, "Substitution in the Hebrew Cultus," 233-57을 보라. Milgrom은 어떤 본문에서 그리스어 동사 *kipper*가 화를 면하기 위한 몸값을 가리킨다고 인정하지만, 제의 본문 안에 하나님의 진노를 면하기 위한 몸값이라는 개념이 들어 있다고는 여기지 않는다(*Leviticus* 1-16, 1082-83). 제의 본문과 비제의적인 본문을 구분하려는 그의 시도는 성공적이지 않다(J. Alan Groves, "Atonement in Isaiah 53: 'For He Bore the Sins of Many,'" in *The Glory of the Atonement*, ed. Charles E. Hill and Frank A. James III [Downers Grove,

키페르(*kipper*)이고 그리스어로는 힐라스코마이(*hilaskomai*)다. 꼼꼼한 연구 결과는 동사 힐라스코마이가 하나님의 진노의 완화 혹은 충족과 연관되어 있음을 보여준다.[57] 그런 식의 정의는 여기서의 상황과 잘 들어맞는다. 위에서 하나님의 진노가 인간의 죄로 인해 촉발됨을 살펴보았다. 여기서 우리는 희생제물의 피가 죄를 속한다는 말을 듣는다. 실제로 레위기 17:11은 잠시 멈춰서 피가 죄를 속하는 것은 그것에 생명이 포함되어 있기 때문이라고 되풀이해서 말한다. 어떤 학자들은 피가 죄를 속하는 것은 그것이 죽음을 통해 삶을 포기하는 것이 아니라 오히려 해방시킴을 의미하도록 하나님께 생명을 바치는 것을 가리키기 때문이라는 개념을 옹호해왔다. 아마도 이 개념은, 짐승과 사람은 피를 쏟으면 죽는 것이 분명하기에 피 흘림이 곧 죽음을 의미한다는 뜻일 것이다.[58] 피 흘림은 희생자의 죽음을 뜻한다. 그러하기에 속죄는 희생된 자의 죽음을 통해 온다. 짐승의 피가 인간의 죽음을 대신해 흘려진다는 것을 깨닫기란 어려운 일이 아니다. 웬함은 여기서 "대속의 원리"를 발견한다. 왜냐하면 "짐승의 생명이 인간의 생명을 대신하기 때문이다."[59]

물론 짐승의 희생은 궁극적으로 우리를 구원하지 못한다. 히브리서가 분명하게 밝히듯이, 그것은 예수 그리스도의 죽음을 가리킨다. 왜냐

Ill.: InterVarsity Press, 2004], 65-68을 보라). 동사 *kipper*가 갖고 있는 대속적 특성은 Nicole, "Atonement in the Pentateuch" 47-50에서 잘 옹호된다. 또한 Peterson, "Atonement in the Old Testament," 10-12를 보라.

57_*Hilaskomai*에 관한 연구를 위해서는 각주 40을 보라. 홍수 이후 노아가 드린 희생제사는 희생제사가 하나님의 진노를 막는다는 개념을 전해준다(창 8:21). Wenham, "Theology of Old Testament Sacrifice," 80-81.

58_특히 Morris, *Apostolic Preaching of the Cross*, 112-28; Nicole, "Atonement in the Pentateuch," 39-40, 46을 보라.

59_Wenham, "Theology of Old Testament Sacrifice," 82; 참고. Nicole, "Atonement in the Pentateuch," 35-50, 특히 36-40.

하면 그분이 구약성서의 희생제사가 모형론적으로 예시한 것을 완성하기 때문이다(참고. 히 9:1-10:18). 그리스도의 속죄 사역에 관한 가장 놀라운 본문 중 하나는 이사야 52:13-53:12이다. 이 본문에는 희생제사와 관련한 말들이 넘친다. "뿌리다"(sprinkle, 52:14; 개역개정역에서는 "놀라게 하다"로 번역한다 — 역자 주), "짊어지다"(carried, 53:4; 개역개정역에서는 "당하다"로 번역한다 — 역자 주), "도수장으로 끌려가는 어린 양"(53:7), "속건제물"(53:10), "담당하다"(bear, 53:11-12). 이 본문의 희생제사적 특성은 특별히 이사야 53:10에 실려 있는 속건제물에 대한 언급을 통해 분명하게 드러난다. 우리는 레위기에 실려 있는 속건제물에 대한 묘사가 예수 그리스도 안에서 완성된다고 분명하게 알고 있다. 대속적 속죄의 모든 요소가 여기에 있다.[60] 예외 없이 모두가 죄를 지었다(53:6). 예수는 죄인들이 받아야 마땅한 심판을 받으셨다. 그는 죄인들이 받아야 마땅한 심판을 받으면서 속건제물이 되셨다(53:10). 그는 우리의 질고를 지고 우리의 슬픔을 당하셨다(53:4). 그는 우리의 허물과 죄악 때문에 찔리고 상하셨다(53:5). "여호와께서는 우리 모두의 죄악을 그에게 담당시키셨다"(53:6). 그는 백성들의 허물 때문에 끊어짐을 당하셨는데, 사실 그 벌은 그가 아니라 그들이 받아야 했다(53:8). 그는 그들의 죄악을 친히 감당하셨고 그로 인해 그들을 의롭게 하는 수단이 되셨다(53:11). 그는 범죄자 중 하나로 헤아림을 당하셨고, 그들의 죄를 담당하셨으며, 특별히 그들을 위해 기도하셨다(53:12). 이사야 53장은 의심할 바 없이 구약성서에서 가장 중요한 메시아 본문이다. 여기서 메시아의 고난은 분명하게 예언된다. 또한 그 구절은 분명하게, 그리고

60_ 대속을 지지하는 글을 위해서는 Rodriguez, "Substitution in the Hebrew Cultus," 276-301; J. Alec Motyer, *The Prophecy of Isaiah* (Downers Grove, Ill.: InterVarsity Press, 1993), 429-43; John N. Oswalt, *The Book of Isaiah: Chapter 40-66*, New International Commentary on the Old Testament (Grand Rapids: Eerdmans, 1998), 385-408; Groves, "Atonement in Isaiah 53," 61-89를 보라.

자주 그리스도 예수가 몸소 죄인들의 형벌을 지고 그들을 대신해 죽을 것이라고 가르친다. 또한 10절에서 우리는 그를 상하게 하는 것이 하나님의 뜻이었음을 알게 된다.[61] 그리스도가 죄인들을 대신해 죽는 것은 하나님의 뜻이었다.[62] 그리스도는 그의 죽음을 통해 하나님의 진노를 누그러뜨리셨다.[63]

로마서 3:21-26은 형벌 대속에 관한 핵심 본문이다.[64] 이 단락은 로마서의 경첩 역할을 하며, 비록 그 편지에서 가장 중요하지는 않지만 중요한 단락 중 하나다. 그 편지에서 이 본문의 위치를 주목할 필요가 있다. 바울은 예외 없이 모두가 죄를 지었기에 심판받아야 마땅하다고 주장하면서 앞선 논의를 마쳤다(롬 1:18-3:20). 그는 로마서 3:23에서 이 진리를 다음과 같이 요약한다. "모든 사람이 죄를 범하였으매 하나님의 영광에 이르

61_Weaver는 대속이라는 개념을 거부하는데 그 개념이 하나님이 속죄를 통해 자신을 만족시키신다고 주장하기 때문이다(*Nonviolent Atonement*, 72-74). 나는 사 53장이 하나님이 그분의 크신 사랑 때문에, 자신의 진노를 가라앉히기 위해 예수를 보내셨고, 또한 예수는 기꺼이 성부의 뜻에 순종했고 그것을 자신의 가장 큰 기쁨으로 삼으셨음을(참고. 히 12:2) 가르친다고 주장할 것이다. 사 53장이 하나님이 예수의 고난을 뜻하셨고 계획하셨다는 개념을 위해서는 Tidball, *Message of the Cross*, 106을 보라.

62_Fiddes는 성서가, 하나님이 직접 예수의 죽음을 계획하신다고 말하는 것을 얼버무리려 한다. 그가, 성서가 하나님을 마치 그리스도의 죽음 배후에 있는 원인처럼 묘사하는 것을 인정하지만(*Christian Idea of Atonement*, 92), 그의 이론을 유지하기 위해 본문의 분명한 의미를 춤을 추며 비켜가듯 외면하는 데 주목하라. 하나님이 예수의 십자가형을 계획하시는 것에 관해서는 행 2:23; 3:18; 4:27-28을 보라.

63_Fiddes는 하나님이 자신을 만족시키셨다는 개념을 거부한다. 하지만 그는 논거보다는 주장을 통해 그렇게 하는데(Ibid., 70), 예수의 죽음의 주된 효과가 인간을 향하고 있음이 분명하다고 여긴다.

64_이에 대한 설득력 있는 설명을 위해서는 Carson, "Atonement in Romans 3:21-26," 119-39를 보라. Hengel은 그리스-로마 세계에서는 신들의 진노를 누그러뜨리기 위해 희생제물을 바치는 것이 일반적인 일이었음을 증명한다(*Atonement*, 1-31). 그러므로 이방인 독자들은 대속적 속죄라는 개념을 이해하기 어렵지 않았을 것이다(Ibid., 32). 물론 속죄에 대한 성서의 견해는 그리스-로마 세계에 존재하는 이방적 개념을 수정하며, 그러하기에 모든 면에서 그것들과 동일시되어서는 안 된다. Beckwith, "Sacrifice in the World of the New Testament," 106을 보라.

지 못하더니." 하나님은 완전한 순종을 요구하신다. 그리고 모두가 그분의 기준에 미치지 못한다. 그렇다면 사람들이 어떻게 하나님과 올바른 관계를 맺을 수 있는가? 바울은 로마서 3:21-22에서 하나님과의 올바른 관계는 율법을 지키는 것이 아니라 예수 그리스도에 대한 믿음을 통해서 얻어진다고 주장한다. 그리스도를 믿는 모든 이들은 그리스도 예수가 성취한 속량으로 인해 하나님 앞에서 의롭다 하심을 얻는다(롬 3:24).[65]

로마서 3:25-26은 우리의 주제를 위해 특히 중요하다. 하나님은 그리스도를 그의 피로 얼룩진 죽음을 통해 화목제물이 되게 하셨다. 힐라스테리온(*hilasterion*)과 하이마(*haima*)라는 용어는 구약성서의 제례의식과 희생제사 시스템에서 왔다. 그동안은 힐라스테리온이라는 용어의 의미를 속죄(expiation)로 번역할지, 화목(propitiation)으로 번역할지에 논의가 집중되었다. 나는 화목이라는 개념을 옹호하는 자들의 논거가 보다 낫다고 여긴다. 이 용어에는 하나님의 진노를 피한다는 의미—그분의 의에 대한 위무(慰撫) 혹은 충족—가 포함되어 있기 때문이다. 보다 정확하게 말하자면 이 용어에는 속죄와 화목 두 개념 모두가 포함되어 있다.[66] 이것은 죄에 대한 하나님의 진노가 선언되는 로마서 1:18, 그리고 최후의 심판이 하나님의 진노의 날로 묘사되는 로마서 2:5과 아주 잘 들어맞는다. 로마서 1:18-3:20 단락에서의 논법은 우리로 하여금 하나님의 진노를 어떻게 피할 수 있는지를 묻게 만든다. 우리는 로마서 3:25에서 하나님의 진노가 그리스

65_Blocher는 몸값(ransom)과 희생제물(sacrifice)이라는 서로 다른 "말들"은 서로 밀접하게 연관되어 있으며 따라서 지나치게 엄격하게 구분해서는 안 된다고 옳게 지적한다("Sacrifice of Jesus Christ," 30).

66_Carson, "Atonement in Romans 3:21-26," 130; J. Ramsey Michaels, "Atonement in John's Gospel and Epistles: 'The Lamb of God Who Takes Away the Sin of the World,'" in *The Glory of the Atonement*, ed. Charles E. Hill and Frank A. James III (Downers Grove, Ill.: InterVarsity Press, 2004), 114-15를 보라. 성서신학 안에서 화목제가 갖는 중요성에 관해서는 Stott, *The Cross of Christ*, 111-32(『그리스도의 십자가』, IVP 역간)에 실려 있는 아주 유익한 설명을 보라.

도의 죽음을 통해 충족되고 진정되었음을 알게 된다.

로마서 3:25에서 "화목제물"이라는 용어 다음에 나오는 말들은 여기서 제공된 해석을 확증해준다.[67] 바울은 그리스도가 하나님의 의를 입증하기 위해 화목제물로 세워졌다고 설명한다. 그 상황은 바울이 "의"라는 말로 가리키는 것이 하나님의 거룩하심 혹은 정의임을 드러낸다. 왜냐하면 바울은 즉각 앞선 세대에서 하나님이 간과하셨던 죄에 대해 언급하기 때문이다. 죄를 간과한다는 바울의 말은 역사 속에서 앞선 세대가 저지른 죄가 그에 합당한 충분한 벌을 받지 않았음을 의미한다. 그렇기에 사람들은 하나님의 정의 혹은 거룩하심에 대해 의문을 제기한다. 거룩하신 하나님이 어떻게 즉각적이고 충분한 벌을 내리지 않고 죄를 관용하실 수 있는가? 현대인들은 이렇게 묻는 경향이 있다. "어떻게 하나님이 누군가를 지옥으로 보내실 수 있는가?" 그러나 바울은 인간 중심적으로가 아니라 하나님 중심적으로 생각하기에 완전히 다른 질문을 제기한다. 그는 "어떻게 하나님이 사람들을 즉각 그리고 충분하게 벌하지 않으실 수 있는가?" 하고 묻는다. 그의 답은 하나님이 자신의 진노를 누그러뜨리고 자신의 정의를 충족시킬 그리스도의 십자가를 미리 내다보셨다는 것이다. 대속물이신 그리스도께서 죄를 위한 모든 값을 치르실 것이다.

이런 해석은 로마서 3:26에 의해 확증된다. "곧 이때에 자기의 의로우심을 나타내사 자기도 의로우시며 또한 예수 믿는 자를 의롭다 하려 하심이라."[68] 바울은 화목제물로서의 그리스도의 죽으심은 구원사의 현시점에

67_Gathercole은 화목제물이라는 개념은 *hilastērion*의 의미보다 롬 1-3장의 사고의 흐름과 결부되어 있음이 분명하다고 주장한다("Cross and Substitutionary Atonement," 161). 나는 *hilastērion*에 화목제물이라는 개념이 포함되어 있다고 여기는 편이다. 그러나 롬 1-3장에서 형벌 대속이 전적으로 *hilastērion*에 의존하고 있다는 Gathercole의 말은 옳다고 생각한다. 또한 그리스도가 우리의 죄를 위해 죽었다는 성서의 일반적 개념이 형벌 대속을 지지한다는 그의 주장 역시 옳다고 생각한다(Ibid., 159-62).

서 하나님의 거룩하심과 정의를 드러낸다고 반복해서 말한다. 그렇게 하심으로써 하나님은 "의로우시며"(just) 동시에 그리스도를 믿는 이들을 "의롭게 하시는 분"(justifier)이 되신다. 하나님의 의는 그리스도가 죄를 위한 온전한 값을 치르셨기에 충족된다. 그러나 하나님은 또한 의롭게 하시는 분이 되시는데, 그것은 그리스도의 십자가라는 토대 위에서 죄인들이 예수에 대한 믿음을 통해 용서를 얻기 때문이다. 그리스도의 십자가에서 하나님의 의와 자비가 만난다. 하나님의 거룩하심은 그리스도가 죄에 대한 형벌을 짊어지심으로써 충족되며, 하나님의 구원 활동은 그리스도를 믿는 자들의 삶을 통해 실현된다.

어떤 이들은 우리가 여기서 응보(應報)를 고려해서는 안 된다며 이런 견해에 반대한다. 이 구절의 초점은 응보가 아니라 인격적 관계에 맞춰진다는 것이다. 그러나 인격적 관계와 응보는 서로 불화하지 않는다.[69] 하나님의 의는 그분의 인격과 구분할 수 있는 속성이 아니다. 여기서 바울이 답하고 있는 하나님의 의에 관한 질문은 속죄에 관한 치유적·모범적·승리자 그리스도적 견해에서는 제기조차 되지 않는다.

갈라디아서 3:10-14의 주장은 로마서 3:21-26과 매우 유사하다. 갈라디아서 3:10은 하나님의 율법을 완벽하게 지키는 데 실패한 모든 이에게 그분의 저주가 임한다고 가르친다. 그런 저주는 어떻게 제거할 수 있을까? 그리스도의 선한 모범을 통해서가 아니다. 단순히 그리스도가 마귀의 세력을 물리치시는 것을 통해서도 아니다. 단순히 하나님이 우리의 상한 영혼을 치유하시는 것을 통해서도 아니다. 갈라디아서 3:13은 제기된

68_ 여기서 제공된 해석에 대한 추가적인 지지와 그 문헌과의 상호작용에 대해서는 Thomas R. Schreiner, *Romans*, Baker Exegetical Commentary on the New Testament (Grand Rapids: Baker, 1998), 176-99를 보라.

69_ Tidball, *Message of the Cross*, 190-92.

질문에 대해 다음과 같이 답한다. "그리스도께서 우리를 **위하여** 저주를 받은 바 되사 율법의 저주에서 우리를 속량하셨으니 기록된 바 나무에 달린 자마다 저주 아래에 있는 자라 하였음이라."[70] 우리가 받아야 마땅한 저주를 그리스도가 담당하셨다.[71] 그는 우리의 대속물이 되셨다.[72] 죄 없는 분이 우리를 짓눌렀던 하나님의 저주를 몸소 짊어지셨다.[73] 그분이 "우리를 **위하여** 저주를 받은 바 되사" 하나님은 우리를 저주에서 해방시키셨다.[74]

70_ 여기서 **위하여**(*hyper*)라는 전치사는 대속을 의미한다. Daniel B. Wallace, *Greek Grammar Beyond the Basics* (Grand Rapids: Zondervan, 1996), 383-89에 실려 있는 이 전치사에 관한 논의를 참고하라.

71_ F. F. Bruce와 대조적으로, 저주는 하나님 자신으로부터 오는 것처럼 보인다(*The Epistle to the Galatians*, New International Commentary on the New Testament [Grand Rapids: Eerdmans, 1982], 165-66). James D. G. Dunn, *The Epistle to the Galatians*, Black's New Testament Commentary (Peabody, Mass.: Hendrickson, 1993), 177; Morris, *Apostolic Preaching of the Cross*, 57-58을 보라.

72_ 대속을 지지하는 강력한 논증을 위해서는 Timothy George, *Galatians*, New American Commentary (Nashville: Broadman & Holman, 1994), 240-42를 보라. 또한 대속에 대한 언급을 지지하는 주장을 위해서는 Hans Dieter Betz, *Galatians*, Hermeneia (Philadelphia: Fortress, 1979), 151; Bruce, *Galatians*, 166; Morris, *Apostolic Preaching of the Cross*, 56-59를 보라. Frank J. Matera는 바울의 주장을 다음과 같이 간결하게 요약한다. "이 율법이 우리에게 생명을 가져다주지 못하는 것은 그것이 그리스도에 대한 믿음이라는 원리가 아니라 행함의 원리 위에서 작동하고 있으며, 아무도 그 법을 완벽하게 성취하지 못하기 때문이다. 그러나 우리가 믿는 그리스도는 우리를 위해 율법의 저주를 떠맡음으로써 율법의 저주로부터 우리를 해방시키셨다"(*Galatians*, Sacra Pagina [Collegeville, Minn.: Liturgical Press, 1992], 124).

73_ Weaver는 갈 3:13, 고후 5:21도 하나님이 예수를 저주로 혹은 죄로 삼으시는 일에서 직접 행동하셨다고 가르치지 않는다고 주장한다(*Nonviolent Atonement*, 57). 갈 3:13은 논쟁거리가 될 만하다. 그러나 고후 5:21은 하나님이 우리를 대신해 그리스도를 죄로 삼으셨다고 분명하게 말한다. 더 나아가 사 53:10은 "여호와께서 그에게 상함을 받게 하시기를 원하사"라고 말한다. 그러므로 그리스도가 죄인들을 위해 죽는 것은 하나님의 계획이었음이 분명하다. 또한 Weaver는 하나님의 뜻이 예수의 죽음에서 성취되었다는 개념을 거부해야 한다고 주장한다(Ibid., 56). 그러나 행 4:27은 Weaver가 틀렸음을 보여준다. 거기서 우리는 빌라도와 헤롯, 그리고 이스라엘의 지도자들에 의해 모의되고 수행된 악이 하나님에 의해 예정되어 있었다고 듣기 때문이다(참고. 행 2:23). 성서의 저자들은 예정과 악한 행동에 대한 인간의 책임 사이의 긴장을 유지한다.

74_ Morris는 여기서 전치사 "위하여"(*hyper*)가 대속을 의미한다고 옳게 주장한다(*Apostolic Preaching of the Cross*, 62-63).

대속을 이보다 더 분명하게 표현할 수 있는가? 우리가 받아야 할 저주를 그리스도가 담당하셨다. 그가 우리의 형벌을 받으셨다. 그가 우리를 우리의 죄의 결과로부터 구원하셨다.

이런 가르침은 바울 서신 안에 고립되어 있는 주제가 아니다. 우리는 특히 그 주제를 우리의 구원을 위한 그리스도의 죽음의 의미를 설명하는 풍성한 신학적 내용을 담고 있는 본문 안에서 발견한다(참고. 롬 3:21-26; 갈 3:10-14). 고린도후서 5:14-21 역시 확실히 이 범주에 속한다. 이 구절들에서는 그리스도의 구원하고 화해시키는 사역이 찬양된다. 바울은 그 단락을 고린도후서 5:21의 말로 마무리한다. "하나님이 죄를 알지도 못하신 이를 우리를 대신하여 죄로 삼으신 것은 우리로 하여금 그 안에서 하나님의 의가 되게 하려 하심이라." 이 구절에서 다시 한번 대속의 원리가 분명하게 드러난다. 죄 없는 그리스도가 십자가 위에서 죄가 되었고, 그로 인해 성부가 그에게 우리가 받아야 할 심판과 진노를 쏟아부으셨다.[75] 우리의 죄를 용서받게 하기 위해 하나님의 거룩하심이 그리스도의 십자가에서 충족된다. 이것은 종종 "위대한 교환"(the great exchange)이라고 불려왔다. 우리는 하나님의 용서와 의를 받고, 그리스도는 우리 대신에 고통을 당하

75_ 해석자들의 긴 행렬을 따르면서 Ralph P. Martin은 사 53:10에 의거해, 그 개념은 그리스도가 "속죄제물"(sin offering)이 되셨다는 것이라고 여긴다(*2 Corinthians*, Word Biblical Commentary [Waco, Tex.: Word, 1986], 140, 157). 또한 그는 여기서 대속이 제한된 방식으로 고려되고 있다고 주장한다(Ibid., 143-45). David E. Garland는 이것이 속죄제물에 대한 언급처럼 보이지 않는다고 주장하는데(*2 Corinthians*, New American Commentary [Nashville: Broadman & Holman, 1999], 300-1), 그런 견해를 위해서는 그 구절에 등장하는 "죄"(sin)라는 단어를 위해 두 가지 서로 다른 의미가 요구되며, 우리는 그것들을 위해 전형적으로 구약성서의 희생제사와 연관되어 있는 "바치다"(offer)와 "주다"(present) 같은 동사를 기대하게 될 것이다. Garland는 요점은 예수가, 갈 3:13에서 저주를 받은 자로 간주되었던 것처럼, 십자가에서 죄인처럼 취급되었다는 것이라고 여긴다. 어쨌든 Garland는 또한 이 본문에서 대속이 고려되고 있다고 주장한다(Ibid., 301-2). 고후 5:21에 나타나는 그리스도의 희생제사의 대속적 특성에 관해서는 Scott Hafemann, *2 Corinthians*, NIV Application Commentary (Grand Rapids: Zondervan, 2000), 247-48을 보라.

고 우리가 받아야 할 벌을 받으신다.

예수가 대속에 대해 가르친 적이 없다는 반론이 제기될 수도 있다. 그러나 마가복음 10:45은 분명히 대속에 대한 진술이다. "인자가 온 것은 섬김을 받으려 함이 아니라, 도리어 섬기려 하고 자기 목숨을 **많은 사람의 대속물**로 주려 함이니라"(참고. 마 20:28). 여기서 사용한 전치사 "위하여"(*anti* [for], 영어번역은 "as a ransom *for* many"이다 — 역자 주)는 종종 "대신에"("in place of," 마 17:27; 눅 11:11; 롬 12:17; 고전 11:15)를 의미하는데, 사실 그것이 여기서 가장 자연스러운 의미다.[76] 그리스도는 다른 이들을 대신해 죽는 고통을 당하셨다.[77] 더 나아가 본문은 그리스도의 죽음을 "대속물"(*lytron*, 영어번역은 몸값을 의미하는 ransom인데, 우리말 "대속물"보다 정확하다 — 역자 주)로 묘사하면서 형벌 대속을 가르친다.[78] "대속물"("몸값")이라는 용어는 그리스도가 그의 죽음을 통해 죄인들을 죄의 지배로부터 해방시키는 데 필요한 값을 치르셨음을 가리킨다.[79] 그리스도는 그의 죽음을 통해 우리를 죄와 죽음의 권세로부터 해방시키셨다.[80] 그는 우리가 해방될

76_A. T. Robertson, *A Grammar of the Greek New Testament in the Light of Historical Research* (Nashville: Broadman & Holman, 1934), 573; Wallace, *Greek Grammar*, 365-67.

77_또한 William L. Lane, *The Gospel According to Mark*, New International Commentary of the New Testament (Grand Rapids: Eerdmans, 1974), 383-84; Robert H. Gundry, *Mark* (Grand Rapids: Eerdmans, 1993), 590-91; Seyoon Kim, *The Son of Man as the Son of God* (Grand Rapids: Eerdmans, 1985), 58-59를 보라. Donald A. Hagner는 마 10:28의 평행본문에서 대속을 본다는 점에서 일치한다(*Matthew 14-28* [Dallas: Word, 1995], 583). 또한 Morris, *Apostolic Preaching of the Cross*, 33-38을 보라.

78_Peter G. Bolt, *The Cross from a Distance* (Downers Grove, Ill.: InterVarsity Press, 2004), 71-75에 실려 있는 논의를 보라.

79_Peter M. Head는 *lytron*이라는 용어가 전쟁 포로들이나 노예들의 해방을 위한 몸값으로 지불된 돈을 가리킨다는 점을 보여준다("The Self-Offering and Death of Christ as a Sacrifice in the Gospels and the Acts of the Apostles," in *Sacrifice in the Bible*, ed. Roger T. Beckwith and Martin J. Selman [Grand Rapids: Baker, 1995], 113). Head는 몸값의 대속적 특성은 Josephus, *Antiquities* 14.107에서도 분명하게 드러난다고 지적한다.

80_Head는 막 10:45은 "마가가 예수의 죽음을 많은 이들을 위한 대속적 몸값으로 이해하고 있음을

수 있게 하기 위해 우리가 빚지고 있는 값을 치르셨다.[81] 이것은 그 이야기에 들어맞는다. 왜냐하면 인간 예수는 그 잔이 하나님의 진노가 자기 위에 내리는 것을 상징하기에 그 잔을 마시기를 꺼리기 때문이다(막 14:36). 구약성서의 배경은 그 잔이 열방 위로 부어지는 하나님의 심판을 상징한다고 분명히 보여준다(참고. 사 51:17-22).[82] 더 나아가 피터 볼트(Peter Bolt)는 예수가 인간의 손에 혹은 죄인들의 손에 넘겨지는 것(막 9:31; 14:41)은 그가 하나님의 진노에 넘겨졌음을 가리킨다고 통찰력 있게 예시했다. 구약성서에서 다른 이들에게 넘겨진 자들은 그들이 하나님의 진노 아래 있기 때문이다.[83] 예수가 자신의 죄가 아니라 자기 백성의 죄를 대신하기 위해 하나님의 진노에 넘겨졌음은 분명하다. 또한 우리는 성만찬에 관한 가르침이 대속을 지지한다는 데 주목해야 한다. 예수의 살과 피는 죄인들을 위해 부서진 그의 살과 죄인들을 위해 흘린 그의 피를 상징한다(참고. 마 26:26-29; 막 14:22-25; 눅 22:19-20; 고전 11:23-26).[84] 나는 이미 예수가 넘겨지는 것은 그가 하나님의 진노 아래에 있음을 보여주는 징표라고 지적한 바 있다. 마찬가지로 그 땅에 임한 어둠 역시 예수가 하나님의 심판 아래

가리키는 중요한 신호다. 그런 개념이 희생제사라는 범주와의 연관으로부터 철저하게 분리될 수 있다고 상상하기란 어렵다"고 결론짓는다("Self-Offering and Death of Christ," 114).

81_Gathercole은 예수가 자신의 생명을 인간의 죄를 위한 지불금 혹은 몸값으로 제공하셨다고 설명하면서, 구약성서 본문을 통해(출 21:23-24, 28-30; 30:12) 몸값이라는 개념이 어떤 값(몸값)의 지불, 증여, 그리고 그 사람 자신의 생명이 소집되는 재판 상황을 고려하고 있음을 보여준다("Cross and Substitutionary Atonement," 163-64).

82_Head, "Self-Offering and Death of Christ," 113; Bolt, *Cross from a Distance*, 66-67.

83_Bolt, *Cross from a Distance*, 52-54, 56-58을 보라. Bolt가 지적한 몇 가지 연관된 구약성서 본문을 위해서는 레 26:25; 삿 16:23-24; 스 9:7; 시 41:2; 106:41을 보라.

84_Peter Stuhlmacher는 이렇게 말한다. "예수가 잔을 들고서 많은 사람을 위해 흘리게 될 자신의 피에 대해 말하는 장면에서, 그는 임박한 폭력적인 죽음과 그 죽음에 담긴 '많은 사람을 위해' 자신의 생명을 대속적으로 내어주는 일을 염두에 두고 있었다"(*Jesus of Nazareth: Christ of Faith*, trans. S. Schatzmann [Peabody, Mass.: Hendrickson, 1993], 72). 참고. Bolt, *Cross from a Distance*, 105.

에 있음을 상징했는데(막 13:24), 그것은 마치 애굽에서(출 10:21-22) 그리고 야웨의 날에(사 13:10; 욜 2:2, 31; 3:14-15; 암 5:18, 20; 습 1:14-15) 임한 어둠이 하나님의 심판을 나타낸 것과 같았다.[85] 마찬가지로 하나님이 자기를 버리셨다는 예수의 부르짖음(막 15:34)과 그가 받았던 조롱은 그가 하나님의 진노를 경험했음을 확증해준다.[86]

여기서 나는 죄인들을 위한 예수의 죽음이 주는 유익이 종종 "위하여"(*hyper*)라는 전치사를 통해 알려진다는 사실을 지적해두어야 할 것 같다(예. 눅 22:19-20; 요 6:51; 10:11, 15; 11:50-52; 롬 5:8; 고전 11:24; 고후 5:14-15, 21; 갈 3:13; 벧전 3:18). 이 전치사는 그리스도의 죽음 때문에 죄인들에게 발생하는 유익을 나타낸다. 그러나 예수는 **어떻게** 죄인들에게 유익을 주는가? 그는 그들이 받아야 마땅한 벌과 죄책을 짊어지고 그들 대신에 죽음으로써 그들에게 유익을 준다.

그리스도의 죽음의 대속적 성격은 요한의 문서를 통해서도 선언된다.[87] 예수는 "세상 죄를 지고 가는 하나님의 어린 양이다"(요 1:29).[88] 가야바가 했던 예언적인 말들은 요한이 예수가 백성들을 위하여, 그리고 그들을 대신해 죽을 것이라고 이해했음을 보여준다(요 11:49-52). 우리는 이 두 본문

85_Bolt, *Cross from a Distance*, 125-26을 보라.

86_Ibid., 127-36.

87_ 참고. George L. Carey, "The Lamb of God and Atonement Theories," *Tyndale Bulletin* 32 (1981): 97-122; Bruce H. Grigsby, "The Cross as an Expiatory Sacrifice in the Fourth Gospel," *Journal for the Study of the New Testament* 15 (1982): 51-80.

88_ 어떤 학자들은 여기에는 대속적 죽음을 통해 죄를 지고 간다는 개념은 존재하지 않는다고 주장한다(Michaels, "Atonement in John's Gospel and Epistles," 107-8). 그러나 Thielman은 요한이 특별히 사 53:7을 염두에 두었다고 주장한다("Atonement"). Charles E. Hill은 사 53:7과 유월절 어린 양 둘 모두가 선례라고 여기며, 정복하는 묵시적 어린 양이라는 개념이 고려되고 있을 가능성에 대해 의문을 제기한다("Atonement in the Apocalypse of John: A Lamb Standing as if Slain," in *The Glory of the Atonement*, ed. Charles E. Hill and Frank A. James III [Downers Grove, Ill.: InterVarsity Press, 2004], 196-99).

에서 예수가 자기 백성을 대신해 죽는 희생양이었음을 알 수 있다. 그의 살과 피는 영생을 위해 필요한 죄 용서의 기초를 이룬다(요 6:51-59).[89] 더 나아가 그의 죽음은 화목을 위한 것이었다(요일 2:2; 4:10). 하나님의 진노가 충족되고 진정되었으며, 그로 인해 그의 백성을 위한 죄 용서가 이루어졌다.[90]

이 책의 지면은 대속적 속죄를 가르치는 모든 본문에 대한 충분한 설명을 허락하지 않는다. 그러나 베드로전서의 두 본문만큼은 꼭 언급해야 한다.[91] "친히 나무에 달려 그 몸으로 우리 죄를 담당하셨으니 이는 우리로 죄에 대하여 죽고 의에 대하여 살게 하려 하심이라. 그가 채찍에 맞음으로 너희는 나음을 얻었나니"(벧전 2:24). 베드로전서의 이 단락은 우리에게 죄인들을 대신해 이루어지는 그리스도의 죽음에 관해 가르치는 이사야 53장에 대한 언급으로 가득 차 있다. 여기서 베드로는 십자가 위에서 그리스도가 우리의 죄를 담당했고, 그의 고난이 우리의 치유를 위한 길이었음을 강조한다. 또한 여기서 치유는 죄의 용서와 하나님과의 갱신된 관계에 초점이 맞춰진다.[92] 분명히 이런 표현은 그가 우리를 대신해 죽었고, 우리의 벌을 감당했으며, 그의 죽음이 우리의 생명을 위한 통로라는 것을

89_D. A. Carson은 요한이 이 두 본문 모두에서 예수의 죽음을 대속적인 것으로 여기고 있다고 말한다(*The Gospel According to John*, Pillar New Testament Commentary [Grand Rapids: Eerdmans, 1991], 295, 422). 예수가 그의 양떼를 위하여(*hyper*, 요 10:11, 15) 혹은 자신의 친구들을 위하여(*hyper*, 요 15:13) 자신의 생명을 내려놓는다는 개념 역시 대속을 지지한다(Thielman, "Atonement"를 보라).

90_이런 견해를 옹호하는 Michaels의 글을 보라. 그는 이 구절들에서 화목과 속죄 모두가 고려되고 있다고 옳게 주장한다("Atonement in John's Gospel and Epistles," 114-16).

91_이런 본문들을 문맥에 따라 해석하는 것과 그런 해석의 대안적 해석과의 상호작용을 위해서는 Thomas R. Schreiner, *1-2 Peter, Jude*, New American Commentary (Nashville: Broadman & Holman, 2003), 144-46, 180-83을 보라.

92_Thielman은 이 구절에 등장하는 나무에 대한 언급이 신 21:23을 암시하며 대속을 지지한다고 주장한다("Atonement").

의미한다. 베드로전서 3:18 역시 같은 진리를 가르친다. "그리스도께서도 단번에 죄를 위하여 죽으사 의인으로서 불의한 자를 대신하셨으니 이는 우리를 하나님 앞으로 인도하려 하심이라." 그리스도가 우리를 대신해 죽었다. 그는 의롭고 무죄한 자로서 불의한 자들의 죄를 위해 고통을 당했다. 그가 이렇게 죽은 것은 우리가 하나님 앞으로 나아갈 수 있게 하기 위함이었다.

결론

형벌 대속은 속죄의 닻이요 핵심이다. 그것은 우리에게 하나님이 우주의 중심이심을 상기시켜준다. 하나님이 예수 그리스도 안에서 이루신 일은 하나님의 정의와 사랑을 모두 보여준다. 십자가 안에서 하나님의 거룩하심이 회복되고, 그와 동시에 성자의 기꺼고도 즐거운 희생 속에서 그분의 사랑이 드러나기 때문이다. 형벌 대속이 속죄에 관해 말해져야 할 필요가 있는 모든 것은 아니다. 그러나 그것은 정확하게 그것이 갖고 있는 하나님 중심적 초점 때문에 속죄에 관한 다른 모든 이론의 닻 노릇을 한다. 인간인 우리는 무엇보다도 우리 자신에 대해 생각하는 경향이 있다. 그러나 그리스도의 화목제사적인 죽음은 우리로 하여금 하나님의 아름답고 놀라운 거룩하심과 그분의 비할 데 없는 구원의 사랑에 주목하도록 만든다. 우주에서 가장 중요한 존재는 하나님이시다. 그리고 형벌 대속은 우리의 시선을 우리 자신으로부터 하나님께로 들어올린다.

그러나 형벌 대속이 인간 실존의 가장 중요한 문제에 답한다는 사실 역시 언급되어야 한다. 어떻게 해야 인간이 하나님과의 올바른 관계를 즐길 수 있는가? 형벌 대속은 거룩하고 의로운 심판관이신 하나님이 자기들의 주님을 향해 반역했던 죄인들을 어떻게 용서하실 수 있는지를 설명해준다. 형벌 대속의 근본적인 성격은 적어도 다음 세 가지 증거에 의해 지지된다. (1) 성서가 인간의 죄와 죄책을 강조하는 것, (2) 하나님이 자신에게 불순종하고 자신의 율법을 멸시하는 죄인들을 응보적으로 심판하신다는 주제, (3) 신약성서와 구약성서 모두에서 발견되는 죄 용서를 위해 희생제사가 필요함을 강조하는 핵심 본문들. 우리는 성서의 가장 중요한 본문 중 몇 군데가—우리가 레위기 16장에 나오는 속죄일에 관해 생각하든, 아니면 요한복음 1:29과 11:51-52, 갈라디아서 3:10-14, 로마서 3:21-26, 고린도후서 5:21, 베드로전서 2:21-25과 3:18, 요한1서 2:2과 4:10에서 설명하는 그리스도의 희생제사에 대해 생각하든—그런 것들을 고려하고 있다고 확신을 갖고 말할 수 있다.

형벌 대속은 중요한가? 만약 내가 이 글에서 주장한 것이 옳다면, 그리스도가 우리를 대신해 죽는 것은 우리가 하나님과 올바른 관계를 맺을 수 있는 유일한 길이다.[93] 그의 죽음은 우리가 심판 날에 하나님의 거룩하고 공의로운 진노를 피할 수 있는 유일한 수단이다. 우리가 받아야 마땅한 응보가 우리 대신 그리스도에게 부어졌다. 그러므로 형벌 대속에서는 하나님의 자비와 정의가 만난다. 하나님은 자신의 아들 예수 그리스도를 벌하심으로써 자신의 완전한 정의와 거룩하심을 충족시키신다. 그와 동시에 그분은 그리스도를 믿는 자들의 죄를 용서하심으로써 죄인들에게 자비를 베푸신다. 형벌 대속은 하나님이 어떻게 우리의 죄를 용서하시면서도 여전히 하나님이 되실 수 있는지를 설명해준다. 왜냐하면 만약 하나님이 우리를 용서하시고 그분의 공의와 거룩하심을 손상시키신다면, 그분은 하나

93_Gathercole은 확신이야말로 복음에 핵심적이며 그것은 형벌 대속에 묶여 있다고 주장한다("Cross and Substitutionary Atonement," 153).

님으로서 자신의 존재를 부인하는 셈이 되기 때문이다. 덧붙여서 형벌 대속은 우리를 **위한** 하나님의 객관적 사역을 우리 **안에서** 일어나는 그분의 주관적 사역의 기초로서 강조한다. 싱클레어 퍼거슨(Sinclair Ferguson)은 경험적이고 주관적인 세대를 사는 우리는 우리 **안에서** 발생하는 하나님의 사역에 초점을 맞추면서 우리를 **위한** 하나님의 사역을 경시하는 경향이 있다고 옳게 지적한다. 후자가 언제나 전자를 위한 근거다. 그러므로 강조점은 하나님에 대한 우리의 반응 대신 그분이 우리를 위해 이루신 일에 놓인다.[94]

어떤 이들은 하나님이 자신의 진노를 해소하기 위해 그리스도를 보내셨다는 개념에 강경하게 반대한다.[95] 그들은 그런 개념이 하나님을 그리스도와 맞서게 하고, 그로 인해 그리스도는 학대당하는 희생자가 되며, 하나님은 자기 아들의 죽음을 요구하는 가학적이고 피에 굶주린 아버지가 되게 만든다고 우려한다. 그런 우려에 대해 두 가지를 말해야 한다.[96] 첫째, 마치 그 두 분이 서로 나뉜 것처럼 여기는 것, 곧 하나님을 화를 내는 분으로 그리고 그리스도를 사랑하는 분으로 여기는 것은 성서의 가르침과 상반된다.[97] 나는 하나님이 화를 내신다는 사실을 부인하지 않는다. 그러나 성서는 또한 하나님이 자신의 아들을 보내신 것은 죄인들에 대한 그

94_Sinclair B. Ferguson, "Preaching the Atonement," in *The Glory of the Atonement*, ed. Charles E. Hill and Frank A. James III (Downers Grove, Ill.: InterVarsity Press, 2004), 431-32.

95_그런 반대에 접할 때 우리는 우리가 기독교 신학을 하면서 해야 할 일이 성서의 가르침이 우리의 도덕 개념과 일치하는가에 대한 결정이 **아님**을 상기해야 한다. 오히려 우리는 우리의 도덕적 세계관을 성서에 일치시켜야 한다. 우리의 마음 역시 타락했기 때문이다.

96_Christina A. Baxter는 형벌 대속에 맞서 제기된 반대의견 중 많은 것은 설득력이 없거나 오해에 기인한다고 옳게 주장한다("The Cursed Beloved: A Reconsideration of Penal Substitution," in *Atonement Today*, ed. John Goldingay [London: SPCK, 1995], 54-72).

97_Stott, *Cross of Christ*, 150-51을 보라.

분의 사랑 때문이라고 가르친다(요 3:16; 롬 5:6-10; 8:32; 요일 4:10).[98] 우리는 하나님에 관한 성서의 진리에 대한 단순하고 일방적인 서술을 조심해야 한다. 둘째, 하나님은 그리스도에게 자신의 뜻에 맞서서 죄인들을 위해 죽으라고 강요하지 않으셨다. 성자는 죄인들을 위해 기꺼이 자신의 생명을 내놓았다. 하나님의 뜻을 따라 행하는 것은 그의 기쁨이었다(히 10:5-10). 그리고 그는 자발적으로 자신의 생명을 내놓았다(요 10:18).

어떤 이들은 여전히 여기서 서술한 내용을 상상조차 할 수 없다고 주장한다. 왜냐하면 그들은 그것이 하나님이 그분의 사랑 때문에 그리스도를 보내셨고, 그리스도는 하나님의 진노를 가라앉히기 위해 자신의 생명을 기꺼이 내놓았다고 말한다고 여기기 때문이다(엡 5:2; 히 10:7, 9; 12:2).[99] 어떤 이들은 성부 하나님은 사랑과 진노로 동시에 가득 찰 수 없다고 말할지도 모르겠다. 하지만 그런 식의 반대는 하나님을 인간의 사유의 한계에 국한시키는 합리주의적 세계관을 보여준다. 나는 내 견해가 비합리적이거나 모순적이라고 주장하는 것이 아니다. 하나님이 사랑하시면서 그와 동시에 진노하신다는 주장에는 그 어떤 내재적인 모순도 존재하지 않는다. 모순은 오직 우리가 A와 A가 아닌 것을 동시에 그리고 동일한 방식으로 긍정할 때만 나타난다. 십자가에서 하나님의 사랑은 성자에게로 향하지만, 성자가 죄의 무게를 짊어지고 있는 한에서는 그분의 진노가 그에게 쏟아진다.[100] 앞선 의견은 하나님의 복잡성과 신비를 철저하게 설명하지 못

98_ John Murray, *Redemption Accomplished and Applied* (Grand Rapids: Eerdmans, 1955), 1-2; Peterson, "Atonement in the New Testament," 43-45. 『존 머레이의 구속』(복있는사람, 2011).

99_ 그리스도의 희생의 자발적 성격은 Colin E. Gunton에 의해 잘 드러난다. 그러나 그는 여기서 옹호하는 형벌 대속이라는 관점을 지지하지 않는다(*The Actuality of the Atonement* [Grand Rapids: Eerdmans, 1989], 124-25).

100_ 이런 설명을 해준 Justin Taylor에게 감사드린다.

한다. 그분은 우리의 이해와 파악을 넘어서신다.[101] 더 나아가 삼위일체 교리는 우리가 물론 반대편 극단으로 나아가 성부와 성자와 성령의 구분을 최소화시킬 위험이 있기는 하나, 삼위의 각 위들을 지나치게 엄격하게 분리시키는 것을 금한다.[102]

그럼에도 우리는 궁극적으로 속죄에 관한 가르침은 신비를 포함하며, 그 어떤 인간적인 유비도 우리의 구원을 위해 성부가 성자를 보내어 죽게 하시는 일의 역학을 포착하지 못한다고 고백해야 한다. 어떤 이들은 **신비**가 난센스를 가리키는 다른 용어일 뿐이라고 주장하지만, 그런 주장은 잘못되었다. 증거 전체를 적절하게 살피기도 전에 "신비"라고 외칠 위험이 있다. 신비에 대한 호소는 게으른 방법이 될 수도 있고, 우리의 사유를 급하게 끝내기 위한 변명으로 사용될 수도 있다. 그러나 그리스도인으로서 우리의 주된 책임은 성서 본문의 가르침에 귀를 기울이고 그것에 굴복하는 것이다. 몇몇 경우에 성서의 가르침은 우리 인간의 이해를 넘어선다.

형벌 대속에 대해 제기되는 일반적인 불평은 그것이 윤리와 분리된다

101_ 이 주제는 Packer, "What Did the Cross Achieve?" 86-94를 통해 잘 설명된다. Timothy George는 루터가 인간의 이성이 성서를 길들이게 될 것을 두려워했고 그로 인해 이성을 "창녀"라고 불렀으나, 그렇게 하면서도 그가 비이성주의를 받아들이지 않고 오히려 신학이 신적 계시를 따라야 하고 인간의 이성보다는 성서가 우선권을 지녀야 한다고 강조했다고 주장한다("The Atonement in Martin Luther's Theology," in *The Glory of the Atonement*, ed. Charles E. Hill and Frank A. James III [Downers Grove, Ill.: InterVarsity Press, 2004], 269-72). 또한 George는 루터가 대속적 속죄를 분명하게 지지했음을 입증한다(Ibid., 263-78). 칼뱅 역시 형벌 대속을 가르쳤다. Henri Blocher, "The Atonement in John Calvin's Theology," in *The Glory of the Atonement*, ed. Charles E. Hill and Frank A. James III (Downers Grove, Ill.: InterVarsity Press, 2004), 279-303을 보라.

102_ 참고. Bruce L. McCormack, "The Ontological Presuppositions of Barth's Doctrine of the Atonement," in *The Glory of the Atonement*, ed. Charles E. Hill and Frank A. James III (Downers Grove, Ill.: InterVarsity Press, 2004), 364-66. McCormack은 어떤 의미에서는 성부 역시 성자의 죽음을 통해 고난을 받으셨다고 주장한다. 왜냐하면 해석학적으로 성자가 경험하는 것은 성부에 의해 결정된 것이기에 성부는 단지 그 행위의 주체일 뿐 아니라 또한 객체이기도 하기 때문이다.

는 점이다. 그러나 J. I. 패커(Packer)는 그리스도의 구속 사역이 믿음과 소망과 사랑의 토대임을 보여준다.[103] 분명히 믿음과 소망과 사랑은 대단히 현실적이며 그리스도의 제자인 우리의 매일의 삶과 연관되어 있다. 그리스도의 대속적 속죄를 가장 분명하게 가르치는 본문 중 일부가 또한 우리가 예수를 우리의 본보기로 삼아 따라야 하며(참고. 막 10:31-45; 요 13:1-17; 벧전 2:21-25), 우리의 마음을 다해 그분의 희생의 위대함에 사랑으로 반응해야 한다(참고. 요일 3:16-18; 4:7-11)고 가르치는 것은 교훈적이다.[104] 모범이라는 주제와 대속이라는 주제의 이와 같은 뒤섞임은 신약성서의 저자들이 그리스도의 대속적 죽음이 비록 그것만이 죄를 속하기는 하나, 또한 신자들을 위한 모범으로서의 기능도 한다고 믿었음을 시사한다. 그리스도의 화해시키고 대속하는 사역을 통해 표현된 하나님의 사랑은 신자들로 하여금 자신들이 아니라 그리스도를 위해 살도록 추동한다(고후 5:15). 더 나아가 지금 나는 형벌 대속이 우리가 그리스도인의 삶과 관련해 배울 필요가 있는 모든 것이라고 주장하고 있는 게 아니다. 예컨대, 바울 신학에 등장하는 재판 및 참여와 관련한 주제들은 서로 분리되어서는 안 된다. 성령 안에서 그리스도와 우리의 삶의 연합은 바울 신학에서 중요한 주제이며 윤리를 위한 토대가 된다. 하지만 성서 신학의 모든 측면을 살피는 것은 이 글의 범위를 넘어선다.

어떤 이들이 형벌 대속에 관한 가르침을 오용하고 그것을 제자도의 삶으로부터 분리시켜왔음은 의심할 여지가 없는 사실이다. 하나님의 은혜에 관한 성서의 가르침은 바울이 오래전에 경고했던 것처럼 오용될 수 있다

103_J. I. Packer, "The Atonement in the Life of the Christian," in *The Glory of the Atonement*, ed. Charles E. Hill and Frank A. James III (Downers Grove, Ill.: InterVarsity Press, 2004), 417-25.

104_ 나는 2003년 4월 9일에 사우스캐롤라이나주 듀 웨스트에 있는 어스킨 신학교에서 대속적 속죄에 관한 강연을 했는데, James Agan이 강연 후에 사적으로 내게 이런 의견을 주었다.

(롬 6:1-23). 신자로서 우리의 관심사는 형벌 대속이 아니라 십자가에 달리셨다가 부활하신 분인 예수 그리스도에게 맞춰져야 한다. 그러나 우리는 또한 그리스도의 대속적 희생이 하나님의 은혜에 대한 칭송과 경외를 담은 수많은 찬송가를 낳았다는 데 주목해야 한다. 참된 찬양과 감사는 변화된 삶으로 이어진다. 참된 예배는 결코 윤리와 분리되지 않으며 오히려 그것의 토대가 된다. 그리스도 안에 있는 하나님의 은혜에 놀란 이들은 철저하게 다른 방식으로 살아간다. 누가 그것을 의심하겠는가? 내 자신이 그것을 경험했다. 더 나아가 나는 자신들의 변화된 삶의 근거가 그리스도의 대속 사역이라고 말하는 수많은 신자들의 삶 속에서도 동일한 변화를 보아 왔다. 백문이 불여일견이다. 그리스도의 대속적 죽음이 찬양과 변화된 삶으로 이어진다는 것은 역사를 통해 성서와 성인들이 입증해온 사실이다.

내가 자주 다른 신자들과 함께 불렀던 최근에 나온 찬송가로 이 글을 마무리하고자 한다. 나는 이 진리가 어떻게 예배하는 신자들을 강화시키고, 위로하고, 그들에게 능력을 부여했는지 알고 있다. 그것은 형벌 대속이 갖고 있는 변화시키는 능력에 대한 강력한 증거다. 왜냐하면 참된 예배는 결코 행위와 분리될 수 없기 때문이다. 다음의 노랫말을 읽고 경배하라!

위에 계신 하나님의 보좌 앞에

위에 계신 하나님의 보좌 앞에
나를 위해 강력하고 완전하게 탄원하실 분이 있네
위대한 대제사장 그의 이름은 사랑
그는 늘 계시고 나를 위해 탄원하시네
나의 이름은 그의 손에 새겨져 있고
그의 가슴에 쓰여 있네

나는 아네, 그가 하늘에 계시는 동안에는
그 누구도 나에게 떠나라고 말할 수 없다는 것을

사탄이 나를 유혹해 절망에 빠뜨리고
내 안에 죄책감을 불러일으킬 때
나는 눈을 들어 그를 보네
그는 나의 모든 죄를 사하셨네
죄 없으신 구주께서 죽으셨기에
죄로 물든 나의 영혼이 해방되네
하나님의 의가 충족되었기에
나는 그를 바라보고 그는 나를 용서하시네

하늘에 계신 그를 보라! 부활하신 어린 양,
나의 완전하고 흠 없는 의이신 분,
변치 않는 위대하신 분,
영광과 은혜의 왕!
그분과 하나 된 나는 죽을 수 없네
그가 그의 피로 나의 영혼을 사셨네
나의 생명은 높은 곳에 계신 그리스도 안에 감춰 있네
나의 구주이자 나의 하나님이신 그리스도와 함께![105]

105_ "Before the Throne," Charitie Less Bancroft, 1863 작시.

논평

승리자 그리스도론

그레고리 A. 보이드

나는 톰 슈라이너가 문화에 맞서 하나님의 거룩성, 인간의 심각한 죄악성, 그리스도의 대속적 죽음의 핵심적 중요성을 강조한 데 박수를 보낸다. 더 나아가 그가 성서의 가르침에 대한 그의 해석이 동시대인들에게 얼마나 반직관적으로 혹은, 그렇지 않다면 얼마나 의문스럽게 보이는지와 상관없이 용기 있게 그리고 분명하게 성서에 헌신하고 있음에 대해 깊은 존경을 표한다. 그러나 나는 슈라이너의 형벌 대속적 관점의 몇 가지 측면에 대해 심각한 의구심을 갖고 있다.

먼저 그리고 가장 근본적으로 슈라이너는 반복해서 속죄의 형벌 대속적 특징이 성서가 예수의 삶과 죽음의 의미에 관해 말하는 다른 모든 것의 "토대", "핵심", "전형"이라고 확언하지만 우리가 그런 주장을 받아들여야 할 이유는 거의 제공해주지 않는다. 사실 나는 그의 글을 읽고서도 여전히 어떻게 형벌 대속이 예수의 삶의 (핵심적인 것은 고사하고) 대부분의 다른 측면과 통합될 수 있는지 분명히 알지 못한다고 고백하지 않을 수 없다.

예컨대, 슈라이너는 부활이 우리가 용서를 얻는 데 필요하고, 따라서 그리스도의 사역의 형벌 대속적 차원의 일부라고 단언한다. 유감스럽게도 슈라이너는 그의 글 어디에서도 사정이 그렇게 되는 까닭을 설명하지 않는다. 그러나 한 가지 설명은 필요해 보인다. 만약 그리스도가 처리해야 할 필요가 있는 주된 문제가 하나님의 진노를 진정시키는 것이라면, 그리고 만약 그 문제에 대한 주된 해결책이 하나님이 그의 아들을 십자가에서 죽이는 것으로 이루어진다면, 자연스럽게 우리는 그 일이 성취되고 나면 무엇이 남아 있을 수 있는지에 대해 의문을 갖는다. 하나님은 예수를 죽음에서 일으키실 다른 이유들을 갖고 계실 수 있고 또 갖고 계시지만, 도대체 그분은 그것이 본질상 **형벌적**이어야 할 어떤 이유를 갖고 계신가?

그뿐 아니라 우리는 형벌 대속이라는 주제가 어떻게 철저하게 반문화적이었던 예수의 삶에 관한, 또한 그러하기에 권세에 대한 그의 일생에 걸친 비폭력적 저항에 관한 우리의 이해에 기초를 이루는지에 대해 의문을 제기할 필요가 있다. 또한 형벌 대속은 어떻게 해서 하나님 나라에 대한 예수의 다양한 가르침과 그의 치유 및 축귀 사역에 대한 우리의 이해에 기초를 이루는가? 솔직히 나는 그것이 예수의 삶과 사역의 다른 모든 측면의 기초를 이루기는커녕, 과연 그것이 예수의 삶과 사역의 어떤 다른 측면에 적합하기라도 하는지에 의문을 품고 있다. 나에게 형벌 대속론은 예수의 삶과 사역의 다른 모든 측면이 그 안에서 가장 잘 이해될 수 있는 포괄적인 주제라는 측면에서 승리자 그리스도론 — 나는 내 글에서 승리자 그리스도론이 예수의 성육신, 삶, 사역, 죽음, 부활이라는 모든 측면을 하나의 주제 아래 엮을 수 있다고 (그리고 이것은 성서 전반에서 나타나는 전쟁 모티프와 조화를 이룬다고) 주장한 바 있다 — 보다 훨씬 못해 보인다.

그리고 이런 비판은 설령 우리가 그리스도의 대속적 죽음에 대한 슈라이너의 형벌적 이해를 인정할지라도[1] 유효하다. 그러나 이제 나는 속죄에

1_ 예컨대, 대부분의 초기 아나뱁티스트들에게 승리자 그리스도론이 속죄에 대한 주된 이해였던 반면, 어떤 이들은 이를 형벌 대속론과 결합시켰다. Thomas Finger, *A Contemporary Anabaptist Theology* (Downers Grove, Ill.: InterVarsity Press, 2004), 331-50을 보라. 우리는 역사적으로 속죄에 관한 승

관한 승리자 그리스도론이 그리스도의 사역의 대속적 차원을 이해하는 훨씬 더 매력적인 길을 제시한다고 주장하고자 한다. 승리자 그리스도론의 핵심을 포착하고 그것을 형벌 대속론과 연결시키는 한 가지 분명한 방법은 C. S. 루이스(Lewis)의 걸작 (할리우드 영화로 재탄생하기도 했다) 『사자와 마녀와 옷장』(*The Lion, the Witch and the Wardrobe*)의 한 장면을 회상하는 것이다.

의심할 것 없이 많은 독자들이 떠올리겠지만, 이 책에서 악한 마녀는 불법적으로 나니아를 지배하고 저주에 휩싸이게 만들었다. 루이스가 들려주는 이야기의 어느 지점에서 이 악한 마녀는 에드먼드라는 이름의 한 청년의 운명을 놓고 나니아의 적법한 지도자인 아슬란과 맞선다. 이 말썽쟁이 투덜이 청년은 여왕(마녀)의 포로가 되었고 그 후에는 악의적으로 자신의 형제와 두 누이를 배신했다. 그러나 그는 구조되어 지금은 아슬란의 보호를 받고 있다. 악한 마녀는 아슬란에게 "너는…황제께서 처음에 나니아에 부여한 마법에 대해 알고 있지"라고 말한다. "너는 모든 반역자가 나의 적법한 노획물로서 나에게 속해 있고, 내가 모든 반역에 대해 사형을 선고할 권한을 갖고 있음을 알고 있어." 마녀는 계속해서 말을 이어나간다. "그러니, 그 인간은 내 것이야. 그의 생명은 나에게 몰수되어 있어. 그의 피는 내 것이야."

아슬란은 에드먼드를 깊이 사랑하기에 그를 보호하고자 하지만 마녀의 법적 주장을 논박하지 못한다. 나니아의 시초에 부여된 심오한 마법(Deep Magic)은 실제로 배신자들이 심술궂은 여왕의 노획물이 되도록 규정하고 있다. 그러나 에드먼드는 풀려나는데, 그것은 아슬란이 에드먼드 대신 자신의 생명을 마녀에게 바치기로 했기 때문이다. 사자는 분명히 에드

리자 그리스도 모델을 옹호했던 거의 모든 이들이 비록 그것을 강조하지는 않았지만, 예수의 죽음의 대속적 차원을 수용했다는 사실을 덧붙여 말해야 한다. 그러나 그들은 대개 이런 대속을 **형벌적** 관점에서 해석하지는 않았다.

먼드보다 훨씬 더 큰 상이기에, 또한 (그녀 생각에) "그 위대한 사자"를 죽이는 일은 자기가 마지막으로 아무런 반대 없이 나니아를 다스리도록 허락할 것이기에, 마녀는 아슬란의 제안을 받아들인다.

그날 밤 늦게 아슬란은 혼자서 적의 진영으로 넘어간다. 마녀의 졸개들이 그를 조롱하고 괴롭힌다. 그 후에 마녀가 "사형"을 집행한다. 아슬란은 심오한 마법의 정의가 수행되는 돌 탁자 위에서 학살당한다. 그러나 이야기는 거기서 끝나지 않는다. 에드먼드의 두 누이가 한동안 크게 슬퍼하며 울고, 그 후 아슬란이 돌 탁자를 둘로 깨뜨리며 죽음에서 일어선다. 이어서 아슬란은 놀라며 크게 기뻐하는 두 소녀에게 방금 일어난 일의 의미를 설명한다.

> 비록 마녀가 심오한 마법에 대해 알고 있었으나, 그녀가 알지 못하는 더 심오한 마법이 있단다. 그녀의 지식은 단지 시초까지만 올라갈 뿐이야. 그러나 만약 그녀가 조금만 더 멀리, 시간이 밝아오기 전의 고요와 어둠 속을 들여다보았다면, 거기서 그녀는 다른 주문에 대해 읽었을 거야. 그녀는 배신하지 않은 이가 기꺼이 배신자를 대신해 죽을 때, 돌 탁자가 갈라지고 죽음 자체가 되돌아오기 시작하리라는 것을 알았겠지.

아슬란은 세상에 존재하는 가장 심오하고 가장 오래된 마법, 즉 자기희생적 사랑의 힘이라는 마법을 활용하여 죽음을 극복하고, 에드먼드를 곤경에 빠뜨렸던 법의 정죄하는 정의를 뒤집고, 자신의 제자들이 두려운 마녀와 그녀의 군사들에 맞서 승리를 거두도록 이끌면서 나니아의 거주자들이 마녀의 악마적인 통치로부터 단박에 벗어나게 했다.[2]

2_C. S. Lewis, *The Chronicles of Narnia* (1950; reprint, New York: Harper Collins, 2001), 175-91. 『나

이 이야기는 인류를 구속하는 일에서 그리스도의 대속적 역할에 대한 승리자 그리스도식 이해에 관한 놀라운 비유다. 또한 이것은 승리자 그리스도론이 형벌 대속적 이해와 어느 점에서 일치하고 또 일치하지 않는지를 완벽하게 예시해준다. 슈라이너와 루이스 두 사람은 모두 황제(하나님)의 거룩한 성품에 근거한 심오한 마법(율법)이 존재한다는 데, 그리고 그 마법이 그 자체로는 매우 선하며(예. 롬 7:12) 간단하게 내쳐질 수 없다(히 9:22)는 데 동의한다. 또한 루이스와 슈라이너 두 사람은 모두 그런 이유로 오직 순결한 아슬란만이 에드먼드처럼 죄를 지은 사람이 공정하게 처형되지 않도록 구해낼 수 있으며 그렇게 하기 위해 아슬란은 에드먼드를 대신해 죽어야 한다는 데 동의한다.

그런 이유로 두 견해 모두는 아슬란이 에드먼드를 대신해 취하는 행동의 의미를 성서의 대속적 용어를 사용해 묘사할 수 있다. 예컨대, 두 견해 모두 에드먼드의 몸값을 지불하기 위해(참고. 마 20:28; 막 10:45) 아슬란의 몸이 부서졌고 그의 피가 쏟아졌다고 단언할 수 있다(참고. 마 26:26-29; 고전 11:23-26). 더 나아가 두 견해 모두 아슬란이 에드먼드를 대신해 자신을 흠 없는 희생제물로 바쳤고(참고. 사 53:10; 히 9:14), 그가 에드먼드의 죄와 벌을 담당했으며(참고. 사 53:4-6, 11-12; 고후 5:21), 그렇지 않았더라면 에드먼드를 죽였을 심오한 마법의 공정한 요구를 충족시키고 물리쳤다(참고. 롬 3:25; 골 2:14-15)고 단언할 수 있다.

사실 만약 우리가 루이스의 이야기에 두 견해 모두가 공유하고 있는 믿음, 즉 아슬란과 마녀가 행한 모든 일은 에드먼드를 구원하기 위한 황제의 계획에 들어맞는다(참고. 행 2:23; 4:27-28)는 믿음을 삽입해 그것을 보다 분명하게 삼위일체적으로 만든다면, 우리는 이 두 견해 사이에 존재하는

니아 연대기』(시공주니어 역간, 2005).

또 다른 심원한 일치를 발견할 수 있을 것이다. 두 견해 모두 비록 마녀가 심술궂게 아슬란을 죽였으나 그럼에도 아슬란이 에드먼드를 대신해 벌을 받는 것(참고. 사 53:4; 롬 3:25)은 황제를 기쁘게 하지 않았다고 단언할 것이다. 두 견해 모두 아슬란은 에드먼드를 구하기 위해 황제에 의해 보냄을 받았다고(요 6:38; 딛 2:14) 단언할 것이다. 그리고 두 견해 모두 아슬란이 자신을 에드먼드를 대신해 마녀와 그녀의 졸개들에게 바쳤을 때조차 사실 그는 에드먼드를 대신해 자신을 황제에게 바쳤다고 단언할 수 있다(히 7:27; 9:14; 10:12).

분명히 슈라이너와 루이스는 그리스도의 대속적 죽음의 문제에 관해 동일한 성서의 말을 전한다. 하지만 그들이 이런 대속적 언어가 의미하는 것과 관련해 아주 다른 이해에 도달하도록 이끄는 서로 밀접히 연관된 두 개의 신학적 차이가 존재한다.

먼저 그리고 가장 근본적으로 루이스는 자기희생적 사랑이 율법보다 "더 심오한 마법"이라고 믿는 반면, 슈라이너는 내가 이해하는 한 그렇게 믿지 않는다. 루이스는 죄에 대한 하나님의 진노를 하나님의 사랑의 표현으로 이해하는 반면, 슈라이너는 하나님의 진노가 그분의 사랑만큼이나 동등하게 그분 안에 "깊이" 뿌리박고 있다고 보는 것처럼 보인다. 하나님의 본성 자체가 그분이 죄인들을 사랑하고 구속하기 위해서는 먼저 그분의 진노가 충족되기를 요구한다. 하나님의 본성 자체가 그분이 값없이 용서하시는 것을 금한다. 또한 나는 이것이 슈라이너가 속죄가 다루는 문제와 속죄가 표현하는 해결책을 우선적으로 법률적 측면에서 해석하는, 그리고 결과적으로 성서에 등장하는 희생제사 및 대속과 관련한 언어를 법률적이고 형벌적인 측면에서 해석하는 이유라고 여긴다. 슈라이너에게 율법과 사랑은 모두 동등하게 심오한 마법이기에, 속죄가 해결하는 궁극적인 문제는 신성 안에서 벌어지는 법률적 갈등이다. 대조적으로 루이스에게 하나님은 거룩한 진노를 **표현하시지만**, 그럼에도 "하나님은 사랑이시다"(요일 4:8). 실제로 하나님은 사랑이시기 **때문에** 거룩한 진노를 드러내신다.

이것은 곧바로 두 번째 심오한 차이로 이어진다. "심오한 마법"에 관한 그들의 서로 다른 견해 때문에 루이스와 슈라이너는 그 질문에 대해 서로 아주 다른 답을 제시한다. 율법의 심오한 마법이 "죽임"(a kill)으로 충족되기를 요구하는 이는 누구인가? 슈라이너에게 그는 하나님이시다. 루이스에게 (그리고 대부분의 승리자 그리스도론 옹호자들에게) 그는 마귀다. 여기가 두 견해의 차이라는 측면에서 가장 중요한 지점이다. 그러므로 나는 이 문제와 관련해 루이스와 나의 일치점을 보다 상세하게 설명하고자 한다.

나와 루이스가 수용하는 승리자 그리스도론에서 예수의 죽음은 그 초점이 우리를 하나님의 두려운 진노로부터 구해내는 데 맞춰져 있지 않다. 오히려 그것은 우리를 마귀의 분노로부터 해방시키기 위해 하나님의 사랑을 드러내는 데 맞춰져 있다. 하나님은 우리의 발을 율법의 불길에 붙잡아두지 않으신다. 그 일은 "고발자", 그리고 만약 당신이 그렇게 부르고자 한다면 영적 영역의 "자베르 경위"(Inspector Javert)[3]인 사탄이 수행한다(계 12:10; 참고. 욥 1-2장; 슥 3:1). 확실히 승리자 그리스도론은 슈라이너가 그의 글에서 아주 분명하게 주장하듯이 하나님의 진노가 죄에 맞서 타오른다는 데 완전히 동의한다(엡 2:3). 그러나 그렇게 하지 않으면 꺼지지 않을 하나님의 진노를 누그러뜨리기 위해 "죽임"을 요구하는 행동은 하나님으로부터 나오지 않는다. 오히려 그것은 자신들의 배반을 통해 삶을 몰수당하고

3_Javert는 Victor Hugo의 걸작 『레미제라블』(*Les Misérables*)의 등장인물로 법을 상세한 부분까지 강박적으로 수행하는 경찰 수사관이다. 그는 법보다 중요한 것은 아무것도 없으며, 따라서 징벌 없는 용서는 불가능하다고 (즉 용서는 불가능하다고) 주장한다. 우리는 루이스의 사악한 마녀처럼 자베르(사탄)가 법의 심오한 마법보다 더 심오한 마법이 존재한다는 그 어떤 주장에 대해서도 적대적이라고 말할 수 있다.

스스로 그의 권위 아래로 들어온 모든 이들을 강탈하고 있는 우주적 고발자로부터 온다. 하나님이 아니라 사탄이, 법의 진노가 해소되어야만 한다고 주장하는 마녀의 그리고 자베르 경위의 성품을 갖고 있다! 하나님이 아니라 사탄이, 아무도 공짜로 용서받아서는 안 된다고 주장한다. 누군가가 혹은 다른 이가 값을 치러야 한다!

아마도 골로새서 2:13-15보다 승리자 그리스도론을 더 명확하게 표현하는 구절은 없을 것이다. 여기서 바울은 하나님이 "우리를 거스르고 불리하게 하는 법조문으로 쓴 증서를 지우시고 제하여 버리사" "우리의 모든 죄를 사하셨다"라고 말한다. 루이스의 용어를 빌려 말하자면, 그분은 "돌탁자"를 깨뜨리셨다!(참고. 마 27:51) 그런 식으로 하나님은 "통치자들과 권세들을 무력화하여 드러내어 구경거리로 삼으시고 십자가로 그들을 이기셨다"(골 2:13-15). 이 구절은 십자가가 사탄과 그의 부하들을 루이스의 이야기에서처럼 무장 해제시켰다고 분명하게 선언한다. 그러나 십자가는 하나님을 무장 해제시키지 않았다! 십자가는 우리의 고발자들에게서 그들이 우리에게 짐 지웠던 것, 즉 "법조문으로 쓴" "심오한 마법"을 제하여 버림으로써 그 일을 했다(골 2:14). 심오한 마법은 자기희생적 사랑이라는 "더 심오한" 마법에 의해 극복되었다.

내가 이해하는 한 그리스도의 대속적 죽음에 대한 루이스의 승리자 그리스도론적 이해는 슈라이너가 형벌 대속론을 옹호하며 인용했던 성서의 모든 증거와 일치한다. 그러나 그런 이해에는 적어도 두 가지 중요한 이점이 있다. 첫째, 그것은 그리스도의 대속적 죽음을 예수가 말하고 행했던 다른 모든 것과, 그리고 성서 전체와 통합시키도록 허락하는 보다 넓은 정황 속에 위치시킨다. 그렇게 함으로써 그것은 그렇게 하지 않았더라면 놓쳤을 예수의 삶의 이런 (그리고 다른 모든) 차원에 일관성을 부여한다.

둘째, 그리스도의 대속적 죽음에 대한 이런 이해는 형벌 대속론을 괴롭히는 극복하기 어려운 갖가지 어려움을 완전하게 피해갈 수 있는 이점을 지니고 있다. 예컨대, 우리는 죄와 죄책이 죄를 지은 사람으로부터 무죄한 사람(혹은 구약의 희생제사에서 무죄한 짐승)에게 문자적으로 전가된다는 주장을 어떻게 이해해야 하는가? 다른 사람이 행한 일을 위해 무죄한 사람(혹은 짐승)을 벌하는 것은 어떤 종류의 정의인가?[4] 우리는 성부가 그의 적으로부터 혹은 적을 대신해 값의 지불을 요구할 필요가 있다는 개념을 무조건 사랑하고 값없이 용서하라는 예수의 가르침(과 모범)과 어떻게 조화시켜야 하는가?

같은 맥락에서 우리는 하나님이 자신의 진노를 피 흘림 없이 진정시키지 않고서는 죄인들과 화해하실 수 없다는 개념을 자신의 진노를 진정시키지 않으신 채 사람들을 용서하시는 하나님에 대한 성서에 만연해 있는 묘사(예. 눅 15:11-32)와 어떻게 조화시켜야 하는가? 만약 하나님이 용서하시기 위해 늘 자신에게 나아올 것을 요구하신다면(즉 "죽임"을 요구하신다면), 과연 하나님은 실제로 용서를 하시는 걸까? 그리고 하나님이 자신의 진노를 누그러뜨리기 위해 죽임을 요구하신다는 견해는 역사상 원시 종교들에서 발견되는 신의 위무(慰撫)에 대한 이방적 혹은 마술적 이해와 어떻게 다른가?

형벌 대속론을 괴롭히는 몇 가지 중요한 문제가 있다. 솔직히 나는 톰 슈라이너의 글에서 그런 문제들을 누그러뜨리는, 혹은 심지어 진지하게 다루기라도 하는 어떤 것도 발견하지 못했다. 그러나 만약 우리가 사랑이 율법보다 "더 심오한 마법"이라는, 그리고 그러하기에 "죽임"을 요구하는

4_ 지면이 허락한다면, 나는 Schriener가 속죄에 관한 형벌 대속론적 입장을 옹호하는 과정에서 아주 깊이 의지하고 있는 구약성서의 희생제사에 대한 비폭력적 해석에 대해 상술할 것이다. 구약성서의 희생제사에 대한 간결하고 통찰력 있는 비형벌적 견해를 위해서는, John Goldingay, "Old Testament Sacrifices and the Death of Christ," in *Atonement Today*, 3d. John Goldingay (London, SPCK, 1995), 3-20을 보라.

것은 하나님이 아니라 마귀라는 루이스의 견해를 받아들인다면, 이런 문제들 중 어떤 것도 제기되지 않을 것이다. 하나님은 죽임을 통해서가 아니라 율법보다 더 깊은 사랑을 표현하기 위해 죽임을 당하도록 자신을 내어주시는 일을 통해 "만족하신다." 그러므로 하나님의 "만족"은 악을 전복시키는 일에서, 그분의 자녀들을 악의 압제로부터 해방시켜 나니아에서 자신과 함께 다스리도록—피터, 루시, 수잔, (물론) 심지어 에드먼드까지 그러했던 것처럼—그들을 왕좌에 앉히시는 일에서 발견되는데, 그것이야말로 그분이 처음부터 인간을 위해 갖고 계셨던 계획이었다(창 1:26-28; 딤후 2:12; 히 2:6-9; 계 5:10; 22:5).

논평

치유론

브루스 R. 라이헨바흐

속죄를 해석하는 하나의 방식으로서의 형벌 대속론이라는 톰 슈라이너의 설명은 그럴 듯하다. 오늘날 형벌 대속론을 비판하는 것이 관행이 되어버렸지만,[1] 슈라이너는 그 이론을 지지하기 위해 성서의 풍부한 증거들을 열거한다. 그가 제시하는 개별적인 구절들이 논쟁의 여지가 없는 것은 아니지만(성서 구절에 대한 해석 중 학자들에 의해 논박되지 않는 것이 있는가?), 전체적으로 볼 때 그는 그런 모델이 성서적 근거를 갖고 있음을 보인다.

그렇기는 하나 여기서 나는 슈라이너가 종종 형벌 대속론을 위한 공식의 핵심을 이룬다고 주장하는 것 중 하나에 대해 살펴보려 한다. 그는 이렇게 쓴다. "만약 하나님이 우리를 용서하시고 그분의 공의와 거룩하심을 손상시키신다면, 그분은 하나님으로서 자신의 존재를 부인하는 셈이 될 것이다." 이 진술에 대해 상세하게 응답하기에 앞서 내가 무엇을 주장하려는지, 그리고 무엇을 주장하려 하지 않는지를 지적해두는 것이 좋을 것 같다. 나는 형벌 대속론이 중요한 성서의 모티프가 아니라고 주장하지 않

1_ 특히 Joel B. Green, Mark D. Baker, *Recovering the Scandal of the Cross* (Downers Grove, Ill.: InterVarsity Press, 2000)를 보라.

을 것이다. 내가 이 주장과 관련해 비판하려는 것은, 그것이 하나님이 우리를 자신과 화해시키기 위해 **필연적으로** 취하실 수밖에 없었던 길이라는 점이다. 첫 번째 주장은 성서에서 발견되는 해석들에 관한 사실에 입각한 주장(factual claim)인 반면, 두 번째는 발생하고 있는 특별한 사건의 필연성을 설명하는 법적 주장(modal claim)이다. 그리고 이것은 옹호하기가 아주 어렵다. 필연성에 관한 법적 주장을 비판하는 것이 곧 사실에 입각한 주장의 그릇됨을 증명하는 것은 아니다. 형벌 대속론은 속죄를 적절하게 이해하는 한 가지 방법이 될 수 있다. 그러나 슈라이너의 주장과 달리 속죄가 꼭 그런 식으로 일어났어야 할 필요는 없다.

하나님이 어떤 이—이 경우에는 우리의 대리인이신 그리스도—의 죽음을 요구하지 않으면서 그냥 우리의 죄를 용서해주기로 결정하셨다고 가정해보라. 우리는 죽음 없이 용서받을 것이다. 그리스도는 자발적으로 우리의 벌을 담당할 필요도 없고 죽어야 할 필요도 없을 것이다. 물론 하나님이 심판이 적절하다고 판단하시고 그로 인해 그리스도가 우리를 위해 죽는 것이 여전히 사실일 수도 있다. 하나님은 죄의 삯이 사망이라고 여전히 옳게 판단하실 수 있다(롬 6:23). 그러나 용서가 지배하는 곳에서는 구원을 위해 죽음의 벌이 꼭 필요하지는 않다. 왜냐하면 용서는 그것이 제공된 곳에서 벌을 대체할 수 있기 때문이다.

톰 슈라이너는 공의와 거룩이 하나님이 죄를 단순하게 용서하시는 것을 배제한다고 주장한다. 그러나 신약성서는 다른 이야기를 제시한다. 신약성서에서는 세 개의 서로 다른 조건이, 즉 믿음, 회개, 다른 이들에 대한 용서가 하나님의 용서와 연결되어 있다. 믿음에 대해 말하자면 예수는 중풍병자와 그를 자신에게 데려온 이들의 믿음(마 9:2-6)과 자신의 발에 기름을 부은 여인의 믿음(눅 7:44-50)을 그들의 죄에 대한 용서의 조건으로 여기신다. 그러나 이 두 경우에 본문은 믿음을 용서를 위한 필요조건이 아니라 단지 충분조건으로 다룬다. "네 죄 사함을 받았느니라.…네 믿음이 너를 구원하였다." 회개 역시 용서를 위한 조건으로 다뤄진다(막 4:12; 눅 17:3-4; 행 8:22; 약 5:13-16). 바울은 "하나님의 뜻대로 하는 근심은 후회할 것이 없는 구원에 이르게 하는 회개를 이룬다"고 쓴다(고후 7:10; 또한 시 51편을 보라). 그러나 다시 말하지만, 신앙고백과 거룩한 근심은 죄 용서를 위한 필요조건이 아니라 단지 충분조건으로 다뤄질 뿐이다. 요한1서 1:9에서 서신의 저자는 이렇게 쓴다. "만일 우리가 우리 죄를 자백하면 그는 미쁘시고 의로우사 우리 죄를 사하실 것이다." 그는 "오직 우리가 우리의 죄를 자백할 때만, 그가 우리의 죄를 사하실 것이다"라고 선언하지 않는다.

이것은 신앙고백의 중요성을 감소시키지 않는다. 신앙고백은 죄 지은 자의 태도와 삶의 방식의 변화를 초래하는 데 필요하다. 신앙고백은 사람들이 자신의 죄를 자기가 책임져야 할 행위로 이해하도록 돕는다. 또한 그것은 그런 죄들을 그로 인해 고통을 당한 자들과의 소통의 관계 속으로 밀어넣음으로써 그 죄를 지은 이들이 공동체 속으로 돌아가도록 돕는다. 그러므로 만약 용서의 목적이 죄인들을 교제라는 관계로 회복시키는 것이라면, 거기에는 회개가 필요하다. 회개하지 않는 죄인은 아마도 용서를 거부할 것이다. 왜냐하면 목적론적으로 보자면, 회개는 죄를 지은 자가 그 죄로 인해 고통을 당했음에도 용서를 베푸는 자와의 공동체 속으로 들어갈 것을 요구하기 때문이다. 그러므로 목적론적 관점에서 보자면, 용서가 보다 큰 목적으로 이어지는 곳에서 회개는 필요조건이다. 그러나 회개가 사람을 공동체의 교제 안으로 회복시키는 데 필요하다는 것이 곧 그것을 용서를 위해 필요한 것으로 만들지는 않는다.

신약성서에서 발견되는 세 번째 조건은 다른 이들에 대한 우리의 용서다. 예수는 만약 우리가 다른 이들을 용서한다면, 하나님께서 우리를 용서하실 것이라고 말한다. 그러나 만약 우리가 다른 이들을 용서하지 않는다면, 하나님도 우리를 용서하지 않으실 것이다(마 6:14-15). 이는 어떤 종이 주인에게 자비를 구해 빚을 탕감받은 후 밖으로 나가서 자기에게 빚을 진 자가 자기처럼 자비를 간구함에도 불구하고 그 빚을 갚도록 무자비하게 독촉하는 이야기를 전하는 예수의 비유를 통해 잘 예시된다(마 18:23-35). 종의 그런 태도를 본 주인은 마음을 바꿔 종에게 본래대로 빚을 갚도록 할 뿐 아니라 심한 벌을 내린다. 이 비유에서 다른 이들에 대한 우리의 용서는 우리가 하나님의 용서를 받기 위한 필요조건이자 충분조건으로 제시된다.

요약하자면 우리가 다른 이들을 용서해야 한다는 요구 외에는, 하나님이 우리의 죄를 용서하시는 데 요구되는 다른 필요조건은 존재하지 않는다. 예수는 우리가 다른 이들을 몇 번이나 용서해야 하는지에 관해 논하면서 다른 이들에 대한 우리의 용서에 한계가 있어서는 안 된다는 것 외에는 다른 필요한 조건들에 대해 아무런 말씀도 하지 않으신다(마 18:21-22). 예수는 자신을 처형한 자들이 분명하게 회개하지 않은 채 자기가 매달린 십자가 밑에서 자신의 옷을 나누기 위한 제비뽑기를 하고 있는데도 그들을 용서하신다(눅 23:34).

이상에서 살펴본 어느 경우에도 용서를 위한 필요조건으로 벌이 언급되지 않는 것에 주목하라. 사실 벌과 용서를 연결시키는 신약성서 구절에서(고후 2:6-10) 용서는 벌 뒤에 나오지만 벌을 조건으로 이루어지지 않는다. 그러므로 하나님이 우리를 대신해 벌을 받도록 자신의 아들을 내어주셨다는 것은 논리적 필연성도 아니고 하나님의 본성에서 흘러나오는 도덕적 필요성도 아니다. 오히려 하나님이 죄에 대해 벌을 요구하신 것은 하나님의 의지에 따른 결정이다. 그분은 죄에 대한 벌로서 죽음—그것은 하나님이 에덴동산에서 저질러진 죄에 대해 부과하셨던 형벌이다—을 요구하는 방법을 택하시고 자신의 아들을 그 벌에 대한 대속물로 제공하신다.

안셀무스는 우리의 주장에 맞서 세 가지 주장을 한다. 첫째, 그는 보상이나 징벌 없이 용서하는 것은 "옳지 않다"고 주장한다.[2] 또한 그것이 옳지 않은 것은 우리는 보상이나 징벌 없이 죄를 취소해서는 안 되기 때문이다. 이 주장은 유감스럽게도 논점을 교묘하게 피하고 있으며, 따라서 이유를 제시하는 데 실패한다. 두 번째 주장은 보다 흥미롭다. 안셀무스는 벌주는 일에서의 실패는 곧 죄를 지은 사람과 죄를 짓지 않은 사람을 구별하지 않는 것으로 이어진다고 주장한다. 그들 모두는 벌을 받지 않는다는 동일한 상황 안에 있다. 그러나 사정은 그렇지 않다. 죄를 지은 사람은 비록 벌을 받지는 않았으나 자기가 그 일을 행한 데 대한 죄책을 지는 행위를 한 반면, 죄를 짓지 않은 사람은 그렇지 않다. 죄를 지은 사람에게는 벌이 **적절하게** 부과될 수도 있으나, 무죄한 자에게는 그렇지 않다. 전자는 벌을 받아야 마땅하나, 후자는 그렇지 않다. 더 나아가 그 행위를 하는 것 자체가 그 행위자의 성품에 어떤 영향을 미친다. 벌 없이 오직 용서만 이루어지는 경우를 다룰 때조차 죄를 짓거나 짓지 않는 것은 영원히 지속되는 결과를 갖는다. 용서를 하는 경우에 죄를 지은 사람은 추궁당하지 않을 수 있을지 모르나, 죄는 그 사람의 성품을 더럽힌다. 죄의 결과는 죄인 안에 남아 있다. 안셀무스의 세 번째 주장은 벌이 없다면 우리는 법을 가치 없고 공허하게 만들었으리라는 것이다. 그러나 용서는 법을 부정하지 않는다. 오히려 용서는 법—신적인 것이든, 시민법이든, 도덕법이든 간에—이 효력을 발휘하는 곳에서만 가능하다. 그렇지 않다면 용서해야 할 위반 자체가 존재하지 않을 것이다. 용서는 법을 배제하지 않고 전제한다. 결국 안셀무스의 주장 중 어떤 것도 벌이 없다면 용서 자체가 부적절하며 거룩하시고 공의로우신 하나님의 본성을 해친다는 논지를 옹호하는 데 실패한다.

2_ Anselm, *Cur Deus Homo* 12.

만약 공의가 하나님의 유일한 혹은 주된 성품이라면, 우리는 죄에 대한 징벌이 필요하다는 주장을 위한 근거를 갖게 될 것이다. 그러나 성서는 하나님을 공의로우신 동시에 자비로우신 분으로, 자신의 거룩성을 지키시는 분인 동시에 자신의 거룩성을 훼손할 수 있는 자들조차 사랑하시는 분으로 묘사한다. 그리고 바로 이런 긴장으로부터 용서가 일어난다. 공의는 벌을 요구한다. 그러나 벌은 자비 때문에 행사되지 않을 수도 있다. 이스라엘이 계속해서 죄를 짓고 있다는 사실에도 불구하고, 하나님은 그들에게 "[나는] 네 허물을 도말하는 자니 네 죄를 기억하지 아니하리라"고 말씀하신다(사 43:25; 렘 31:34을 보라). 그리고 아주 흥미롭게도 하나님은 이런 행위를 그분 자신을 위하여("나를 위하여", 사 43:25) 행하신다.

다른 한편, 용서에 대한 우리의 고찰은 형벌 대속적 속죄론을 가볍게 다루지 않는다. 우리가 잘못을 저지른 자를 용서하는 것은 그 죄를 지은 자를 벌에서 자동적으로 면제해주지 않는다. 공의에 관한 고려가 여전히 요구될 수 있다. 고린도후서 2장이 보여주듯이, 벌은 용서와 모순되지 않는다. 우리는 다른 이를 용서하면서도 여전히 공의의 이름으로 벌을 요구할 수 있다. 다만 자비에 의해 누그러뜨려진 공의가 벌을 요구하지 않을 뿐이다.

형벌 대속론이 강조하는 것은 공의다. 심판을 받을 때 죄는 벌을 받아야 마땅하다(사 40:2). 공의가 감안하는 것은 은혜다. 은혜 안에서 하나님 자신이 속죄의 행위를 수행하신다. 하나님은 그리스도를 기꺼이 자신을 바치는 화목제물로서 제공하신다(롬 3:25). 그러나 형벌 대속적 관점이 놓치고 있는 것은 하나님의 은혜가 다른 방식으로도 드러날 수 있다는 것이다. 하나님의 자비는 너무나 크기에 그분의 용서만으로도 충분할 수 있다. 하나님은 필연성 때문이 아니라 자기 자신의 이유 때문에 속죄를 위한 특별한 방법을 선택하신다. 그분이 택하신 방법은 하나님에 관한 다양한 은유들과 조화를 이룬다. 그것은 하나님이 인간을 다루시는 이야기 전체와 잘 조화를 이룬다. 그러나 형벌 대속은 완전한 이야기이거나 필요한 이야기가 아니다. 그것은 하나님이 택하신 이야기를 이해하는 한 가지 방법일 뿐이다.

논평

만화경론

조엘 B. 그린

톰 슈라이너는 속죄에 관한 형벌 대속 모델을 견고하게 옹호했다. 그렇게 하면서 그는 두 가지 중요한 그리고 서로 연결되어 있는 주장을 했다. 하나는 이 모델이 성서적이라는 것이고, 다른 하나는 이 모델이 속죄에 대한 다른 모든 이해의 토대라는 것이다.

이런 주장들에 대한 몇 가지 보다 특별한 우려에 대해 설명하기에 앞서 나는 두 가지 의견을 미리 말해두고자 한다. 첫째로, 슈라이너는 복음주의적 신앙을 위해 형벌 대속론의 중심성을 주장한다. 더 정확하게 말해 속죄가 복음주의적 신앙의 핵심이며, 형벌 대속 모델이 한 갈래의 복음주의의 핵심을 이룬다고 주장한다. 물론 슈라이너는 복음주의적이라고 주장하기는 하나 형벌 대속적 속죄와 관련해서 그와 같은 주장을 하지 않는 교회 전통에 대해 "복음주의적"이라는 라벨을 붙이기를 거부할지도 모른다. 예컨대, 나는 아나뱁티스트들(Anabaptists, 그들은 승리자 그리스도 모델에 더 가깝다)이나 감리교인들(Wesleyans, 그들은 그들의 운동의 창시자로부터 절충적인 속죄신학을 물려받았다)이나 아프리카계 미국인 복음주의자들(African American evangelicals, 적어도 그들 중 일부는 슈라이너가 지지하는 것과 같은 이론이 그리스도인들에게 공의에 기초한 화해의 행위를 요구하는 문제와 관련해 머뭇거려

왔던 것을 우려한다)을 떠올리고 있는 중이다.[1] 더 나아가 오늘날 많은 복음주의 단체들은 그들의 신앙 신조에서 "형벌"이라는 수식어를 붙이지 않은 채 "대속"을 긍정한다. 많은 복음주의자들이 속죄에 관한 이 특별한 모델을 긍정하라는 요구에 대해 "복음주의적"이라는 용어를 사용할 준비가 되어 있지 않다.

둘째로, 그리고 보다 일반적으로 나는 교회의 고전적 신조들이 속죄의 역학에 관해 침묵하고 있다는 사실에 주목한다. 그것과 비슷하게 "신앙의 규칙"(rule of faith) — 그것은 니케아 시기 이전에 다양하게 나타났다 — 역시 우리가 그리스도의 십자가의 구원론적 결과를 어떻게 해야 가장 잘 해석할 수 있을지에 대한 논의를 발전시키지 않은 채로 혹은 적어도 덜 발전된 상태로 남겨두고 있다. 이로부터 나는 우리가 속죄에 관한 특정한 이론을 수용하지 않고서도 고전적으로 정의되는 기독교 정통의 땅을 물려받을 수 있다는 분명한 결론을 이끌어낸다. 더 나아가 나는 비록 십자가와 상관없는 기독교는 있을 수 없다고 확신하지만,[2] 그리스도의 십자가가 전하는 구원의 메시지를 표현하는 최선의 방법(들)에 관한 논쟁은 기독교 내부의 대화를 이루는 것이지, 기독교 신자를 불신자들과 혹은 심지어 복음주의자들을 비복음주의자들과 구분하는 역할을 하는 대화를 이루는 것이 아

1_ 감리교인이자 복음주의자인 Harold Greenlee는 유용한 실례를 제공한다. "개혁신학(칼뱅주의)은 그리스도가 실제로 죗값을 치렀다고 말한다.…아르미니우스주의는 그리스도의 죽음이 죗값에 대한 대안을 제공했다고 말한다. 이것은 심원한 차이다. 만약 그리스도가 실제로 죗값을 치렀다면, 그로 인해 하나님은 두 번째 값을 요구하실 수 없다. 그러므로 모든 사람이 구원을 받거나, 아니면 (칼뱅주의자들이 주장하듯이) 속죄가 제한적이거나 둘 중 하나다. 이로부터 필연적으로 나오는 결과는 저항할 수 없는 은혜와 선택받은 신자의 영원한 안전이다.…하지만 그리스도의 속죄는 죗값을 지불하는 것에 대한 대안을 제공했다. 그러므로 그것은 소수의 사람들이 그것을 받아들이는 만큼, 또는 많은 사람이 그것을 받아들이는 만큼 열려 있다"(Letter to the editor, *Good News* 38, no. 3 [November-December 2004]: 4).

2_Joel B. Green, "No Cross, No Christianity?" *Circuit Rider* 29, no. 1 (2004): 4-6.

니라고 주장하고자 한다.

이제 나는 좀 더 나아가 형벌 대속론에 대해 일련의 질문을 제기하는 방식으로 슈라이너의 글을 보다 상세하게 다뤄보려 한다.

신학적 방법의 측면에서 형벌 대속적 속죄 모델에 대한 톰 슈라이너의 설명은 얼마나 적합한가? 나는 두 가지 우려를 안고 있다. 첫째, 나는 슈라이너가 교회사 속에서 이 이론이 발전된 과정에 대해 아무것도 말하지 않는 것이 놀랍다. 비록 이 견해를 지지하는 이들이 대개 안셀무스를 가리키기는 할지라도, 안셀무스는 형벌적 관점을 분명하게 밝히지 않았고, 현명하게도 슈라이너는 자신의 마차를 안셀무스의 말에 묶으려 하지 않았다. 그럼에도 이 견해가 다른 모든 견해보다 근본적이라는 슈라이너의 주장을 고려할 때, 만약 우리가 신학 전통 안에 존재하는 그것에 대한 강력하고도 설득력 있는 설명에 대해 말할 수 없다면—실제로 만약 기독교 신앙에 대한 핵심이 2세기로부터 현재까지 추적될 수 없다면—그것은 놀라운 일이 될 것이다.

둘째, 슈라이너는 성서가 분명하게 증언한다고 여기는 하나님과 인간의 관계에 관한 이야기를 개략한다. 하지만 그와 같은 설명은 다른 이들은 그 이야기를 다르게 설명하면서도 그것이 동등하게 성서적이라고 강력하게 주장할 수도 있다는 사실을 변수에 넣지 않고 있다. 사실 정경 이야기에 대한 슈라이너의 읽기는 그 자체가 하나의 신학적 전통, 즉 개혁주의 전통에 의해 형성되었다. 그 전통은 비록 옹호할 만하기는 하나, 그 자체가 다른 기독교 전통들로부터 비판을 받고 있다.[3] 대체로 속죄 신학에

3_ 흥미롭게도 개혁주의 전통 안에서 신학 작업을 하는 Craig G. Bartholomew와 Michael W. Goheen은 그들의 책 *The Drama of Scripture* (Grand Rapids: Baker Academic, 2004, 164-65; 『성경은 드라마다』, IVP 역간, 2009)에서 속죄에 관한 설명을 할 때 승리, 희생제사, 그리고 대표성 같은 속죄의 "이미지들"을 찾기 위해 아나뱁티스트 신학자인 John Driver (*Understanding the Atonement for the Mission of the Church* [Scottdale, Penn.: Herald, 1986])에게로 향한다. 더 나아가 가령 Herman-

관한 논의는 우리가 성서학 작업을 이끄는 신학적 전제에 대해 보다 분명한 입장을 보일 때 도움을 얻는다.

슈라이너가 가정하는 **신학적 이야기**에 대해 나는 세 가지 의문을 품고 있다. 먼저 형벌 대속론과 연관된 수수께끼 하나를 살펴보자. 그 이론은 죄인이라는 우리의 상태 때문에 우리가 받아야 할 벌이 죽음이라고, 또한 그 벌이 하나님의 진노에 대한 표현이라고 여긴다. 그러나 진노가 그런 식으로 누그러진다는 것은 어떤 논리로 가능한가? 다시 말해, 설령 우리가 신적 "형벌"과 관련한 이 두 가지 주장을 인정한다고 할지라도, 도대체 어떤 근거에서 예수의 죽음이 하나님이 우리에 대해 품고 계신 진노를 누그러뜨린다는 것인가? 죄책의 전가는 공의에 대한 요구를 만족시키는가? 이런 진노를 야웨 때문이라고 여기는 일에서 작용하는 신인 동감 동정설(anthropopathy, 인간 이외의 대상이 인간과 같은 감정을 가진다는 해석 — 역자 주)을 감안할 때, 우리는 진노를 무죄한 쪽으로 다시 향하게 하는 것이 죄를 지은 당사자를 선한 은혜 쪽으로 돌아서게 하지 않는다는 (혹은 적어도 요구하지 않는다는) 현실에서 그렇게 쉽게 벗어날 수 있는가? 만약 이 논리가 하나님의 경륜을 설명해준다면, 우리는 용서가 진노의 누그러짐과 무관하게 확대되는 성서의 이야기를 어떻게 이해해야 하는가?(예. 막 2:1-11)

아무튼 우리가 속죄에 꼭 필요한 것이 인간의 죄에 대한 하나님의 진노를 다루는 것이라는 슈라이너의 주장을 따라야 한다는 것은 자명하지 않다. 마크 베이커와 내가 함께 쓴 책『십자가와 구원의 문화적 이해』(*Recovering the Scandal of the Cross*)에서 전개한 진노에 관한 논의를 그가 비판

Emiel Mertens, *Not the Cross, But the Crucified*, Louvain Theological and Pastoral Monographs 11 (Louvain: Peeters, 1992); C. Norman Kraus, *Jesus Christ Our Lord*, rev. ed. (Scottdale, Penn.: Herald, 2000)을 보라.

했기에 나는 여기서 그 문제에 초점을 맞추려 한다.[4] 그동안 마크 베이커와 나는 슈라이너의 설명에서처럼 (들리는 바에 의하면) 우리의 견해가 하나님의 진노를 비인격적이고 수동적으로 만들기 때문이든, 아니면 보다 전형적으로 (역시 들리는 바에 의하면) 우리의 견해가 하나님의 진노를 최후의 심판과 상관없이 현재하는 것으로 다루기 때문이든, 하나님의 진노의 한 측면에만 집착한다는 비난을 받아왔다. 그러나 나는 문제가 실제로는 다른 곳에, 즉 우리의 설명의 범위가 좁았던 데 있다고 여긴다. 그 책에서 우리는 하나님의 진노에 관한 신학을 발전시키려 하지 않고 오히려 하나님의 진노를 로마서 1장에서 제시된 방식으로 설명하려 했다. 우리는 바울이 그 장에서 그 개념을 발전시켜나갔을 때 하나님의 "진노"는 "모든 경건하지 않음과 불의에" 대한 그분의 심판의 활동적인 임재라는 형태로 나타났다고 주장했다(18절). 하나님의 진노는 보복적인 분개나 신적 복수심을 담은 분노가 아니라 인간의 불성실함에 대한 그분의 반응이다. 로마서 1장에서 진노는 미래의 위협으로 예견되는 것이 아니라 이미 존재한다. 하나님이 사람들을 그들이 택한 죄의 결과를 경험하도록 죄에 넘기고 계시기 때문이다(18, 24, 26, 28절). 사정이 그러하다는 것이 우리의 인식을 통해 너무나 분명하게 드러나기에, 로마서 1:18-32에서 바울은 인간의 상황을 설명하면서 「솔로몬의 지혜서」 13:1-15:6에서 제공되는 서술을 사용한다.[5]

이것은 바울에게 하나님의 진노가 로마서 2:5-10이 이미 설명하듯이,

4_Joel B. Green and Mark D. Baker, *Recovering the Scandal of Cross* (Downers Grove, Ill.: InterVarsity Press, 2000). 『십자가와 구원의 문화적 이해』(죠이선교회 역간, 2014).

5_바울이 이 유대인 문서를 사용하는 것과 관련해서는 Francis Watson, *Paul and the Hermeneutics of Faith* (London: T&T Clark, 2004), 405-8을 보라.

단지 임박해 있거나 현재에 국한되어 있다는 말이 아니다.[6] 우리는 진노를 우리가 그것을 지키면 하나님을 진노에서 벗어나시게 할 수 있는 일련의 비인격적인 "우주의 게임 법칙"과 동일시하지 않는다. 참으로 우리는 로마서 1장에 대한 우리의 좁은 논의에서 진노가 지금 세상에서 하나님의 행위로 작동하고 있음을 인정한 바 있다. 인간 편에서 경건하지 않음과 불의는 하나님을 하나님으로 여겨 영광을 돌리고 그분에게 감사드리기를 거부하는 일반적인 성향과 동일시된다. 죄—우리 자신을 포함해 피조된 것들이 창조주인 것처럼 행동하려는 성향—그리고 욕망, 험담, 질투, 속임, 동성애, 부모에 대한 반역, 기타 죄의 표현은 **그 자체로 이미 하나님의 진노의 표현이다**. 그것들은 죄를 진지하게 다루시는 하나님의 도덕적 완전성을 입증한다.

바울이 여기서 옹호하는 것이 바로 이것, 즉 하나님의 도덕적 성품이다. 그리고 그는 인간이 결과적으로 하나님과의 관계 속에서 살아가라는 자신들의 소명을 부인하면서 하나님에 대한 경배를 거부하는 것으로부터 하나님이 그들을 그들 자신의 욕망에 넘겨주시는—말하자면 인간에게 그들이 하나님과 무관하게 추구했던 삶을 제공하는—상황으로, 그리고 다시 이런 상황에서 인간이 악을 행하는 상황으로 나아가는 것을 보임으로써 그렇게 한다. 이런 경륜 속에서 악한 행위는 하나님의 진노를 불러일으키는 것이 아니라 그 자체가 이미 하나님의 진노의 적극적인 임재의 결과다. 「솔로몬의 지혜서」의 용어를 빌려와 말하자면 하나님은 불의하게 사는 자들에게 그들 자신의 끔찍한 것들을 허락하심으로써 그들을 "괴롭

6_ 그렇다면 바울은 어떤 의미로 "다가오는 진노"에 대해 말하고 있을까? 그것은 인간이 다가오는 진노로부터 구조된다는 것을 의미하는가?(살전 1:9-10) 이것은 절정에 이른 그리고 종말에 있을 심판의 모습인데, 그때 살아 계신 하나님보다 우상숭배하기를 좋아하는 자들은 하나님으로부터 그들 자신의 잘못된 소망과 헌신의 결과를 받을 것이다.

게 하신다"(지혜서 12:23). 바울의 용어로 말하자면 하나님의 진노는 하나님이 인간을 그들 자신의 욕망, 저열한 열정, 타락한 정신에 내어주심을 통해 나타난다(롬 1:18, 24, 26, 28). 우리의 악한 행위는 하나님의 진노를 초래하지 않고, 하나님의 진노가 이미 시행되고 있음을 입증해준다. 그러므로 불의하고 경건하지 않은 자들에 대한 하나님의 처분의 변화가 아니라 그 방정식의 인간 편에서 일어나는 변화가 필요하다.

요약하자면 우리는 속죄를 슈라이너와는 아주 다른 방식으로 강조한다. 우리는 고린도후서 5:19에 실려 있는 바울의 진술—"하나님께서 그리스도 안에 계시사 세상을 자기와 화목하게 하시며"—을 따르면서 하나님과 화해할 필요가 있었던 것은 세상이지 그 반대가 아니라고 주장한다. 하나님이 아니라 인류에게 변화가 필요하다. 이것은 하나님의 진노를 진정시키는 것으로서의 속죄에 대한 강조와 잘 맞물리지 않는 성서 읽기다.

둘째, 비록 그가 이런 비판에 맞서 자신을 옹호하려 하기는 하나 슈라이너는 형벌 대속적 속죄에 맞서 제기된 중요한 문제 중 하나, 즉 그것이 하나님의 내적 삼위일체의 삶의 붕괴를 전제한다는 문제를 다루지 않는다. 특히 페리코레시스(perichoresis, 즉 성부는 아무것도 유보하지 않으면서 성자와 성령에게 자신을 내어주시고, 성자는 아무것도 유보하지 않으면서 성부와 성령에게 자신을 내어주시고, 성령 역시 아무것도 유보하지 않으면서 성부와 성자에게 자신을 주신다)라는 개념을 고려한다면, 어떻게 우리가 성자가 하나님의 진노를 누그러뜨리기 위해 십자가에서 죽어야 한다고 주장할 수 있는가?[7]

셋째, 슈라이너의 설명에도 불구하고 나는 형벌 대속적 속죄가 어떻게

7_ 속죄 이론을 더 큰 신학적 체계 안에 보다 온전하게 편입시키려는 최근의 시도와 관련해서는 Kathryn Tanner, "Incarnation, Cross, and Sacrifice: A Feminist-Inspired Reappraisal," *Anglican Theological Review* 86 (2004): 35-36; Leanne Van Dyk, "The Three Offices of Christ: The *Munus Triplex* as Expansive Resources in Atonement," *Catalyst* 25, no. 2 (1999): 6-8; Robert Sherman, *King, Priest and Prophet* (London: T&T Clark, 2004)를 보라.

변화된 삶을 낳는지 확신하지 못한다. 개인에게, 법적 판단에, 칭의의 순간에 초점을 맞추는 이 모델이 어떻게 변화로서의 구원에 대한 강조를 해치지 않을 수 있으며, 또한 구원의 사회적이고 우주론적인 차원을 모호하게 만들지 않을 수 있는가? 만약 하나님의 목적이 만물의 회복에서 실현된다면, 형벌 대속론은 이 목적에 어떤 도움을 주는가? 형벌 대속적 속죄 모델은 어떻게 그 안에 인종주의에 대한 신학적 해결책을 지니는가? 무엇이 하나님의 창조세계를 돌보는 일에 개입하기 위한 구원론적 동기가 되는가? 골로새서 1:15-20이나 에베소서 2장 같은 본문을 배경으로 삼아 살핀다면 이런 것들은 주변적인 질문이 결코 아니다.

슈라이너는 형벌 대속이라는 모델 자체는 개인적이든 사회적이든 거룩한 삶의 문제를 다룰 필요가 없다고, 또한 그리스도의 구원 사역의 객관적 측면을 강조하는 형벌 대속적 속죄는 그것의 주관적 측면을 강조하는 속죄에 관한 다른 모델에 의해 보완될 필요가 있다고 답할지도 모르겠다. 하지만 그런 대응은 한 가지 의문과 한 가지 우려를 제기한다. 먼저 의문이다. 슈라이너가 하듯이 형벌 대속론이 복음주의 신앙의 핵심이자 정수라고 주장하는 것은 어느 의미에서 적절한가? 복음주의적인 것이든 아니든, 본질적으로 우주를 다루지 않고 인간의 완전한 변화를 촉진하지 않는 믿음은 어떤 식으로도 핵심이나 정수가 되지 못한다. 다음으로 우려다. 형벌 대속론이 그저 몇 가지 다른 이론—그것들 모두는 신학적 균형을 위해 중요하고 필요하다—중 하나로 간주될 수도 있다는 주장에도 불구하고, 형벌 대속적 속죄가 서구 교회 안에서 십자가의 구속 사역을 이해하는 **유일한** 방법으로 간주되어왔다는 주장이 남아 있다. 내 경험에 따르면 형벌 대속에 맞서 제기되는 질문들은 예외 없이 다음과 같은 반응을 불러온다. "그래서 당신은 속죄를 믿지 않는다는 거야?" 물론 나는 슈라이너가 이런 잘못을 저지르고 있다고 비난하려는 게 아니다. 오히려 나는 신학 교과서들 안에 보다 큰 균형이 존재해야 할 필요에 대한 호소가 주일학교 교사, 기독교 캠프 지도자, 설교자, 전도자들에 의해 대중적 차원에서, 그리고 설교, 찬양, 캠프파이어, 소그룹 성경공부에서 이해되고 표현되는 것의 현실을 극복하지 못하고 있다고 말하려는 것이다.[8]

정말로 형벌 대속적 속죄가 다른 모든 속죄 모델의 핵심, 정수, 닻, 토대인가? 톰 슈라이너는 승리자 그리스도론과 관련해 "토대"(foundation)라는 은유를 내려놓고 "밧줄"(tether)이라는 이미지를 택했을 때 자신이 살얼음판 위에 섰음을 알아차린 것처럼 보인다. 분명히 이 두 모델은 하나가 다른 하나 위에 서 있기보다는 손목이 묶인 상태로 서로 나란히 서 있다. 사정이 그러한 것은 형벌 대속 모델과 승리자 그리스도 모델은 그 둘이 다른 무엇을 하든 간에, 각각 십자가의 객관적 사역을 다루지만 그것을 서로 다른 방식으로 다루기 때문이다. 형벌 대속은 하나님의 진노를 누그러뜨림으로써 인간을 구원한다. 그러나 승리자 그리스도는 악을 정복함으로써 인간을 구원한다. 문제를 달리 진단했기에 그들은 해결책에 서로 다른 이름을 붙인다.[9]

다른 모델들은 형벌 대속 모델을 토대로 갖고 있는 상부 구조에 잘 들어맞지 않는다. 예컨대, 속죄에 관한 계시 모델(revelatory model)은 그런 토대를 필요로 하지 않는다. 그러나 슈라이너가 굉장한 에너지를 쏟고 있는 희생제사 모델 역시 그러하다. 여기서 나는 내 글에서 했던 희생제사에 관

8_ 속죄 신학이 현대의 문화상품들에서 반영되어 나타나는 방식을 비판적으로 고찰하려는 시도의 시작에 관해서는, Howard Worsley, "Popularized Atonement Theory Reflected in Children's Literature," *Expository Times* 115, no. 5 (2004): 149-56을 보라.

9_ 나는 Schreiner가 102쪽에서 "우리 자신이 철저하게 악하다"고 쓰고 121쪽에서는 "[하나님이]…악한 것을 미워하신다"라고 쓸 때 그의 글이 의도하지 않은 잘못을 드러낸다고 여긴다. 왜냐하면 이로 인한 결과는 하나님이 우리를 미워하신다는 주장이 될 것이기 때문이다! 만약 이것이 옳다면, 그런 속죄 과정에서 하나님이 인류에게 전쟁을 선포하신다는 말이 이치에 맞을 것이다.

한 말을 반복하지 않으면서 간단하게 다음과 같이 주장하고자 한다. (1) 성서에 제시된 희생제사 드라마의 목적은 하나님의 진노를 누그러뜨리는 데 있지 않다.[10] (2) 희생제사의 드라마는 대표(혹은 대리)라는 개념을 제시한다. 하지만 (3) 이것은 경륜에 대한 은유이지 형벌에 대한 것이 아니다.

우리는 톰 슈라이너가 "위하여"라는 말이 아주 광범위한 의미를 드러낼 수 있음에도, 혹은 마가복음 10:45("자기 목숨을 많은 사람의[for many] 대속물로 주려 함이라")을 "구원을 위한 값"이 아니라 "대속"을 가리킨다고 읽는 데 따르는 어려움이 있음에도, 전치사 "위하여"(ὑπέρ)가 예수가 "그들 대신" 죽음으로써 다른 이들의 징벌과 죄책을 짊어짐을 가리킨다는 결론을 지나치게 쉽게 내리는 것을 포함해 갖가지 세부사항에 대해 더 많은 말을 할 수 있을 것이다.[11] 그러나 나는 이 정도만으로도 이 중요한 문제들에 대한 더 많은 논의를 촉진하기에 충분하기를 바란다.

10_ Gordon Wenham은 그의 글 "The Theology of Old Testament Sacrifice"에서 희생제사가 하나님의 진노를 누그러뜨린다는 증거를 지칭하기 위해 한 가지 용어를 가리킨다. נִיחֹחַ; 그는 이렇게 쓴다. "이 단어는 희생제사에 의해 진정되는 하나님의 불쾌감을 암시한다"(in *Sacrifice in the Bible*, ed. Roger T. Beckwith and Martin J. Selman [Grand Rapids: Baker, 1995], 80). 그러나 비록 נוח에 대한 이런 식의 읽기가 채택되더라도, 이 개념은 그리스도의 희생제사에 대한 신약성서의 표현을 위해 보다 나은 유비를 제공하는 "속죄"나 "속건"을 위한 제사와 대조되는 것으로서 번제에만 해당한다.

11_ 가령 Scot McKnight, *Jesus and His Death* (Waco, Tex.: Baylor University Press, 2005), 357을 보라.

3

치유론

_브루스 R. 라이헨바흐

정교회 신자들은 그들의 전례 중 삼성창(三聖唱, Trisagion)을 통해 이렇게 기도한다. "거룩하신 삼위께서 우리에게 자비를 베푸시고, 우리의 죄를 용서하십니다. 주님, 우리의 죄를 용서하소서. 거룩하신 이여, 당신의 이름을 위하여 우리의 연약함을 돌아보시고 치유하소서. 주님, 우리에게 자비를 베푸소서." 이 기도는 이사야서에 등장하는 주님의 반응을 상상한다.

> 그의 탐심의 죄악으로 말미암아
> 내가 노하여 그를 쳤으며
> 또 내 얼굴을 가리고 노하였으나
> 그가 아직도 패역하여 자기 마음의 길로 걸어가도다.
> 내가 그의 길을 보았은즉 그를 고쳐줄 것이라.
> 그를 인도하며 그와 그를 슬퍼하는 자들에게
> 위로를 다시 얻게 하리라.
> 입술의 열매를 창조하는 자 여호와가 말하노라.
> 먼 데 있는 자에게든지 가까운 데 있는 자에게든지
> 평강(샬롬)이 있을지어다, 평강(샬롬)이 있을지어다.
> 내가 그를 고치리라(사 57:17-19).

샬롬—안녕, 온전함, 평강—은 하나님이 그의 백성을 위해 꿈꾸시는 것이다. 그러나 인간에게는 안녕이 없다.

그들이 가장 작은 자로부터 큰 자까지
다 탐욕을 부리며
선지자로부터 제사장까지 다 거짓을 행함이라.
그들이 내 백성의 상처를 가볍게 여기면서 말하기를
평강(샬롬)하다, 평강(샬롬)하다 하나
평강(샬롬)이 없도다(렘 6:13-14).

안녕의 회복은 반역이 끝날 때, 백성들이 더 이상 "그들의 하나님의 규례를 저버리지" 않을 때, "불의의 사슬"이 풀리고, 압제당하는 자들이 자유로워지고, 주린 자들이 양식을 얻고, 벗은 자들이 입을 옷을 얻을 때 일어날 것이다(사 58:2, 6-7).[1]

그리하면 네 빛이 새벽 같이 비칠 것이며
네 치유가 급속할 것이며
네 공의가 네 앞에 행하고
여호와의 영광이 네 뒤에 호위하리니(사 58:8).

고대 이스라엘 시절에 하나님은 이런 안녕을 위한 수단을 연례적인 속죄일 의식을 통해 제공하셨다. 그것은 반복적인 용서와 회복을 위한 자비로운 행위였고, 훗날 하나님의 아들의 속죄를 통해 최종적으로 이루어졌는데, 그 일은 성부 하나님이 기름 부음을 받은 자(예수 그리스도)를 보내시는 것으로 시작되었다.

1_ 이 번역서에서는 달리 지적하지 않는 한 개역개정을 따른다.

이는 가난한 자에게 복음을 전하게 하시려고
내게 기름을 부으시고 나를 보내사
포로 된 자에게 자유를,
눈 먼 자에게 다시 보게 함을 전파하며
눌린 자를 자유롭게 하고
주의 은혜의 해를 전파하게 하려 하심이라(눅 4:18-19; 사 61:1).

의사이신 예수는 회복의 과업을 떠안으신다(눅 4:23). 예수는 그의 고향에 있는 회당에서 자신의 소명을 극적으로 선언하면서 가르침과 치유 사역을 시작하는데, 그 사역은 그로부터 몇 년 후 그가 십자가에서 죽는 것에서 절정에 이른다.

나는 치유 혹은 회복으로서의 속죄를 살피면서 성서의 이런 구조를 펼쳐 보일 것이다. 그 구조 안에서 하나님은 우리를 대신해 주도권을 쥐고 계시다. 우리의 목적을 이루기 위해 우리는 많은 이들이 불편하게 여길 길을 따라갈 것이다. 그 길이 불편한 이유는 하나님에 대한 우리의 현대적 감각에 도전하기 때문이다. 참으로 하나님은 계속해서 친절하시고 사랑을 베푸신다. 하지만 대개 사람들이 상상하는 그 사랑은 너무 얕다. C. S. 루이스(Lewis)는 이렇게 쓴다.

오늘날 우리는 하나님의 선하심이 거의 배타적으로 그분의 사랑하심을 뜻한다고 여긴다. 그리고 이 점에서 우리는 옳을 수도 있다. 이 맥락에서 우리 대부분이 사랑이라는 말로 의미하는 것은 친절함—자신보다 다른 이들이 행복한 것을 보고자 하는 갈망—이다.…참으로 우리가 원하는 것은 우리가 하고 싶어 하는 것이 무엇이든 그것에 대해 "그들이 만족한다는데 뭐가 문제야?"라고 말씀하시는 하나님이다. 사실 우리는 하늘에 계신 아버지보다는 하늘에 계신 할아버지를 원한다.…그분의 계획이 그저 하루가 저물 때마다 "오늘도 모두 좋은 시간 보냈지?"라고 말하는 것인 그런 할아버지를.[2]

루이스는 계속해서 말한다. "사랑은 단순한 친절이 아니라 보다 단호하고 뛰어난 그 무엇이다."

하나님은 우리의 안녕을 추구하시면서 자신이 사랑하는 자들이 완전해지기를 혹은 성숙해지기를 요구하신다. 이보다 덜한 그 어떤 것도 우리를 회복시키려는 하나님의 온전한 의도를 참작하는 데 실패한다. 이 일을 이루기 위해 그분은 갖가지 수단을 동원하신다. 그중에는 징벌, 훈련, 그리고 궁극적으로는 예수의 죽음까지 포함되어 있다. 하나님은 참을성이 없기도 하시고 있기도 하시며, 진노하기도 하시고 부드럽기도 하시며, 심판하기도 하시고 용서하기도 하시며, 재앙을 불러오기도 하시고 회복을 불러오기도 하신다. 그러므로 우리의 여정 끝에서 우리는 선한 하나님의 모습을 보게 되는데, 그분의 자비심은 아주 복잡해서 공의와 자비 두 측면 모두를 지닌 그분의 사랑을 통해서, 그리고 무엇보다도 우리의 구원과 회복 안에서 드러난다.

인간의 상황

우리는 성경의 이야기 안으로 들어갈 때마다 슬픈 모습의 인간의 상황과 마주하게 된다. 처음부터, 즉 타락 이야기에서부터 인간은 하나님과 같이

2_C. S. Lewis, *The Problem of Pain* (New York: Macmillan, 1962), 39. 『고통의 문제』(홍성사 역간, 2005).

되고자 하는 갈망을 드러내면서 모든 일에 대해 스스로 책임을 떠맡고 무엇이 선하고 악한지를 자신의 경험을 통해 판단하려 한다(창 3:1-6). 계속되는 이야기는 인간의 상황이 나쁜 상태에서 더 나쁜 상태로 역행하는 것을 묘사한다. "여호와께서 사람의 죄악이 세상에 가득함과 그의 마음으로 생각하는 모든 계획이 항상 악할 뿐임을 보시고"(창 6:5). 특히 인간은 하나님께 불순종하면서, 그리고 다른 신을 찾으면서 하나님을 대체하려는 갈망을 드러낸다. 이사야의 첫 장은 인간을 다음과 같이 비난한다.

> 내가 자식을 양육하였거늘
> 그들이 나를 거역하였도다.…
> 이스라엘은 알지 못하고
> 나의 백성은 깨닫지 못하는도다.
> 슬프다, 범죄한 나라요 허물 진 백성이요
> 행악의 종자요 행위가 부패한 자식이로다.
> 그들이 여호와를 버리며
> 이스라엘의 거룩하신 이를 만홀히 여겨
> 멀리하고 물러갔도다(사 1:2-4).

신약성서에서 바울은 인간의 상황을 요약하면서 모든 사람이 죄를 지었다고 말한다.

> 의인은 없나니 하나도 없으며
> 깨닫는 자도 없고
> 하나님을 찾는 자도 없고(롬 3:10-11; 시 14:1-2을 인용하면서).

상황을 암울하게 만드는 것은 그것을 바로잡지 못하는 우리의 무능력이다. 우리는 상습적으로 언약을 어기는 자들이다. 율법을 통해 가르침을 받을 때조차 우리는 자주 그것을 지키는 데 실패한다. 그래서 신약성서는 율법을 구원을 위한 것이 아니라 전문(前文)에 해당하는 것으로 여긴다. "그러므로 율법의 행위로 그의 앞에 의롭다 하심을 얻을 육체가 없나니 율법으로는 죄를 깨달음이니라"(롬 3:20). 우리는 무력하게, 회개하지 않은 채, 우리의 상황에 묶인 채, 하나님과 다른 사람들로부터 분리된 채, 죄로 인해 고통당하며 서 있다.

질병은 우리의 영적 상황뿐 아니라 물리적·경제적·정치적·사회적·환경적 상황까지도 설명해주는 말이다. 이사야 1장에서 이사야는 죄의 결과를 계속해서 기록해나간다. 인간의 곤경은 공동체적 삶과 민족의 역사 속에 큰 글자로 쓰여 있다.

> 온 머리는 병들었고
> 온 마음은 피곤하였으며
> 발바닥에서 머리까지 성한 곳이 없이
> 상한 것과 터진 것과 새로 맞은 흔적뿐이거늘
> 그것을 짜며 싸매며
> 기름으로 부드럽게 함을 받지 못하였도다.
> 너희의 땅은 황폐하였고
> 너희의 성읍들은 불에 탔고
> 너희의 토지는 너희 목전에서 이방인에게 삼켜졌으며
> 이방인에게 파괴됨 같이 황폐하였고(사 1:5-7).

회복이 필요했다. 그 백성(사 10:21), 그들의 땅(대하 7:14; 욜 2:25), 그들의 기관들(호 6:6-7:1), 그들의 건강(시 41:3-4, 8)의 회복이 필요했다. 그것을 위한 충분조건은 회복시키시는 하나님을 향해 돌아서는 것이었다. "나는 너희를 치료하는 여호와임이라"(출 15:26).[3]

죄와 질병

주께서 유다를 온전히 버리시나이까.
주의 심령이 시온을 싫어하시나이까.
어찌하여 우리를 치시고 치료하지 아니하시나이까.
우리가 평강을 바라도 좋은 것이 없고
치료받기를 기다리나 두려움만 보나이다.
여호와여, 우리의 악과
우리 조상의 죄악을 인정하나이다.
우리가 주께 범죄하였나이다(렘 14:19-20).

회복의 한 형태로서 치유의 중요성은 죄, 질병, 안녕 사이의 긴밀한 관계에 대한 성서의 확언을 통해 입증된다. 브라운(Brown)이 지적하듯이 비록 "샬롬은 치유에 해당하는 구약성서 어휘의 일부가 아니지만", 치유를

3_Michael Brown은 치유(healing)와 가장 자주 연관되는 단어인 *rāpā'*는 회복시킴(restoring) 혹은 온전케 함(making whole)이라는 보다 넓은 의미에서 이해되어야 한다고 확신 있게 주장한다. 그 단어는 단지 병든 몸의 치유만이 아니라(왕하 20:5), 부서진 제단을 수축하는 일(왕상 18:30), 땅을 회복하는 일(대하 7:14), 물을 먹을 수 있게 만드는 일(왕하 2:21-22), 심지어 깨진 항아리를 붙이는 일(렘 19:11)과 흰곰팡이가 핀 집을 깨끗하게 하는 일(레 14:48)에도 사용된다(Michael Brown, *Israel's Divine Healer* [Grand Rapids: Zondervan, 1995], 28-31).

얻는 것은 샬롬의 상태에 속하는 것의 일부다.[4] 시편 저자는 이렇게 쓴다. "내가 말하기를 '여호와여, 내게 은혜를 베푸소서. 내가 주께 범죄하였사오니 나를 고치소서' 하였나이다"(시 41:4).

회복이 필요한 이유는 하나님이 직접적으로 혹은 간접적으로 재앙을 가져오시기 때문이다. 주님은 모세가 애굽 사람들과 그들의 가축과 그들의 땅에 대해 예고했던 재앙을 보내셨다. 그분은 메뚜기 떼를 보내셨는데, 그것은 모든 수확물을 문자 그대로 파괴해버리는 곤충 떼이자 하나님이 그분의 종들과 이스라엘의 반대편에 가담한 그분의 명령을 받는 민족들(렘 25:9; 욜 2장)을 통해 그 땅에 가져오실 정치적 황폐함에 대한 상징이었다. 하나님은 이스라엘뿐 아니라 자신에게 맞서는 모든 나라(신 7:15)를 재앙에 굴복시키신다(렘 25:29).

그러나 야웨는 메소포타미아의 신들과 달리 아무렇게나 재앙을 일으키거나 허락하시지 않는다.[5] 재앙은 우리의 죄 때문에, 우리가 하나님과 맺은 언약을 지키지 못함으로 인해 발생한다. "너희가 너희 하나님 나 여호와의 말을 들어 순종하고 내가 보기에 의를 행하며 내 계명에 귀를 기울이며 내 모든 규례를 지키면 내가 애굽 사람에게 내린 모든 질병 중 하나도 너희에게 내리지 아니하리니 나는 너희를 치료하는 여호와임이라"(출 15:26; 신 7:12, 15). 그러나

> 네가 만일 네 하나님 여호와의 말씀을 순종하지 아니하여 내가 오늘 네게 명령하는 그의 모든 명령과 규례를 지켜 행하지 아니하면 이 모든 저주가 네게 임하며 네게 이를 것이니…여호와께서 애굽의 종기와 치질과 괴혈병과 피부

4_Ibid., 36.

5_Hector Avalos, *Illness and Health Care in the Ancient Near East* (Atlanta: Scholars Press, 1995), 242-43.

병으로 너를 치시리니 네가 치유받지 못할 것이며 여호와께서 또 너를 미치는 것과 눈머는 것과 정신병으로 치시리니(신 28:15; 27-28장; 또한 레 26:14-16).

이 구절의 메시지는 분명하다. 하나님을 대체하고 그분의 명령에 불순종하는 행위는 사람들과 공동체와 땅에 대한 징벌을 낳고, 그분을 높이고 그분에게 순종하는 행위는 하나님의 복을 낳는다. 바로 여기서 어떤 이들로서는 이해하기 어려울 수도 있는 방식으로 하나님의 복잡성이 드러난다. 하나님은 (징벌이 가해지는 방식에 따라) 때로는 병의 직접적인 원인으로서의 역할을, 그리고 다른 때는 간접적인 원인이나 계기로서의 역할을 하신다. 그러나 그와 동시에 그분은 또한 우리의 치유자이시다. "나는 죽이기도 하며 살리기도 하며 상하게도 하며 낫게도 하나니"(신 32:39).

하나님이 질병, 황폐함, 그리고 사람과 나라와 땅에 대한 죽음을 가져오심으로써 죄를 벌하신다는 주제는 구약성서 전반에서 지속적으로 나타난다. 하나님은 블레셋 사람들이 언약궤를 탈취했을 때 악성 종기로 그들을 치셨고(삼상 5:6-12), 이스라엘 백성에게 역병을 보내셨고(삼하 24:13), 아람 군대의 눈을 멀게 하신 후 치유하셨다(왕하 6:18-20). 주로 구약성서를 고려할 때, 하나님은 나라들에 대해서만이 아니라 개인들에게도 재앙과 파멸을 가져오신다. 그분은 미리암이 모세가 결혼한 것에 대해 그리고 권력을 나누지 않은 일과 관련해 불만을 터뜨렸을 때 피부병으로 그녀에게 벌을 내리셨다(민 12:10-16). 엘리사의 종 게하시와 그의 후손들은 게하시의 탐욕 때문에 피부병에 걸렸다(왕하 5:27). 하나님은 다윗이 밧세바와 간음하고 그녀의 남편 우리아를 죽인 것 때문에 다윗과 밧세바 사이에서 태어난 아들에게 치명적인 질병을 내리셨고(삼하 12:13-18), 여로보암의 손을 말리기도 하셨다(왕상 13:4). 야웨께서는 웃시아가 산당을 폐하지 않은 것 때문에 그를 벌하셨고(왕하 15:4-5), 여호람이 유다를 우상숭배에 빠지게 하고 자신의 형제들을 살해한 것 때문에 그의 창자가 고치지 못할 병에 걸리게 하셨다(대하 21:11-18).

재앙과 죄의 이와 같은 연결은 구약성서에서만 일어나는 것이 아니라 비록 보다 개인적인 차원에서이기는 하나 신약성서에도 일반적으로 나타난다. 예수는 자기가 치료해준 나병환자에게 그가 깨끗해졌음을 확인하고 속죄제를 드리라고 말씀하신다(마 8:4; 또한 눅 11:14). 그분은 치유된 중풍병자에게—그 역시 (아마도 속죄제를 드리기 위해) 성전으로 가기를 원했다—"더 심한 것이 생기지 않게 다시는 죄를 범하지 말라"고 말씀하신다(요 5:14). 그 중풍병자에 관한 이야기에서(마 9:1-8) 예수는 "네가 치유를 얻었다"를 "네 죄가 사함을 받았다"와 동의어로 사용하신다. 아나니아와 삽비라는 그들이 지은 죄로 인해 생명을 빼앗긴다(행 5:1-10). 야고보는 그의 서신에서 죄와 고통을 가장 분명하게 연결시킨다. 어떤 질병은 죄로부터 발생하기에 치유를 베푸실 수 있는 주님께 드리는 고백의 기도는 강력하고 효과적이다(약 5:13-16; 또한 고전 11:27-32을 보라).

비록 구약성서와 신약성서 모두 죄가 고통과 재앙을 불러온다고 주장하지만, 또한 둘 모두가 모든 고통이 죄로 인한 것은 아님을 강조한다. 욥기는 이에 적절하게 자주 인용된다. 엘리바스는 욥의 고통을 그의 죄와 연결시킨다.

> 하나님이 너를 책망하시며
> 너를 심문하심이
> 너의 경건함 때문이냐?
> 네 악이 크지 아니하냐?(욥 22:4-5)

그러나 욥은 자신의 무고함을 주장한다.

그러나 내가 가는 길을 그가 아시나니
그가 나를 단련하신 후에는
내가 순금 같이 되어 나오리라.
내 발이 그의 걸음을 바로 따랐으며
내가 그의 길을 지켜 치우치지 아니하였고
내가 그의 입술의 명령을 어기지 아니하고
정한 음식보다 그의 입의 말씀을 귀히 여겼도다(욥 23:10-12).

더 나아가 속죄에 관한 레위기의 율법은 모든 질병, 종기 혹은 두드러기 등에 대해 속죄제를 요구하지 않았다. 오히려 그것은 오래 계속되는 (그리고 아마도 그러하기에 전염성이 있는) 질병에 대해서만, 혹은 어떤 이가 전염병을 퍼뜨릴 수 있는 피와 같은 액체를 비정상적으로 방출할 때만 속죄제를 요구했다. 실제로 야웨께서는 모든 육체적 질병에 대해 죄의 고백을 요구하지 않으셨다. 의인 히스기야의 간구는 하나님의 마음을 바꾸시게 하기에 충분했다(사 38:16).

신약성서에서도 마찬가지다. 예수의 제자들이 날 때부터 눈이 먼 사람과 마주했을 때, 그들은 그의 상황이 그렇게 된 것이 누구의 죄 때문인지, 즉 그 자신의 죄 때문인지 아니면 그의 부모의 죄 때문인지 물었다. 예수는 이 경우에 죄는 그 사람의 상황과 아무런 상관이 없다고 대답하신다. 다른 요소가 작동하고 있었던 것이다(요 9:1-3). 야고보 역시 죄와 질병의 연결을 가상적인 "만약"으로 한정시킨다. 그러므로 우리는 죄와 질병을 연결시키는 일에 아주 조심해야 한다. 비록 죄가 하나님에 의해 질병과 다른 재앙을 통해 처벌을 받을 수 있을지라도, 모든 질병과 재앙이 죄 때문인 것은 결코 아니다.

요약하자면 구약 시대의 이스라엘 백성과 신약 시대의 유대인들은 병,

질병, 자연 재해, 정치적 정복을 포함하는 온갖 종류의 재앙을 그들의 영적 상황에 대한 징후로 여겼다. 심각한 질병은 물리적 현상 이상이다. 그것은 구원을 얻기 위해 주님께 탄원하는 행위를 적절하게 만들어주는 도덕적이고 영적인 차원을 갖고 있다(시 91:1-10).

치유자이신 하나님

고대 이스라엘 문화의 특별한 차원 중 하나는 겉보기에 치유에 전념하는 개인들의 부류나 집단이 존재하지 않는다는 것이다. 확실히 고대 이스라엘에는 이집트나 메소포타미아에서처럼 치유를 직업으로 삼는 이들이 존재하지 않았다.[6] 이것은 이스라엘에 물리적/마술적 행위가 존재하지 않았다는 말이 아니다. 그러나 욥기 13:4과 예레미야 8:22을 제외하면, 이스라엘에서 의사에 관한 언급이 거의 없는 것은 그들이 적어도 공식적으로는 이스라엘 백성의 삶에서 치유와 관련해 기껏해야 아주 사소한 역할만 했음을 암시한다(비록 침묵을 통한 그 어떤 논증도 그렇다고 인정되어야 할 필요는 있으나).[7] 치유는 제사장의 기능이 아니었다. 그들은 전염병을 감염시

6_ 고대 이집트에서는 비록 한 사람이 몇 가지 역할을 할 수 있으나, 최소한 세 종류의 의료 행위자들이 확인된다. 치유의 여신 세크메트(Sekhmet)를 섬기는 *wabw*의 역할은 분명하지 않다. *sa.u*는 마술, 부적, 주문을 사용해 병을 다스린다. 자신들의 수호신 도트(Thoth)를 숭배하는 *swnw*는 약초학과 수술을 기도와 함께 사용했다. 메소포타미아에서 우리는 질병이 초자연적 영향력 아래에 있다고 확인하고 처리했던 마술사/제사장(the *ašipu*)과 아마도 의료문제에 대해 보다 현실적인 접근법을 택했던 *asû* 사이의 구분을 발견할 수 있다. 전자는 기도, 헌주, 주문을 사용했던 반면, 후자는 증상을 해소하기 위한 방법에 집중했다. Darrell W. Amundsen and Gary B. Ferngren, "Medicine and Religion: Pre-Christian Antiquity," in *Health/Medicine and the Faith Traditions*, ed. M. E. Marty and K. L. Vaux (Philadelphia: Fortress, 1982), 58-61을 보라.

7_ Gerhard F. Hasel, "Health and Healing in the Old Testament," *Andrews University Seminary Studies* 21, no. 3 (1983): 200.

키는 이들을 공동체로부터 내보내고 돌아올 때 깨끗해졌음(치유되고 수용되었음)을 확인하면서 공동체의 건강을 돌보는 자들이었다(레 13-14장). 치유와 관련해 예언자들이 수행한 역할은 보다 모호하다. 비록 엘리야와 엘리사가 때때로 치유를 행했고(왕상 17장; 왕하 5장), 또한 아히야, 엘리사, 이사야가 병이 앞으로 어떻게 될지에 관해 예언을 하기는 했으나(왕상 14:3; 왕하 8:8-10; 20:1), 분명히 치유는 지속적인 혹은 기대되었던 예언적 기능이 아니었다. 요점은 하나님이 이스라엘 백성의 죄 때문에 그들의 질병을 초래하셨으므로 그들은 치유를 받기 위해 하나님께 탄원하고 의지함이 옳다는 것이다.

슬픈 사실은 이스라엘 백성이 국가적 치유를 받기 위해 그들의 하나님이 아닌 다른 곳을 향해 돌아섰다는 것이다.

> 에브라임이 자기의 병을 깨달으며
> 유다가 자기의 상처를 깨달았고
> 에브라임은 앗수르로 가서 야렙 왕에게 사람을 보내었으나
> 그가 능히 너희를 고치지 못하겠고
> 너희 상처를 낫게 하지 못하리라(호 5:13).

그러나 세상의 왕들이 이스라엘 백성을 치유할 수 없는 반면, 야웨께서는 그들이 회개하면 그들을 치유하실 수 있다.

> 오라, 우리가 여호와께로 돌아가자.
> 여호와께서 우리를 찢으셨으나 도로 낫게 하실 것이요,
> 우리를 치셨으나 싸매어주실 것임이라.
> 여호와께서 이틀 후에 우리를 살리시며

셋째 날에 우리를 일으키시리니
우리가 그의 앞에서 살리라(호 6:1-2).

물론 그들의 질병은 단순히 육체적인 것이 아니라 또한 심각하게 영적인 것이었다. 하나님은 이스라엘을 단순히 정치적 실체로서만 치유하려는 것이 아니라 또한 영적으로도 그들의 완악한 행위를 치유하고자 하셨다(호 14:4).

하나님은 치유만 하시는 게 아니라 보호하기도 하신다. "너희가 너희 하나님 나 여호와의 말을 들어 순종하고 내가 보기에 의를 행하며 내 계명에 귀를 기울이며 내 모든 규례를 지키면 내가 애굽 사람에게 내린 모든 질병 중 하나도 너희에게 내리지 아니하리니 나는 너희를 치료하는 여호와임이라"(출 15:26). 구약성서에서 하나님은 자기 백성을 "심한 전염병에서" 건지시는 최고의 예방약이시다(시 91:3, 6).

네가 말하기를 "여호와는 나의 피난처시라" 하고
지존자를 너의 거처로 삼았으므로
화가 네게 미치지 못하며
재앙이 네 장막에 가까이 오지 못하리니(시 91:9-10).

하나님이 치유자시라는 확언을 우리가 의료 행위를 의심하거나 피해야 한다는 말로 읽지 않도록 조심해야 한다. 예레미야가 길르앗에서 의료 행위를 하고 있던 의원들의 능력에 대해 얼마간의 의구심을 표현했던 것은 사실이다(렘 8:22). 또한 우리는 역대하 16:12을 의원들과 그들의 의료 행위에 대한 금지명령으로 인용할 수도 있다. 그 이야기는 아사 왕과 관련되어 있다. 그는 처음에는 그의 왕권과 적에 대한 승리를 위해 야웨 외에 다른 어떤 이에게도 의지하지 말라는 예언자의 경고에 유의했다. 하지만 통치 말년에 이르자 도움을 얻기 위해 심지어 적인 아람 왕을 향해 돌아서기까지 했다. 결국 그는 발에 아주 심각한 병(괴저병?)이 든 상태에서도 야웨를 찾지 않고 의원들에게 의지했다. 이에 대한 본문의 암묵적인 부인과 관련해, 어떤 이들은 이방의 의원들은 이방의 신들 및 그들의 신전과 연결되어 있었고 따라서 치유의 참된 근원으로부터 벗어나 있었기에 아사가 야웨께 대한 의존과 병행하는 것은 고사하고 전적으로 그들에게 의존했던 것은 적절하지 못하며 따라서 비난받을 만하다고 주장한다.[8] 다른 이들은 다음과 같이 주장하면서 이 본문을 설명한다. "여기서 아사가 비난을 받는 것은 단순히 그가 의원들을 의지한 것 때문이 아니라 그가 그들을 믿었던 불경한 방식 때문이다."[9] 그것은 그가 아람 왕을 의지했던 것과 같은 행위였다. 한편 우리는 상처를 치료하는 것에 대한 혹은 심지어 의원들에 대한 성서의 일반적인 금지조항 같은 것을 발견하지 못한다. 고대 이스라엘에는 상처를 치료하기 위한 약초들이 있었다(렘 6:14; 46:11).[10] 치료제나 향유도 있었고(렘 8:22; 46:11; 51:8), 골절은 맞춰지고 상처는 싸매어졌다(렘 6:14; 사 1:5-6; 겔 30:21). 이사야는 상한 것과 터진 것을 "싸매며 기름으로 부드럽게 함을" 받는 것을 경멸적이지 않은 어투로 지적한다(사 1:6). 의원들의 역할은 기원전 2세기에 나온 「예수 벤 시라의 지혜서」(Wisdom of

---

8_Avalos, *Illiness and Health Care*, 291-93.

9_C. F. Keil, *The Books of the Chronicles* (Edinburgh: T&T Clarke, 1872), 370. 이에 대한 더 많은 논의를 위해서는 Brown, *Israel's Divine Healer*, 48-53을 보라.

10_"비록 구약성서에서 하나님이 유일한 치유자로 나타나고 하나님의 백성은 마술적인 혹은 이방적인 치료 행위자들에게 의지하지 말도록 규제되고 있으나, 자연적인 혹은 의학적인 치료 수단의 이용이 금지되지 않았을 뿐 아니라 표면적으로는 기적적인 치유에 사용되기까지 했다. 의학 지식은 아마도 민간요법에 한정되었을 것이다.…그리고 고대 근동의 다른 지역에 존재했던 것과 유사한 구별된 의원직은 말할 것도 없고 체계적인 치료법도 없었다. 우리가 유대의 의료업에 대한 증거를 얻은 것은 중간기에 와서였다"(Amundsen and Ferngren, "Medicine and Religion," 68).

Jesus Ben Sirach, 집회서라고도 불린다 — 역자 주)에서 보다 분명하게 밝혀진다. 거기서 의원들은 중요하고 존경받는 인물로 간주된다. 그들의 활동이 용납되는 것은 치유가 주님으로부터 오며 의원들은 주님의 사역자로 여겨졌기 때문이었다.[11]

하나님의 치유는 물리적이기도 하고(육체적·정신적·정서적 측면을 포함해) 영적이기도 하다.

> 여호와를 송축하며
> 그의 모든 은택을 잊지 말지어다.
> 그가 네 모든 죄악을 사하시며
> 네 모든 병을 고치시며(시 103:2-3).

물론 죄와 질병은 동일하지 않다. 전자는 상황이고, 후자는 결과다. 그러므로 우리에게는 상황과 결과 모두를 처리해줄 치유자가 필요하다. 비록 죄를 다루는 것이 핵심일지라도, 우리는 모든 인간의 상황 — 육체적·경제적·정치적·환경적 상황 — 을 다룸으로써만 안녕을 얻을 수 있다.

11_ "의사를 존경하여라. 너를 돌봐주는 사람이요 또한 주님께서 내신 사람이기 때문이다. 병을 고치는 힘은 지극히 높으신 분으로부터 오며 의사는 왕으로부터 예물을 받는다. 의사는 그의 의술로 높은 지위를 얻으며 고관들로부터 존경을 받는다. 주님께서 약초를 땅에 나게 하셨으니 지혜로운 사람은 그러한 것을 가벼이 여기지 않는다. 주님께서도 옛적에 그의 힘을 사람들에게 보여주시려고 나무를 던져 물을 맑게 하시지 않았느냐? 주님께서는 또 사람들에게 지식을 주시어 하느님의 위대한 업적을 찬양하게 하셨다. 의사는 약을 써서 사람들의 병을 고쳐 고통을 덜어주고 약제사는 약초를 섞어 약을 조제한다. 주님께서는 그의 사업을 그치지 않을 것이며, 그분의 평화는 온 세상에 내릴 것이다. 들어라, 너는 병중에서 주님을 떠나지 말아라. 항상 기도하면 주님께서 고쳐주실 것이다. 나쁜 짓을 피하고 네 손을 깨끗이 하여라. 네 마음에서 모든 죄를 씻어버려라.…사람이 죄를 지으면 창조주의 눈에 거슬리게 되니 의사의 신세를 지게 마련이다"(집회서 38:1-10, 15 — 공동번역).

죄, 치유, 그리고 구약의 희생제사 시스템

레위기의 희생제사 시스템은 감염된 질병으로 고통당하는 이들에게 치유를 제공하기 위해 고안된 것이 아니다(레 13-14장). 병에 걸린 이들은 검사를 받기 위해 제사장 앞으로 나아왔다. 순차적인 고립 기간 이후에 추가 조사를 통해 여전히 전염병의 징후가 남아 있으면, 병자들은 진영 밖으로 나가서 자기가 치유되었음을 보일 수 있을 때까지 그곳에 머물러 있어야 했다. 마침내 병자가 치유되었다고 여길 경우 제사장을 불러 자기가 깨끗해졌는지를 확인받았다. 병자를 방문한 제사장은 치유를 가져오는 게 아니라 단지 치유가 일어났음을 확인했을 뿐이다. 치유된 병자는 다시 진영(공동체) 안으로 들어오도록 초대받았고, 제사장은 그를 대신해 속죄제나 속건제를 드림으로써 그를 속했다.

희생제사가 이제 치유된 것으로 확인된 사람의 죄를 속하기는 했으나, 병을 치유하지는 않았다. 조금 아이러니컬하게도 속죄제와 속건제는 대개 의도하지 않은 죄, 즉 사람들이 실수로 의식(儀式)적으로 불결한 무언가를 접촉하는 것과 같은 잘못을 저지르는 경우를 위한 것이었다(레 4:13-21; 5:2-6, 14).[12] 희생제사는 죄에 대한 처벌이었고(레 5:7) 용서를 가져다주었다. 보다 악하고 교묘한 죄들은 개별적으로 속해지지 않고 처벌되었다. 그런 죄를 지은 자들은 속죄의 은혜를 입지 못하고 공동체로부터 끊어

12_Megory Anderson과 Philip Culbertson은 고대 유대교에는 다양한 정도의 엄중함을 가리키는 세 가지 범주의 죄가 있었다고 알려준다. 무심코 지은 죄(*ḥaṭṭā'*)는 비록 덜 심각하기는 하나, 하나님의 명령이 깨졌으며 따라서 그것에 대한 보상을 위해 속죄제나 속건제를 요구한다는 점에서 여전히 죄다(레 4:1-5:19; 민 15:22-29). *'Awōn*은 고의적인 죄(삼상 25:24)를 가리키고, 반면에 *peša'*는 노골적이거나 반항적인 죄—하나님에 대한 반역—를 가리킨다. 이 중 마지막 경우에는 어떤 속죄도 가능하지 않다. "*peša'*를 처리하는 유일한 방식은 죄의 고백과 희생양 두 가지를 통하는 것뿐이다"(314). ("The Inadequacy of the Christian Doctrine of Atonement in Light of Levitical Sin Offering," *Anglican Theological Review* 68, no. 4 [1986]: 308-9).

졌다(레 18:29; 20:1-6; 민 15:30). 우리 모두의 죄를 위한 속죄가 필요했다.

반역이라는 의도적이고 무겁고 국가적인 죄를 속하기 위해[13] 하나님은 속죄일을 제정하셨다. 속죄일은 짐승의 희생과 그 민족이 고백한 죄를 짊어진 염소를 광야로 내보내는 일을 포함하는 연례 행사였다. 그러나 백성의 죄를 위한 속죄는 매년 이루어져야 할 필요가 있었기에 보다 영구적인 속죄가 필요했다(히 10:1-4, 10-12).

그러므로 사실상 제도화된 희생제사 시스템은 적절하지 않았다. 그것은 의도적이고 심각한 죄를 포함해 모든 죄에 대한 속죄를 제공하는 데 실패했고, 또한 반복적인 희생제사를 요구했다. 인간의 곤경을 다루기 위해서는 보다 나은 방법이 필요했다.

고난 받는 종

> 그는 멸시를 받아 사람들에게 버림받았으며
> 간고를 많이 겪었으며 질고[질병]를 아는 자라.…
> 그는 실로 우리의 질고[질병]를 지고
> 우리의 슬픔[고난]을 당하였거늘(사 53:3-4).

이처럼 보다 영속적인 하나님의 속죄 활동을 선언하는 핵심적인 구약성서 구절은 이사야 52:13-53:12(이후로는 줄여서 사 53장이라 부른다)이다. 비록 이 구절에서는 **속죄**라는 단어가 나타나지 않으나, 분명히 속죄가 고려되고 있다. 예컨대, 이사야 52:15은 속죄일에 속죄소와 제단의 뿔 위와

13_ 레 16:16, 21은 레위기에서 *peša'*라는 단어가 사용되는 유일한 곳이다.

앞에 황소와 염소의 피를 뿌리는 모습을, 그리고 그렇게 함으로써 "이스라엘 자손의 부정에서 제단을 성결하게"(레 16:19) 하는 모습을 상기시킨다. 이사야서에서 속죄는 이스라엘의 거룩한 장소의 경내를 넘어서 "많은 민족들"에게로 뻗어나간다.[14]

이사야서는 인간의 곤경을 묘사한다. 우리는 우리의 죄와 범죄 때문에 초래된 질병(아픔)과 슬픔(정신적이고 육체적인 고난)으로 인해 고통을 당한다. 우리는 우리가 받는 벌 때문에 평화(샬롬, 사 53:5)를 누려야 할, 즉 죄가 제거되고 질병이 치유되어야 할 필요가 있는 죄인들이다.

그 종은 혈통적으로나 외형적으로나 주목할 만하지 않다. 그는 사람들을 끌어들일 만한 어떤 것도 갖고 있지 않은 광야의 수풀더미에서 솟아난 불필요한 싹이었다. 그는 조롱을 받고 거부되었으며 질고(질병)와 슬픔에 너무나 익숙했기에 사람들이 외면할 정도였다. 그러나 이 종과 관련해 주목할 만한 것은 그가 행하는 속죄 사역이다. 그는 우리의 죄와 그로 인한 결과—우리의 질병과 고통—모두를 짊어지는 역동적인 역할을 수행한다. 관찰자들은 옳게도 그 종의 고난이 하나님으로부터 오는 것이라고 여긴다. 하지만 그들은 그것이 그 종 자신의 죄에 대한 벌이라고 오해한다. 사실 그 종은 무고했다. "그는 강포를 행하지 아니하였고 그의 입에 거짓이 없었다"(사 53:9). 오히려 그 종은 우리의 죄로 인해 고난을 당했다.

그가 찔림은 우리의 허물 때문이요,

14_ 마소라 본문 *hizzâ*를 "뿌리다"로 번역하는 것이, 특히 맥락에 비추어볼 때 옳은지에 대한 논란이 없지 않음에 주목할 필요가 있다. 그동안 아랍어역이 그것을 "깜짝 놀라게 하다"로 번역한 것이, 왕들이 그로 인해 침묵할 것이라는 주장과 평행하는 보다 적절한 대안으로 제시되어왔다. John N. Oswalt, *The Book of Isaiah: Chapter 40-66* (Grand Rapids: Eerdmans, 1998), 374를 보라. 이것은 그 본문에서 제안한 해석에 영향을 줄 것이다. 보다 제의적인 "뿌리다"를 옹호하는 글을 위해서는 Alec Motyer, *The Prophecy of Isaiah* (Downers Grove, Ill.: InterVarsity Press, 1993), 425-26을 보라.

그가 상함은 우리의 죄악 때문이라.…
그가 살아 있는 자들의 땅에서 끊어짐은
마땅히 형벌 받을 내 백성의 허물 때문이라(사 53:5, 8).

그 종이 받는 벌과 그에 따르는 고통은 치유하는 효과를 갖고 있다.

그가 징계를 받으므로 우리는 평화를 누리고
그가 채찍에 맞으므로 우리는 나음을 받았도다(사 53:5).

그는 치유를 가져올 뿐 아니라, 또한 우리를 하나님 앞에서 의롭게 하면서 우리의 죄를 처리한다.

나의 의로운 종이 자기 지식으로 많은 사람을 의롭게 하며
또 그들의 죄악을 친히 담당하리로다(사 53:11).

이 구절은 종의 행위를 묘사하는 여러 동사 때문에 복잡하다. 그는 질병을 지고, 슬픔을 당하고, 평화를 가져다주고, 자신의 상처로 우리를 치유한다. 그는 속건제물이다(그는 의도적으로 죄를 지은 적이 없으나 다른 이들의 죄를 대속적으로[15] 짊어진다). 그는 우리의 허물 때문에 찔림을 당하고, 우리의

15_ 그 종이 다른 이들을 위한 대속물로서 행동한다는 주장은 Morna Hooker에 의해 논박된다("Did the Use of Isaiah 53 to Interpret His Mission Begin with Jesus?" in *Jesus and the Suffering Servant*, ed. William Bellinger Jr. and William Farmer [Harrisburg, Penn.: Trinity Press International, 1998], 101). Hooker는 그 종이 우리를 위한 대속물이라기보다 (우리가 그 안에 있는 한) 우리를 대표한다고 주장한다. 속죄는 자리를 차지하는 문제가 아니다. 오히려 "그리스도는 우리가 하나님에 의한 그의 신원(伸冤)을 공유할 수 있도록 하기 위해 우리에 대한 비난을 공유하신다"(Ibid). 그러나 이런 주장은 사 53장과 레위기의 속건제의 연결을 과격하게 깨뜨린다.

죄악 때문에 상함을 입고, 많은 사람을 의롭게 하고, 그들의 죄를 짊어지고, 죄인들을 위해 중보한다. 그러나 분명한 것은 그 종의 고난, 죽음, 부활("그가 생명의 빛을 볼 것이라", 사 53:11 — NIV),[16] 지식, 중보가 우리의 죄와 그로 인한 질병 모두를 다룬다는 것이다.

이사야는 메시아를 치유자로 보았던 유일한 인물이 아니다. 말라기는 무서운 징벌의 한가운데서 하나님을 경외하는 자들에게 "공의로운 해가 떠올라서 치료하는 광선을 비추리니 너희가 나가서 외양간에서 나온 송아지 같이 뛰리라"(말 4:2)라고 말한다.

그렇다면 치유로서의 속죄란 무엇인가? 한편으로 그리고 가장 기본적으로, 그것은 인간과 하나님의 관계를 회복한다(치유한다)는 측면에서 인간의 곤경을 다룬다. 이 회복의 핵심 내용은 하나님이 우리의 모든 무도함을 개인적으로 떠안은 종을 통해서 우리의 죄에 대해 용서를 베푸시는 것이다. 속죄는 용서와 화해의 치유를 가져온다. 그 어떤 추가적인 희생제사도 필요하지 않다. 다른 한편으로 우리의 죄에 대한 심판—종종 그것은 고난, 질병, 재앙이라는 모습으로 이루어진다—역시 그 종에 의해 처리된다. 그가 죄와 그로 인한 형벌을 자신의 것으로 삼음은 우리의 치유와 회복을 위한 수단이다. 그것은 은혜를 통해 우리에게 샬롬이나 안녕을 가장 풍부한 형태로 가져다준다. 왕이 오실 때 "그 거주민은 내가 병들었노라 하지 아니할 것이라. 거기에 사는 백성이 사죄함을 받으리라"(사 33:24).

16_ 이 구절은 사해문서와 70인역에는 실려 있으나 마소라 본문에는 없다. "그가 씨를 보게 되며 그의 날은 길 것이요"(10절)는 유사한 관점을 제시할 수도 있다. 그러나 학자들은 여기서 부활이 고려되고 있느냐를 두고 논쟁을 벌인다. 실제로 씨(후손)를 보는 것을 상상하는 이들은 이 구절이 승리와 번영으로의 부활을 의미한다고 여기는 반면, 그것을 비유적인 것으로 간주하는 이들은 그 종이 위해서 죽었던 그리고 그 죽음의 의미를 인식하는 이들에 대한 종의 속죄 사역의 지속적인 영향을 의미한다고 여긴다.

의원이신 예수

신약성서는 치유와 관련한 두 가지 주제를 모두 취한다. 그리스도가 우리의 죄를 대신 지고 우리를 용서하심으로써 발생하는 우리의 결함에 대한 치유와, 하나님과 우리 사이의 깨어진 관계에 대한 치유다. 복음서 저자들은 예수를 육체의 치유자로 묘사한다. 구약성서가 의원들에게 아무런 역할도 제시하지 않는 반면, 예수는 그의 사역의 시작 단계에서부터 자신을 의원으로 선언한다(눅 4:23). 예수는 "모든 도시와 마을에 두루 다니사 그들의 회당에서 가르치시며 천국 복음을 전파하시며 모든 병과 모든 약한 것을 고치셨다"(마 9:35). 그의 치유 사역은 일상적이고 핵심적이었다. 마가복음서의 거의 1/3은 예수의 치유 사역에 관한 이야기다. 좀 더 신학적인 내용을 담고 있는 요한복음을 포함해도, 사복음서의 약 20%는 치유의 문제를 다루고 있다. 우리는 "신약성서에서 치유라는 홍수의 문이 열렸다고 느끼지 않을 수 없다. 실개천이 홍수가 되었고, 예외적인 것이 기준이 되었다."[17]

신적 치유자인 예수는 성부 하나님께 치유를 바라는 기도를 드리지 않고 직접 그리고 즉각 치유하신다. 다리를 저는 자는 일어나라는 말을 듣고, 나병환자는 깨끗함을 얻고, 혈루병을 오래 앓던 여인은 더 이상 고통을 당하지 않고, 눈먼 자는 보고, 죽은 자는 일어서라는 명령을 받고, 마귀들은 쫓겨난다. 이로써 예수는 자신과 구약 시대의 신적 치유자들 간의 연속성을 보인다. 이 신적 치유자가 영적이고 육체적인 치유 사역을 직접 수행할 능력을 지니고 육신을 입은 채 세상에 왔다는 것 외에 둘 사이에는 그 어떤 단절도 없다.

17_Brown, *Israel's Divine Healer*, 208.

마태는 확실히 육체적 치유를 고려하고 있다. 그는 예수의 치유 사역—마귀를 내쫓고 병자들을 치유하는 일—을 예수가 직접 이사야의 예언을 성취하는 것으로 여긴다. 이와 관련해 그는 이사야 53:4을 인용한다. "그가 우리의 연약한 것을 친히 담당하시고 병을 짊어지셨도다"(마 8:17). 여기에는 그 어떤 영성화도 없다. 예수는 자기가 치유하는 이들의 연약함을 스스로 떠맡고(*lambanō*) 짊어진다(*bastazō*). 더 나아가 마태는 죄와 질병이 서로 연결된다고 여긴다. 마태복음 9장에 나오는 중풍병자의 치유에 관한 이어지는 이야기는 예수가 중풍병자의 육체에 대한 치유를 그의 죄에 대한 영적 처리와 구분하지 않고 있음을 분명하게 보여준다. 중풍병자를 보면서 예수는 그에게 그의 죄가 사하여졌다고 말씀하신다. 질문을 받았을 때 그는 그 병의 육체적 차원에 관심을 보이면서 중풍병자를 향해 이렇게 말씀하신다. "일어나 네 침상을 가지고 집으로 가라"(마 9:6). 그분은 앞의 말이 뒤의 말만큼이나 쉽다고 설명하신다. 중풍병에 대한 치유는 예수가 죄를 사하기 위해 갖고 계신 것과 동일한 능력과 권위로부터 나온다.

이런 주장에 반대하는 이들은 마태는 이사야서를 인용할 때 속죄에 대해 생각하지 못했을 것이라고 주장한다. 한편으로, 그들은 예수는 그가 치유하셨던 이들의 질병을 실제로 떠맡은 것이 아니라고 주장한다. 특별히 그는 그가 내쫓은 마귀들이 자기 안에 서식하지 못하게 했는데, 사실 그런 일은 "하나님의 아들에게는 생각조차 할 수 없는" 그 무엇이었다.[18] 다른 한편으로, 그리스도는 아직 십자가에 달려 고난을 받아 죽지 않으셨다. 질병의 치유와 속죄의 연관성은 그 어떤 본질적인 연관성 안에서가 아니라 오직 그 둘 모두를 이루는 예수의 능력 안에서만 발견된다. 그러나 매

18_John Wilkinson, "Physical Healing and the Atonement," *The Evangelical Quarterly* 63 (1991): 159.

우 흥미롭게도 마태는 이사야 53장의 70인역 번역("이 사람이 우리의 죄를 짊어지고 우리를 위해 고통을 당한다")을 사용하지 않고 마소라 본문을 그리스어로 번역한다. 70인역은 이사야 53장에서 죄와 의를 언급하는 구절과 3절과 4절을 긴밀히 연결시키는 반면, 마태의 마소라 본문 번역은 예수의 치유 사역을 그가 우리의 고통과 고난을 지고 가시는 것과 직접적으로 연결하고 있다. 우리는 마태가 속죄가 갖고 있는 치유의 차원을 의도적으로 가리키고 있다는 사실을 못 알아차리기가 어렵다. 예수가 짊어진 혹은 취한 것과 관련해서 우리로서는 비록 예수가 마귀의 능력을 취하지는 않으나, 그가 죄를 짊어짐이 그에게 육체적으로 영향을 주었다고 생각할 충분한 이유가 있다. 특히 그가 겟세마네 동산에서 고뇌할 때 그의 "땀이 땅에 떨어지는 핏방울 같이 되더라"(눅 22:44)라는 누가의 진술에 비추어볼 때 그러하다.

치유가 예수의 권능으로부터 흘러나오는 것은 사실이다. 그러나 치유는 또한 죄를 용서하는 그의 능력과 권위와도 연관되어 있다. 우리는 예수의 치유와 가르침의 사역을 그의 수난과 죽음으로부터 잘라내면서 그의 삶을 너무 쉽게 두 갈래로 나눠서는 안 된다. 그리스도의 속죄 사역은 단순히 그의 죽음이라는 사건에 국한될 수 없다. 오히려 우리는 이런 치유 사역을 온전한 성육신적 사건의 일부로 여겨야 한다. 바울이 그의 성육신을 기리는 찬양을 통해 지적하듯이, "그리스도의 마음"은 성육신과 함께 시작되며 그의 사역 전체를 통해 확장된다.[19] 마귀들조차 예수의 치유 사역과 그가 그리스도라는 사실 사이의 연관성을 인정했다고 보고된다(눅 4:40-41). "만약 예수가 행한 치유가 악에 의해 야기된 고통의 영역 안으로 하나님 나라가 침투하는 것을 전제한다면(앞선 구절[마 8:28-34]이 전하는 축

19_ 사 53:2도 종의 "성장"과 함께 시작된다.

귀 사건을 통해 가장 인상적으로 드러나듯이), 질병에 대한 치유는 보다 큰 그림, 즉 죄 자체 — 단지 그것의 증상이 아니라 — 가 결정타를 맞는 그림의 일부일 뿐이다."[20]

속죄를 통해 실현이 가능해지는 하나님 나라는 복음의 선포와 더불어 시작된다. "내가 하나님의 성령을 힘입어 귀신을 쫓아내는 것이면 하나님의 나라가 이미 너희에게 임하였느니라"(마 12:28). 예수는 열두 제자를 파송하면서 그들에게 "천국이 가까이 왔다"고 선포하라고 가르치신다. 또한 그들은 "병든 자를 고치며 죽은 자를 살리며 나병환자를 깨끗하게 하며 귀신을 쫓아내야 한다"(마 10:7-8). 그들의 선포는 그들의 치유 사역과 연결되어 있다(눅 9:6). 그리고 예수는 임무를 마치고 돌아오는 그들을 환영하면서 그들에게 "하나님 나라의 일을 이야기하시고, 치유가 필요한 자들을 치유하셨다"(눅 9:11).

한편 신약성서 저자들은 치유로서의 속죄가 근본적으로 우리의 악함을 다룬다고 여긴다(예. 눅 22:37). 비록 요한복음 12:37-40이 하나님의 계시의 징표인 예수의 기적적인 치유가 그것을 목격한 자들을 믿음에 이르게 하는 데 실패했음을 지적함으로써(사 53:1) 육체적 치유와 영적 치유를 연결시키고 있으나, 요한의 강조점은 분명하게 영적인 것에 놓인다. 그는 하나님이 그들의 눈멂과 침체된 마음 때문에 예수 믿기를 거부했던 이들을 치유하지 않으실 것이라는 이사야의 진술(사 6:10)을 상기시킨다. 사도행전 28:26-27에서 바울은 그와 비슷하게 이사야 6장을 인용하면서 오직 구원의 영적 치유만을 강조한다.

그리스도의 속죄는 우리 인간의 근본적인 곤경, 즉 우리의 불순종과

20_Donald A. Hagner, *Matthew 1-13*, Word Biblical Commentary 33a (Dallas: Word, 1993), 232. 『마태복음 상: WBC 성경주석시리즈』(솔로몬 역간, 1999).

그분을 대체하려는 시도로 인해 우리가 하나님으로부터 소외된 상황을 치유한다. 한때 하나님의 적이었던 우리는 그리스도의 속죄로 인해 그분과의 올바른 관계를 회복한다. 그리고 이제 우리는 그분과 화목한 상태가 되었다(롬 5:10-11). 우리의 죄는 용서되고 더 이상 우리에게 맞서지 않는다(고후 5:18-19). 그리스도는 우리의 형벌뿐 아니라 우리의 죄 자체를 짊어지시며(고후 5:21) 우리를 위해 중보하신다(롬 8:34). 이 회복의 과정에서 우리는 성부 하나님의 자비와 그분의 아들이신 그리스도의 고통스러운 죽음을 통해 샬롬을 얻는다.

요약하자면, 예수의 치유 사역은 육체적인 것과 영적인 것 모두를 포괄한다. 새 언약의 도래는 죄와 그것에 대한 징벌로서의 고통 사이의 연관성을 깨뜨리지 않는다. (그러나 다시 말하지만 모든 질병이 죄로 인한 것은 아니다. 그런 연관은 예컨대, 야이로의 딸, 나사로, 혹은 다른 많은 이들의 경우에 해당하지 않는다.) 그러므로 죄와 질병 모두를 동시에 다루는 예수의 사역은 통전적이다. 예수는 통전적인 방식으로 구원한다. 그는 사람들을 병으로부터 구원하시고(눅 8:48), 죽음으로부터 구원하시고(눅 8:49), 마귀로부터 구원하시고(눅 8:26-28), 죄로부터 구원하신다(눅 7:50). 다시 말하지만, 마지막 것은 그것이 다른 모든 것의 근원을 다룬다는 점에서 중요하다.

우리는 속죄가 전통적인 치유 과정이라는 모델, 즉 고대 이스라엘 백성이 익숙했을 모델을 사용한다고 해석할 수도 있다. 우리는 스스로 치료할 수 없는 죄로 인해 병들어 있다. 언약의 진영에서 쫓겨난 우리는 죽음을 기다린다. 하나님은 우리에게 회개하고 악한 길에서 돌이키라고 명하시며 우리의 필요에 반응해 극적인 방식으로 치유를 제공하신다. 치유는 죄라는 우리의 근본적인 인간적 곤경을 다루면서 우리에게서 죄를 제거한다는 점에서 **치료적이다**. 또한 그것은 우리를 온전한 상태로, 즉 우리가 그분의 언약을, 그리고 우리와 화해하기 위해 우리를 용서하시려는 그분의 시도를 거부하면서 지은 죄 때문에 떨어져 나간 하나님과의 관계의 온전함으로, 질병이 제거된 우리의 성품의 온전함으로, 그리고 우리가 거기로부터 추방된 하나님의 공동체의 온전함으로 되돌리기에 **회복적이다.** 단순히 증상만이 아니라 인간의 곤경의 근본적인 원인을 다루는 위대한 치유자이신 하나님은 우리에게 샬롬을 가져다주시기 위한 속죄적 치유를 통전적으로 시작하시고 이행하신다.

고난 받는 종 예수

예수를 이사야 53장이 말하는 고난 받는 종으로 여기는 오랜 전통이 존재한다. 기원후 2세기 전반에 활동했던 순교자 유스티누스(Justin Martyr)는 그의 책 『유대인 트리폰과의 대화』(*Dialogue with Tryphon the Jew*)에서 예수를 그 종의 역할을 맡은 이로 여겼다. 그러나 그와 같은 신원 확인은 그 이전부터 있었다. 베드로전서는 그리스도의 고난을 끈질긴 인내에 대한 예로 제시함으로써 시작하는 한 구절에서, 주제에서 살짝 벗어나 이사야 53장의 구절을 인용하면서 속죄를 우리의 죄를 다루는 것으로서 인상적으로 설명한다.

> 친히 나무에 달려 그 몸으로 우리 죄를 담당하셨으니 이는 우리로 죄에 대하여 죽고 의에 대하여 살게 하려 하심이라. 그가 채찍에 맞음으로 너희는 나음을 얻었나니 너희가 전에는 양과 같이 길을 잃었더니 이제는 너희 영혼의 목자와 감독 되신 이에게 돌아왔느니라(벧전 2:24-25).

이와 같은 신원 확인의 역사에도 불구하고, 비평가들은 예수의 대리적 죽음에 대한 신약성서의 논의가 이사야 53장에 의해 형성되었거나 영향을 받은 정도에 관해 논쟁을 벌여왔다. 모나 후커(Morna Hooker)는 그녀의 중요한 책 『예수와 그 종』(*Jesus and the Servant*)에서 베드로전서를 제외하고 이사야 53장을 분명하게 인용하는 신약성서의 구절들은 그 종의 고난이 갖고 있는 속죄적 의미를 다루지 않는다고 주장했다.[21] 우리가 보았듯이 마태복음 8:17은 속죄가 아니라 육체적 치유를 강조한다. 마가복음 15:28(아마도 훗날 첨가된 구절)과 누가복음 22:3은 이사야 53장을 수난 사건을 위한 예언적 증거 본문으로 사용한다. 요한복음 12:38, 로마서 10:16, 15:21은 이사야 53:1과 52:15에 호소하면서 예수와 복음에 대한 예견된 거부 혹은 수용에 대해 언급한다. 사도행전 8장은 그리스도의 고난에 대해 묘사하지만, 그것을 속죄의 측면에서 해석하는 구절의 앞부분과 뒷부분을 생략하고 있다. 그 종의 속죄의 의미가 그리스도의 속죄 사역과 분명하게 연결된 것은 베드로전서에 와서였다.

후커의 주장이 유효하기는 하나, 그것은 치유로서의 속죄라는 견해를 전혀 손상시키지 않으며, 속죄가 이사야 53장의 종의 노래에 근거할 수 없음을 의미하지도 않는다. 그것은 단지 이런 연관성이 교회가 그리스도의 성품과 사역에 대해 신학적 성찰을 해나갈 때 점차적으로 발전된다는 것을 의미할 뿐이다. 치유로서의 속죄라는 관점은 여전히 남아 있다.

그러나 후커의 주장은 옳은가? 이 글은 비평을 위한 것은 아니지만, 다음 세 가지는 지적해두는 것이 좋을 것 같다. 첫째, 이 주장은 육체적 고통의 치유와 우리가 이미 마태복음 8-9장을 특징짓는다고 주목했던 죄의 치유/용서 사이의 연관성을 간과한다. 특정한 원문의 인용을 살피는 협소한 접근법이 아니라면, 마태복음 8장에 등장하는 치유하는 예수와 9장에

21_Morna Hooker, *Jesus and the Servant* (London: SPCK, 1959).

실려 있는 치유하고/용서하는 예수 사이의, 그리고 이런 구절들과 마태복음 12:15-21이 언급하는 치유하고 승리하는 종을 예수와 동일시하는 것 사이의 연관성을 놓치지 않을 것이다.[22]

더 나아가 예수가 이사야서의 내용을 아주 잘 알고 있었음은 분명하다. 그는 사역의 시작 단계에서부터 이사야가 했던 회복에 관한 말들을 염두에 두고 있었다. 예수가 회당에서 읽었던 이사야서 구절 중 일부에서 이사야는 기름 부음을 받은 자를 해방자와 회복자로 여긴다(사 61:1-6). 예수가 그 구절을 해석할 때, 그가 말하는 해방과 회복은 단순히 **한 국가의** 정치적인 혹은 영적인 해방이 아니라 **개인적인** 것이기도 했다. 즉 그것은 갇힌 자들에게 제공되는 정치적인 자유, 눈먼 자들에게 제공되는 시력의 회복, 그리고 예수가 회당에서 두루마리를 읽은 후에 발생한 사건들이 보여주듯이 귀신 들림과 질병의 굴레로부터의 해방이었다.

사역 막바지에 예수는 엠마오로 가는 길에서 자신의 동행들에게 "모세와 모든 선지자의 글로 시작하여 모든 성경에 쓴 바 자기에 관한 것을 자세히 설명하셨다"(눅 24:25-27). 이 구절은 특별히 그런 글들 중 이사야 53장을 언급하지 않지만, 그것과 긴밀하게 연결된 앞선 구절에서 예수는 (겟세마네 동산에서) 이사야 53장을 인용하신다(눅 22:37). 여기서 예수는 자신을 그 종과 그 종에게 일어나는 일과 동일시하신다. 이런 구절들을 함께 고려할 때 비록 우리가 실제로 이사야 53장의 신학을 구체적으로 표현하는 예수의 말씀을 갖고 있지는 않으나, 적어도 예수가 자신을 그 종의 역할과 동일시하셨을 뿐 아니라, 이 주제가 예수의 메시아로서의 자기인식과 그의 치유/구원 사역을 형성하는 데 도움을 주었다고 여길 만한 충분

22_ 예수를 종과 동일시하는 일이 그가 육체적 질병과 귀신 들림을 치유하는 맥락에서 일어난다는 사실에 다시 한번 주목하라.

한 이유를 갖고 있다.[23]

마지막으로 비록 로마서 10장에서 바울이, 그리고 사도행전 8장에서 누가가 고난 받는 종에 관한 신학을 발전시키지는 않으나, 그들에 의해 그 종은 복음의 맥락에서 예수와 동일시된다(행 8:34; 롬 10:16). 그것은 마태가 예수의 치유 및 회복 사역을 통해 이루어진다고 말하는 하나님 나라의 도래에 관한 동일한 복음이다. 그것은 다음과 같은 일을 하는 이들이 전하는 복음이다.

좋은 소식을 전하며
평화를 공포하며
복된 좋은 소식을 가져오며
구원을 공포하며
시온을 향하여 이르기를
"네 하나님이 통치하신다" 하는 자…
여호와께서 열방의 목전에서
그의 거룩한 팔을 나타내셨으므로
땅 끝까지도 모두
우리 하나님의 구원을 보았도다(사 52:7, 10).

야웨의 팔을 통해 계시된 구원은 다름 아닌 이사야 53:1에 나오는 종,

23_ 사실, 누가가 예수와 그의 구원 사역을 이사야서의 맥락에서 이해하고 있음은 눅 4장에 나오는 자신에 대한 그의 소개를 통해서뿐 아니라 세례자 요한이 사 40장을 인용해 그의 사역에 대해 서론적 갈채를 보내는 것을 통해서도 입증된다(눅 3:4-6). 이사야의 관점이 마가복음의 기저에서도 나타난다는 주장을 위해서는 Rikki E. Watts, "Jesus' Death, Isaiah 53, and Mark 10:45," in *Jesus and the Suffering Servant*, eds. William Bellinger Jr. and William Farmer (Harrisburg, Penn.: Trinity Press International, 1998), 125-51을 보라.

즉 빌립과 바울 모두가 선포했던 이의 사역이다.

치유로서의 속죄는 어떻게 이해할 수 있는가?

이사야서는 우리에게 그리스도가 정확히 어떻게 우리의 질병과 고통과 죄를 짊어지셨는지에 대해 알려주지 않는다. 불가타역은 이사야 53:4을 그 종이 실제로 육체적 질병과 아픔을 드러내며 나병환자가 되었다고 전하는 것으로 해석한다. 다른 작가들은 보다 약하게 그리스도는 병에 걸리는 것이 어떤 것인지를 이해하고 알았으나 실제로 병에 걸리지는 않았다고 주장한다.[24] 그러나 그 누구도 이사야가 그 종이 고통을 알았거나 경험했다고—실제로 사람들이 그에게 등을 돌리고 "귀히 여기지 아니하였"을 정도로—강조하는 것을 정당하게 다루지 않는다. 주변 문화권에서 발견되는 전통적인 치유의 방법은 종종 상징적인 차원을 포함하고 있었다. 모양(병든 기관과 유사한),[25] 감촉, 색깔 같은 특징이 종종 치유 과정에서 식물이나 부적을 사용하는 방식을 규정했다. 이사야 53장과 로마서 8:3 모두 그리스도의 속죄를 이스라엘의 국가적 속죄 의식(레 16장)과 상징적으로 연결시킨다. 그 희생제사에는 두 단계가 있었다. 하나는 속죄제를 위해 짐승을 잡는 것이고, 다른 하나는 죄를 짊어진 염소를 광야로 내보내는 것이었다. 첫 번째 단계는 고통과 죽음을 통해 속죄를 가져온다. 피는 공동체를 불결한 상태로부터 성별함으로써 그것을 상징적으로 정화시킨다. 두 번째 단

24_ Wilkinson, "Physical Healing and the Atonement," 158.

25_ 후기 청동 1기 시대에 유래한 간 모형(liver models)이 아마도 치유에 사용되었을 놋뱀이 출토된 하솔의 한 지역에서 발견되었다. B. Landsberger and H. Tadmor, "Fragments of Clay Liver Models," *Israel Exploration Journal* 14 (1964): 201-18.

계는 공동체로부터의 죄를 상징적으로 떠맡는다. 이런 상징적인 모티프들은 그 종의 속죄 행위에서 발견된다. 그리스도의 고난과 죽음은 언약에서 떠난 이들을 깨끗하게 한다. 그리고 "우리를 위해 죄가 되신"(고후 5:21) 그가 마치 염소가 죄를 지고 광야로 가듯이 직접 우리의 죄를 짊어지신다(사 53:11). 이 과정에서 그는 우리를 치료된(의로워진) 자들로서 하나님께로, 그리고 공동체로 돌려보낸다. 그러나 우리가 예상할 수 있듯이 이런 상징은 구체적인 "방법"에 대해서는 아무런 설명도 제공하지 않는다.

전통적인 문화는 치유를 상징적인 것인 동시에 실제적인 것으로 여긴다. 무당들은 어떻게든 병자에게 침투한 질병의 (대개 외적인) 원인을 제거함으로써 치유를 가져온다. 그러나 일설에 의하면 그들은 이질적인 무언가를 빨아내거나 제거함으로써, 혹은 어떤 다른 방식으로 그 병을 자기 자신에게 전가함으로써 병을 잠시 동안 떠안고서 자기들이 그것을 제거할 수 있을 때까지 고통을 당한다.[26] 만약 병이 심각하다면 무당은 치유 과정에서 자신의 생명을 잃을 수도 있다. 그 정도로 위험이 클 수 있다. 그런 행습이 이스라엘이나 그 주변 문화권에도 알려져 있었는지는 모르겠다. 그러나 샤머니즘적 치유 의식은 종이 그 자신의 상처를 통해 다른 이의 죄를 짊어지고 치유한다는 이사야서의 구절과 도발적으로 상응하는 문화적 모티프를 암시한다.

종/의원의 죽음

왜 종 혹은 의원의 죽음이 필요한가? 대부분의 속죄 이론에서 이것은 문

26_Doug Boyd, *Rolling Thunder* (New York: Random House, 1974), 20-21.

제의 핵심이다. 만약 하나님이 전능하시고 자비로우시다면, 그분은 왜 자기 아들의 죽음이라는 값을 구원에 이르는 방식으로 요구하시는가?

그 질문에 대한 우리의 대답은 그 종이 짊어진 우리의 질병이 갖고 있는 독성이라는 문제까지 거슬러 올라갈 수 있다. 그가 떠안는 것은 결코 사소한 문제가 아니다. 죄의 삯은 사망이다(롬 6:23). 죽음은 어떤 형태로든 죄를 통해 세상 속으로 들어왔다(롬 5:12). 그리스도는 이 치명적인 독을 스스로 떠맡으셨다. 그 독은 너무나 강력해서 죽음—우리의 죽음과 그 자신의 죽음—을 초래했다. 하지만 다른 한편으로 그것은 그렇게 강력하지 않아서 죽음이 그 의원을 영구히 붙잡아두지 못했다. 죽음은 죄 안에 있다. 하나님이 아니라 우리의 죄가 그 의원을 죽였다. 하나님의 역할은 자비롭게도 그분의 종/의원을 보내어 우리를 치유하게 하시고 그 후에 그에게 생명과 권능을 회복시켜주시는 것이다.

연관성에 대한 의문

어떤 이들은 고난과 치유를 연관시키는 것은 악용이라면서, 즉 그것은 다른 이에게 고통을 가하도록 용인하는 것이라면서 이런 주장에 대해 반대한다. 예컨대,

> 기독교는 우리가 학대를 수용하도록 만드는 주요한—많은 여성의 삶에서 근본적인—세력이었다. 세상의 구주로서 십자가에 달리신 그리스도라는 핵심 이미지는 고난이 구속하는 힘을 갖고 있다는 메시지를 전한다. 만약 지금까지 살았던 가장 훌륭한 사람이 다른 이들을 위해 자신의 생명을 내어주었다면, 우리 역시 가치 있게 되기 위해서는 우리 자신을 희생시켜야 한다.…우리가

다른 이들을 위해 고난을 받는 것이 세상을 구할 것이다.[27]

이 주장의 요점은 고난은 구속적이지도 치유적이지도 않을 뿐 아니라 오히려 압제적이라는 것이다. 그것은 희생자에게 영광을 돌리고, 사람들로 하여금 다른 이들을 자신의 구원을 위한 희생물로 만들도록 부추기고, 희생자로 하여금 다른 이들의 구원을 위해 자신이 받는 고난을 환영하도록 부추긴다. 종종 여자들이 희생자가 되기에 어떤 페미니스트들은 희생, 고난, 죽음을 요구하는 속죄론을 거부한다. 죽음과 고난이 아니라 삶이 모티프가 되어야 한다는 것이다.

나는 고난 그 자체를 긍정하거나 찬양하지 않았다. 학대와 고문은 선하지도 바람직하지도 않다. 오히려 내 주장은 고난과 질병은 죄와 연결되어 있으며 그 둘 모두 제거되어야 한다는 것이다. 그래야 치유와 안녕(삶)이 고양된다. 문제는 죄와 고난을 제거하는 방법이다. 우리가 보았듯이 그리스도가 우리를 치유하시는 일에는 그분의 고난이 요구된다. 왜냐하면 그가 떠안고 제거하는 문제는 독성이 강하고 치명적이기 때문이다.

자기희생과 종노릇은 훌륭한 행위다. 그러나 많은 다른 좋은 것들의 경우처럼, 자기희생과 종노릇도 악용될 수 있다. 그것들이 오용되거나 압제를 받을 수 있음은 속죄가 갖고 있는 치유적 혹은 회복적 구조를 버려야 한다거나 그런 특징이 치유에서 중요한 역할을 할 수도 있음을 부정해야 한다는 뜻이 아니다. 치유자들은 공동체의 선을 위해 때로는 그들 자신의 건강과 안녕을 위험에 빠뜨리거나 심지어 희생해가면서까지 병자들을 돕는다. 사실 자기희생은 종종 다른 이들과 관계하고 그들을 돌보고 돕는

27_Joanne Carlson Brown and Rebecca Parker, "For God So Loved the World?" in *Christianity, Patriarchy and Abuse: A Feminist Critique*, ed. Joanne Carlson Brown and Carole R. Bohn (Cleveland: Pilgrim Press, 1989), 2.

사랑의 일부다. 사랑 때문에 하나님은 위대한 의사를 보내어 그로 하여금 우리의 죄를 떠안고 제거하게 하신다. 그렇지 않았더라면 우리는 깊은 인간적 곤경에 대한 치유책 없이 남아 있었을 것이다. 속죄와 그에 수반하는 고난과 희생은 하나님의 사랑의 일부다. 루이스가 지적하듯이 자기를 섬기는 필요로서의 사랑(self-serving need-love)과 희생적인 선물로서의 사랑(sacrificial gift-love) 모두는 포기되어서는 안 되지만 하나님에 의해 철저하게 변화되어야 한다.[28]

통전적 샬롬

이제 우리는 마지막 한 가지 문제를 다뤄야 한다. 많은 이들이 영적 치유나 회복으로서의 속죄에 대해서는 편안하게 여기면서도, 그 모델에 육체적(몸, 정신, 정서) 차원을 포함시키는 일에 대해서는 자신 없어 한다. 그들은 속죄는 죄를 다룰 뿐 질병을 다루지 않는다고 주장한다. 특히[29] 윌킨슨(Wilkinson)은 죄와 질병이 서로 다른 범주에 속해 있기에 죄에 적용되는 것이 질병에는 적용되지 않는다고 주장한다. "질병은 죄가 아니다. 하지만 그것은 죄의 결과다. 질병은 죄가 그런 것처럼 반드시 속죄되어야 하는 형벌을 갖고 있지 않다. 질병은 죄가 그런 것처럼 인간과 하나님의 교제를 훼방하지 않는다.…일단 우리가 죄와 질병이 서로 다른 범주에 속해 있음을 인식한다면, 우리는 속죄가 그것들에 서로 다른 방식으로 영향을 주리

28_C. S. Lewis, *The Four Loves* (New York: Harcourt Brace Jovanovich, 1960). 『네 가지 사랑』(홍성사 역간, 2005).

29_W. Kelly Bokovay, "The Relationship of Physical Healing to the Atonement," *Didaskalia* 3, no. 1 (1991): 24-39.

라는 것을 쉽게 알 수 있을 것이다."[30] 더 나아가 만약 육체적 치유가 속죄의 일부라면, 육체적 치유는 "속죄로 인해 이생에 속한 모든 이들에게 유용한" 것이 되어야 한다.[31] 다시 말해, 용서는 영원한 상태이지만, 성서와 경험은 우리에게 치유는 그렇지 않음을 보여준다. 용서받은 자들은 용서받은 상태로 남아 있지만, 치유되거나 회복되어 다시 삶을 얻은 이들은 어느 시점에 다시 병에 걸리고 결국은 죽는다. "치유하다"라는 단어에 대한 이사야의 다섯 번의 다른 용례들은 비유적이기에, 이사야 53장 역시 죄로부터의 치유를 언급하기 위해 "치유하다"라는 단어를 (베드로전서에서처럼) 비유적으로 사용한다.[32]

육체적 치유와 영적 치유가 방금 지적한 것처럼 서로 다르다는 사실은 참되며 중요하다. 그러나 이런 차이로부터 "육체적 치유가 이생에서 속죄를 통해 혹은 요구에 의해 얻을 수 있다는 주장은 이론적으로 타당하지 않다"는 결론이 자동으로 나오는 것은 아니다.[33] 치유를 적용하는 서로 다른 방식이 속죄의 육체적 차원을 부정하지 않는다. 그 다양한 방식은 단지 다차원적 속죄가 다양하게 이루어짐을 암시할 뿐이다. 만약 "라파"(*rāpā'*)가 "회복하다"라는 보다 넓은 의미에서 적절하게 이해된다는 브라운의 주장이 옳다면, 우리가 이사야의 다른 용례에서도 회복이 육체적 (혹은 정치적 혹은 경제적) 내용을 포함하지 않는다고 여겨야 할 이유는 없다.

예언서에서 질병과 고통이 마치 "치유"가 단지 용서 및 화해와 동일시되는

30_Wilkinson, "Physical Healing and the Atonement," 162.

31_Ibid., 161.

32_Richard L. Mayhue, "For What Did Christ Atone in Isa 53:4-5?" *Master's Seminary Journal* 6, no. 2 (1995), 128.

33_Wilkinson, "Physical Healing and the Atonement," 163.

것처럼, 단지 죄와 소외를 나타내는 상징적 표현이라고 말하는 것은 옳지 않다.…아마도 성서적 의식 안에서 사회생활은 대체로 오늘날보다 훨씬 더 통전적으로 보였을 것이다. 또한 종교, 가정생활, 정치적·경제적 안정, 건강과 복지는 서로 철저하게 뒤얽혀 있다고 보였을 것이다. 그러므로 샬롬(*šālôm*) 같은 개념들은 훨씬 더 광범위하고 중요한 의미를 지니고 있었고, 이스라엘이 "병들고" "치유"가 필요하다는 개념은 고대에 그 말을 듣는 이들에게는 엄격하게 은유적으로 인식되지 않았을 수도 있다.[34]

클라우스 베스터만(Claus Westermann)은 육체의 치유를 경시하는 것은 영혼과 몸의 분리라는 미리 가정된 전제와 그에 따라서 전자를 후자보다 높게 여기는 태도를 반영한다고 쓸모 있게 지적한다.

[육체적] 치유와 구원은 성격상 다르다. 각각의 단어는 하나님이 행동하시는 기본적으로 다른 방식을 가리킨다. 비록 양쪽 모두 많은 것을 공유하고는 있으나, 구원이라는 사건은 [육체적] 치유라는 사건과는 다른 구조를 갖고 있다. 기독교 신학은 항상 치유와 구원을 밀접하게 연관시키려 해왔는데, 늘 치유를 구원에 종속시키는 방식으로 해왔다. 대개 [육체적] 치유는 구원을 가리키거나 구원을 가져오는 자의 권위를 입증하는 징표가 되었다.…일단 치유가 **단지** 어떤 징표로 규정되고 나면 그것은 즉시 격이 떨어진다.…치유는 비본질적이고, 구원은 본질적이다.[35]

전인(全人)으로서의 개인을 다룰 때 우리는 육체적 치유가 우리의 온

34_Brown, 185, 188.

35_C. Westermann, "Salvation and Healing in the Community: The Old Testament Understanding," *International Review of Mission* 71 (1972): 9.

전한 안녕의 본질적 일부임을 이해한다. 사실 베스터만이 계속해서 말하듯이 "구약성서에서 구원과 치유의 관계는 치유가 구원에 종속되는 식으로 정의되어서는 안 된다. 오히려 하나님이 인간을 다루시는 두 가지의 기본적으로 다른 방식이 존재한다. 구원과 치유가 그것이다."[36] 만약 우리가 육체적 치유와 정신적 치유(구원) 모두를 다룬다면, 그 둘 모두를 그리스도의 속죄 안에 위치시킬 수 있다. 그 둘 모두에서 우리는 하나님을 만난다.[37]

더 나아가 그 둘 사이에는 적어도 한 가지 중요한 점에서 평행이 존재한다. 우리의 죄가 용서된다는 것은 우리가 죄인이 되기를 그친다는 뜻이 아니다. 루터가 지적했듯이, 구원을 얻음은 죄로부터 자유로워지는 것이 **아니라** 의로워진 죄인(justified sinner)이 되는 것이다. 우리는 의로운(비난할 것이 없는) 동시에 죄인(그러나 죄가 우리의 삶을 지배하기를 허락하지는 않는—롬 6:11-14)이다. 유사하게 우리가 치유를 얻음은 미래의 질병으로부터 자유로워진다는 뜻이 **아니다.** 우리는 치유되었으면서도 그와 동시에 질병에, 그리고 궁극적으로는 죽음에 종속되어 있다. 그러나 두 경우 모두에서 우리는 하나님의 치유를 건강하게, 그리고 성령이 이끄시는 삶을 통해 보완해야 한다(롬 8:9-13).

치유의 두 측면의 온전함은 이사야 53장 분문의 마지막 부분을 통해 강화된다. 거기서 종은 죄인들을 위해 중보하는 자로 묘사된다. 이것은 죄의 영적 차원뿐 아니라 기도를 촉발하는 의료적 차원에도 해당한다. 이미 나는 교회가 병자들에게 기름을 붓고 기도해서 치유를 얻게 하라는 야고보의 권면에 대해 언급한 바 있다. 이사야가 말하는 종은 자기 백성들과

36_Ibid., 18. "여호와께서 자기 백성에게 평강의 복을 주시리로다"(시 29:11).

37_Ibid., 13.

그들의 죄를 위해 중보한다. 그리고 죄는 질병과 연관되어 있기에 그의 중보는 치유를 일으키는 역할을 한다.[38] 그러므로 속죄에 관한 치유 모델은 우리의 질병을 대신 지기 위해서뿐 아니라 우리를 위한 치유적 중보를 위해서도 공간을 만들어낸다.

물론 하나님은 누구에게도 구원을 거부하지 않으시지만 중보가 늘 우리가 바라는 결과를 가져오지는 않는다는 비평가들의 말은 옳다. 하나님이 질병이나 고난을 항상 제거해주시지는 않는다. 그 이유에 대한 탐색은 우리를 하나님의 섭리라는 어려운 교리에 관한 토론으로 이끌어갈 텐데, 그런 토론은 이 책의 범위를 벗어난다. 그러나 치유가 어떤 이를 하나님과의 관계 안으로 이끌어갈 수 있고, 치유되지 **않는** 것 역시 그럴 수 있다는 개념은 고찰해볼 만한 가치가 있다. 홀로코스트의 생존자인 엘리 위젤(Elie Wiesel)은 2005년 4월에 "신앙을 말하다"(Speaking of Faith)라는 라디오 프로그램에 출연해 인터뷰를 했다. 그 인터뷰에서 그는 하나님이 홀로코스트와 다른 수많은 집단 학살 때 자신이 택하신 백성들을 위해 개입하지 않고 그들을 포기하셨다고 비난했던 말을 거론하며 그가 무신론자가 아니냐는 인터뷰어의 주장을 부정했다. 오히려 위젤은 자기가 하나님을 비난할 수 있었던 것은 하나님에 대한 자신의 깊은 신앙으로부터 나왔다고 주장했다. 그것은 아브라함(창 18:23-33)과 욥(욥 40:1-2)에게 뿌리를 둔 하나님과 다투는 유대교 전통을 반영한다. 무신론자들은 하나님이 존재하신다고 믿지 않기에 그들에게는 하나님과의 논쟁이 아무런 의미를 갖지 못한다.

38_ 중보 역할은 모세를 따라 조형될 수도 있다. 유대인의 문헌에서 모세는 중보를 통해 자기 백성을 구원한 이로 간주되었다. *Testament of Moses*는 모세를 그의 고난과 죽음 모두를 통해서 이스라엘을 대신해 그들의 죄를 위해 중재하는 영원한 해방자로 묘사한다(David P. Moessner, "Suffering, Intercession and Eschatological Atonement: An Uncommon/Common View in the Testament of Moses and in Luke-Acts," in *The Pseudepigrapha and Early Biblical Interpretation*, ed. James H. Charlesworth and Craig A. Evans [Sheffield, U.K.: Sheffield Academic Press, 1992], 202-27).

실제로 그들은 논쟁할 대상이 없다. 하나님과 논쟁하기 위해서는 하나님이 존재하신다는 깊은 믿음이 필요하다. 우리가 하나님과 다툴 수 있는 것은 그분이 존재하시기 때문이다. 그러므로 우리가 치유를 얻을 때 하나님을 만날 수 있는 것처럼, 치유되지 않은 우리 역시 치유가 일어나지 않는 이유를 알고자 하는 분투의 과정에서 하나님을 만날 수 있다. "치유는 그것이 주어지지 않은 사람이 하나님을 비난함으로써 하나님의 치유를 계속해서 고수한다는 점에서 또한 하나님의 행위로 인식될 수 있다."[39]

오늘날을 위한 의미

치유와 회복으로서의 속죄라는 교리로부터 다음과 같은 몇 가지 실제적인 결론이 나온다. 첫째, 우리는 우리의 죄가 용서되고 하나님과의 회복된 관계를 누리게 되리라는 확신을 얻을 수 있다. 이런 회복의 결과는 우리가 그리스도 안에서 누리는 엄청난 자유다. 과연 우리가 율법을 지키고 있는지 아니면 깨뜨리고 있는지 걱정하면서 율법 아래에서 살 필요가 없다(갈 5:1). 이것은 죄를 짓기 위한 자유가 아니라 의로운(고후 5:21), 그리고 하나님과 다른 이들을 섬기는(롬 6:1; 12:1-2) 삶을 살아가기 위한 자유다. 이것은 영의 샬롬이다.

둘째, 우리는 하나님이 우리의 안녕을 갈망하신다고 확신할 수 있다. 질병과 고통, 재앙과 역경 속에서 하나님은 우리의 선을 바라신다. 회복과 관련해 예레미야서에서 자주 인용되는 구절은 적절하다. "너희를 향한 나의 생각을 내가 아나니 평안이요 재앙이 아니니라. 너희에게 미래와 희망

39_Westermann, "Salvation and Healing," 18.

을 주는 것이니라"(렘 29:11). 이것은 우리의 육체적·사회적 존재의 샬롬이다. 치유를 위한 중보와 찬양, 그리고 심지어 하나님과 다투는 것(눅 11:5-8)까지 속죄와 상통한다. 야고보는 시대에 뒤지지 않았다(약 5:13-16).[40]

결론

나는 치유 혹은 회복으로서의 속죄라는 내 견해의 근거를 이사야서에서 찾았다. 이사야는 속죄를 우리의 죄와 그로 인한 질병을 치유하는 것으로 보았다. 우리는 이런 견해를 마태복음, 누가복음, 바울 서신, 베드로 서신에서 살펴보았는데, 거기서 속죄는 우리가 그를 통해 완전하고 사랑이 풍성하신 하나님을 만날 수 있는 예수 그리스도의 삶과 죽음 안에서 성취된다. 속죄는 그것의 가장 깊은 차원에서 최종적으로 인간의 곤경을 다루고 우리를 하나님과의, 우리 자신과의, 그리고 우리가 속한 공동체와의 샬롬으로 회복시키기 위한 유일한 방법으로서 그 위대한 의사가 우리의 죄와 고통을 짊어짐을 필요로 한다. 그 의사가 죄와 질병을 제거하실 때까지 그것은 그 독성으로 그를 죽음에 이르게 하면서 그의 위에 머문다. 그러나 좋은 소식은 그리스도에게 혹은 우리에게 죽음이 끝이 아니라는 것이다. 그러므로 장로 요한은 그의 편지를 다음과 같은 통전적인 인사말로 시작

40_ 오늘날의 몇 가지 연구 결과는 중보기도를 받은 이들이 그런 기도를 받지 못한 대조군보다 의료적으로 훨씬 나은 증상을 보인다고 알려준다. Randolph Byrd는 1994년에 샌프란시스코 종합병원 관상동맥집중치료실에 입원한 4백 명의 환자들을 대상으로 한 연구에서 "중보기도 그룹에 속한 이들이 회복기 동안에 울혈성 심부전을 덜 겪었고…삽관법도 덜 자주 했으며, 폐렴과 심폐정지도 덜 경험했다"는 사실을 알게 되었다(Gary Thomas, "Doctors Who Pray," *Christianity Today*, January 6, 1997, 20). 이 연구를 비롯한 다른 연구들은 중보가 치유 과정에서 어떤 역할을 하는지를 암시한다.

한다. "사랑하는 자여, 네 영혼이 잘됨 같이 네가 범사에 잘되고 강건하기를 내가 간구하노라"(요삼 1:2).

논평

승리자 그리스도론

그레고리 A. 보이드

나는 브루스 라이헨바흐가 (조엘 그린과 대조적으로) 성서 이야기에서 나타나는 속죄를 위한 다양한 은유를 하나의 단일하고 지배적인 주제를 중심으로 분류하고 이해하고자 애쓰는 것을 높이 평가한다. 나는 어떤 성서의 은유는 개념적으로 다른 것들보다 더 근본적이며 그러하기에 다른 은유를 가장 잘 이해할 수 있는 틀을 제공한다는 라이헨바흐의 주장에 동의한다. 더 나아가 라이헨바흐가 속죄에 대한 우리의 이해를 위해 치유의 중요성을 설명하며 보여준 탁월한 작업에 대해 박수를 보낸다. 나는 하나님이 예수의 삶과 죽음과 부활을 통해 모든 단계에서 인간과 우주에 치유를 가져다주셨다는 사실에 전심으로 동의한다.

그럼에도 나는 라이헨바흐가 치유와 관련한 은유와 가르침이 개념적으로 성서에 등장하는 속죄에 관한 **가장** 근본적인 은유와 가르침이라고 나에게 확신시키는 데 실패했다고 고백하지 않을 수 없다. 그는 나에게 치유 모티프가 예수의 삶과 죽음과 부활의 궁극적 중요성을 이해하기 위한 가장 넓고 가장 적절한 틀을 제공한다고 확신시키는 데 실패했다. 나는 그런 것들보다 우주적 갈등 및 영적 전쟁과 관련한 은유와 가르침이 훨씬 더 근본적이라고 생각한다. 속죄의 치유적 차원은 마귀에 대한 하나님의 승리의 한 측면으로 이해되어야 하는 반면, 마귀에 대한 하나님의 승리는 단순히 속죄의 치유적 차원의 한 측면으로 이해되어서는 안 된다.

예를 들어 설명해보자. 존슨이라는 이름의 과학자가 접촉하는 모든 바이러스를 즉각 전멸시킬 수 있는, 공기로 운반되며 자기 재생이 가능한 하나의 유기체를 만들었다고 가정해보라. 일단 그것이 공기 중에 유포되면 모든 바이러스성 질병이 세상에서 최종적으로 제거될 것이다. 그러니 바이러스성 질병으로 고통을 받아왔던 이들의 다음과 같은 선언은 아주 옳은 일이 될 것이다. "존슨 박사가 우리를 우리의 연약함으로부터 치유해주었다!" 그러나 분명히 이것은 존슨 박사가 이룬 일에 관해 말할 수 있는 **가장 근본적인 것**이 될 수 없다. 그것은 존슨 박사가 성취한 일에 대한 완전한 묘사나 설명을 제공하지 못한다. 왜냐하면 존슨 박사가 이룬 가장 근본적이고 중요한 일은 무엇보다도 인간과 동물의 질병을 일으키는 바이러스를 전멸시킨 것이기 때문이다. 그는 단지 사람과 동물들을 치유한 것이 아니다. **그는 바이러스를 정복했다!** 그는 바이러스성 질병 자체를 패퇴시켰다.

바이러스의 전멸은 이제 사람과 동물이 바이러스성 질병으로부터 치유된 사실을 설명해준다. 하지만 사람과 동물이 바이러스성 질병으로부터 치유되었다는 사실 그 자체는 이제 바이러스들이 전멸되었다는 사실을 설명해주지 못한다. 어쨌거나 존슨 박사의 발명 이전에도 많은 사람들이 모든 바이러스가 파멸되지 않은 상태에서 바이러스성 질병으로부터 회복되었다. 존슨 박사의 성취로 인해 일어난 변화는 장구한 세월 동안 지구의 대기권에서 번성하며 사람과 동물의 왕국을 괴롭혔던 악한 바이러스가 최종적으로 패퇴했다는 것이다. 그러므로 물론 우리는 사람과 동물들이 치유된 사실을 축하해야 하겠지만, 존슨 박사가 이룬 일을 적절하게 묘사하고 설명하는 것은 오직 이런 치유를 바이러스 자체에 대한 존슨 박사의 승리가 가져다준 유익한 결과로 해석하는 것을 통해서만 가능하다.

나는 이것이 정확하게 한편으로는 "권세들"에 대한 예수의 승리와 그리고 다른 한편으로는 속죄의 치유적 차원 사이의 관계와 같다고 주장한다. 확실히 예수의 삶과 죽음과 부활은 (적어도 원리상으로는) 우리의 영적·심리적·육체적 연약함으로부터 우리를 해방시킨다. 그러나 이것은 예수가 이룬 일에 대해 말할 수 있는 가장 근본적인 사항이 아니다. 예수가 우리에게 치유를 가져다준 궁극적 이유는 그가 "죽음의 세력을 잡은 자 곧 마귀"(히 2:14)를 멸하셨기 때문이다. "마귀의 일" 모두가 원칙적으로 끝났는데, 그것은 마귀가 패배했기 때문이다(요일 3:8). 그러므로 우리가 우리 자신의 치유를 포함해 이런 우주적 승리를 통해 받는 유익을 축하하는 일은 아주 적절하지만, 그런 유익이 근본적으로 이런 우주적 승리에 근거함을 잊지 말아야 한다. 바이러스에 관한 유비로 돌아가자면, 우리는 그저 치유를 얻은 것이 아니다. 우주의 바이러스 자체가 파멸되었다! 실제로 우리가 치유를 얻은 것은 오직 우주의 바이러스들이 파멸되었기 **때문이다.**

예수가 이룬 일에 관한 복음의 우주적 토대는 성서 전반에서 나타난다. 내 유비를 계속하자면 바이러스성 "통치자들과 권세들"은 십자가를 통해 정복되었고 그러하기에 "무력화되었다"(골 2:15). 인간이 그동안 경험해 왔던 "처음부터" 모든 영적·심리적·육체적 질병의 배후에 있었던 우주적 "살인자"는 마침내 "쫓겨났다"(요 8:44; 12:31). 우리가 살아가는 행성의 대기를 계속해서 오염시키고 있는 "공중의 권세 잡은 자"인 우주적 바이러스는 끝장났다(엡 2:2). 온 세상에 전염병을 옮길 수 있는 권세를 휘두르는 "이 세상의 신"은 패배했다(고후 4:4; 요일 5:19). 오랜 세월 동안 창조세계에 대한 하나님의 아름다운 계획과 맞서는 모든 것의 배후 권세였던 해로운 "이 세상의 통치자"는 정복되었다(요 12:31; 14:30; 16:11). 세상의 모든 나라를 소유하고 타락시켰던 미혹자는 마침내 폐위되었다(눅 4:5-6; 참고. 계 18:3; 20:3, 8). "자기의 소유"가 된 모든 자들을 억압하는 해로운 "강한 자"는 마침내 압도되었다(눅 11:21-22). 그렇다. 인간은 온 우주와 더불어 그리스도 안에서 치유를 얻는다. 그러나 그 이유를 설명해주는 것은 성서에 만연한 전쟁 모티프다.

예수는 단지 우리의 눈멂을 치유하지 않으셨다. 성서에 따르면 그는 어둠 그 자체와 맞서 그것을 극복하셨다(요일 1:4-5). 예수는 단지 포로들을 자유롭게 하지 않으셨다. "그는 사로잡혔던 자들을 사로잡으셨다"(엡 4:8). 예수는 단지 죄인들을 자유롭게 하지 않으셨다. 그는 죄의 권능 자체를 파괴하셨다(예. 롬 7:11; 8:1-2). 예수는 단지 우리를 정죄에서 벗어나게 하지 않으셨다. 그는 참소하는 자의 입을 막으셨다(계 12:10). 그리고 예수는 단지 우리의 연약함을 치유하지 않으셨다. 그는 바로 죽음의 주관자를 파멸시키셨다(히 2:14). 만약 우리가 이런 유익의 우주적 토대 대신 인류학적 유익에 집중한다면, 그때 우리는 그리스도가 이루신 일에 대한 성서의 설명을 심각하게 약화하고 왜곡하는 것이다.

적대적인 세력들에 대한 예수의 개입과 승리가 갖는 중심성은 예수에 관한 모든 것에서 분명하게 입증된다. 그것은 특히 그가 행했던 치유 사역에서 분명하게 드러난다. 이것은 내가 지면상의 이유 때문에 내 글에서 적절하게 강조하지 못했던 내용이다. 베드로는 "하나님이 나사렛 예수에게 성령과 능력을 기름 붓듯 하셨으매 그가 두루 다니시며 선한 일을 행하시고 **마귀에게 눌린 모든 사람을 고치셨으니**"(행 10:38, 강조는 덧붙인 것임)라고 선언하면서 예수가 중점적으로 행하시려 했던 일을 간명하게 요약한다. 비록 브루스 라이헨바흐는 반복해서 "하나님은 직접적으로든 간접적으로든 재앙을 가져오신다"고 주장하지만, 예수와 복음서 저자들은 한결같이 연약함을 사탄과 마귀의 탓으로 돌린다.[1] 예컨대, 사도행전 10:38은 예

1_ 요 5:14과 9:1-3은 이에 대한 유일한 예외를 제공한다. 그 둘 중 어느 것도 하나님이 이런 개인들

수가 직면하셨던 모든 질병과 연약함이 궁극적으로 (비록 때때로 직접적으로는 아닐지라도) 사람들이 마귀에 의해 압제당하는 방식이었다고 분명하게 전제한다. 하나님의 목적은 연약함을 통해서가 아니라 그것들에 대한 치유를 통해서, 그리고 비록 더 근본적으로는 아닐지라도 그것들을 초래하는 마귀의 권세를 물리침으로써 드러난다. 그것은 예수가 억압받는 자들을 대신해 치르는 전면전의 한 측면이다. 그러므로 예수의 치유의 궁극적 의미는 그것들이 갖고 있는 전쟁과 연관된 의미 안에서 발견된다.

이것이 내가 복음서 전반에서 발견하는 내용이다. 예컨대, 예수가 "꼬부라져 조금도 펴지 못하는" 한 여자와 마주쳤을 때, 누가는 그녀를 "열여덟 해 동안이나 귀신 들려 앓았다"고 묘사한다. 예수는 이렇게 물으신다. "열여덟 해 동안 사탄에게 매인 바 된 이 아브라함의 딸을 안식일에 이 매임에서 푸는 것이 합당하지 아니하냐?"(눅 13:11, 16) 이것은 **하나님이** 이 여자에게 내리신 재앙이 아니었다. 그것은 **사탄이** 그녀에게 가한 고통이었다. 하나님이 가져오신 것은 치유였다. 그리고 그분은 그리스도를 통해 그녀를 괴롭히던 영을 물리치심으로써 그렇게 하셨다.

그러므로 복음서 저자들은 때때로 연약함을 가리킬 때 문자적으로 "매질"(flogging)을 의미하는 단어 마스틱스(*mastix*)를 사용한다(막 3:10; 5:29, 34; 눅 7:21). 이것은 사도행전 10:38과 맥을 같이하면서 사탄이 우리를 압

에게 연약함을 초래하셨다는 우리의 결론을 **요구하지** 않는다. 그러나 비록 우리가 이를 인정할지라도, 그 어떤 구절도 질병과 연약함의 배후에 궁극적으로 하나님이 아닌 사탄이 있다는 일관된 가르침을 뒤집지는 않는다. 요 9장에 관한 논의를 위해서는 내 책 *God at War* (Downers Grove, Ill.: InterVarsity Press, 1977), 231-34를 보라. 또한 이 지점에서 나는 비록 구약성서에서—그리고 신약성서에서도 한 번(행 5:1-11)—하나님이 사람들에게 고통을 초래하셨음은 부인하기 어려우나, 성서는 어디에서도 이것이 하나님의 일반적인 방식(*modus operandi*)이라거나 또는 이것이 세상에서 질병, 병, 혹은 재앙이 일어나는 이유에 대한 일반적인 설명이라는 식의 결론을 암시하지 않음을 말해두어야 할 것 같다. 어떤 이들이 달리 가르친다고 여기는 다양한 구절에 관한 논의를 위해서는 *God at War*, 80-93; 144-54; 그리고 역시 내 책인 *Satan and the Problem of Evil* (Downers Grove, Ill.: InterVarsity Press, 2001), 394-416을 보라.

제하고 괴롭히는 하나의 수단이 연약함이라고 암시한다(눅 11:21-22). 때때로 예수는 특정한 질병 뒤에는 특정한 마귀가 있다고 확언하신다(예. 눅 11:14). 다른 때에 치유는 축귀로 간주되며 어떤 축귀는 치유로 묘사된다(예. 마 4:24; 12:22; 눅 7:21). 이것은 치유와 축귀가 동일하다는 의미가 아니다. 왜냐하면 그것들은 종종 분리되어 열거되고 다뤄지기 때문이다. 하지만 그것은 한편으로는 연약함과 마귀, 그리고 다른 한편으로는 치유와 영적 전쟁 사이의 밀접한 관계를 부각시킨다.

물론 내가 방금 말한 모든 것은 미묘한 설명을 요구한다. 예컨대, 내가 말한 바이러스에 관한 유비는 인간이 **단지** 우주적 전쟁의 희생자일 뿐임을 의미한다고 간주되어야 하는데, 물론 이것은 사실이 아니다. "권세들"이 마귀의 바이러스처럼 우리를 고통스럽게 하고 있으나, 또한 예수가 행한 핵심적인 일이 이런 바이러스를 파괴하고 그것을 통해 우리를 자유롭게 하셨으나, 만약 우리 자신이 자유롭게 선택한 반역이 아니었다면 결코 우리가 먼저 그런 반역적인 권세들에 대해 취약해지지는 않았으리라는 것 역시 사실이다. 세상에 존재하는 악의 배후에 **궁극적으로** 억압적인 권세들이 있다고 주장하는 것은—나는 우리가 그렇게 주장해야 한다고 믿는다—어떤 식으로든 악을 퍼뜨리는 일에 대한 인간의 책임을 축소하지 않는다. "마귀가 나로 하여금 그 일을 하게 했다"는 어설픈 주장은 성서적으로 혹은 경험적으로 정당화된 적이 결코 없다.

비슷한 맥락에서 우리가 억압적인 권세들이 파멸했기에 **원칙적으로** 해방되었다고 주장하는 것은 모든 개인이 **실제로** 해방되었음을 의미하지 않는다. 우리는 우리가 기꺼이 권세들에게 굴복하는 쪽을 택했던 것과 같은 방식으로 기꺼이 권세들에 대한 그리스도의 승리에 참여하는 쪽을 택해야 한다. 더 나아가 이것은 예수의 사역의 "객관적" 성취는 우리의 마음을 열어 그것을 우리의 삶에 적용하는 성령의 "주관적" 사역이 없다면 개별적으로 우리에게 구원을 베풀지는 않음을 의미한다(예. 행 16:14; 고전 12:3을 보라). 이런 토대 위에서 권세들이 **원칙적으로** 하나님의 아들의 삶과 죽음과 부활을 통해 패배했다는 주장은 어떤 식으로든 우리와 온 우주가 신약성서와 우리 자신의 경험이 분명하게 가르치듯이 계속해서 권세들에 의해 고통당하고 있음을 부정하지 않는다. 지금 우리는 디데이(D-day)와 브이데이(V-day) 사이에 살고 있다. 승리는 성취되었다. 하지만 그것은 아직 완전하게 드러나지 않았다.

그리스도의 승리가 완전하게 드러날 때, 인간과 온 우주는 모든 단계에서 치유를 얻을 것이다. 그러나 이런 치유가 그리스도의 승리의 놀라운 **측면**이기는 하나, 그것이 곧 **승리 그 자체**는 아님을 늘 기억하는 것이 중요하다.

논평

형벌 대속론

토마스 R. 슈라이너

브루스 라이헨바흐는 우리에게 그리스도의 속죄 사역의 치료적 혹은 치유적 차원을 유용하게 상기시킨다. 우리의 삶과 우주 안으로 샬롬을 가져오는 하나님의 회복 사역은 확실히 그리스도의 십자가 사역의 결과 중 하나다. 또한 라이헨바흐는 형벌 대속론의 핵심을 이루는 주제 중 몇 가지를 강조한다. "우리는 상습적인 언약 파괴자들이기에" 슬픈 상태에 있다. 우리는 죄를 지었고 하나님의 기준에 미치지 못했다. 그리고 그로 인한 결과는 라이헨바흐에 따르면, 영적인 동시에 육체적인 것으로 나타났다. 죄라는 마름병이 우리 실존의 모든 부분을 만진다. 그리고 육체적 질병은 죄의 결과 중 하나다—비록 그것이 라이헨바흐가 지적하듯이, 늘 개인적인 죄 때문은 아니라고 할지라도. 모든 질병은 우리가 죄악된 세상 속에서 살고 있다는 사실에 기인한다. 하지만 그것이 마치 우리의 질병이 특별한 죄에 대한 하나님의 심판을 증명하기라도 하는 것처럼, 예외 없이 개인적 죄의 탓으로 돌려져서는 안 된다.

라이헨바흐는 이사야 53장을 분석하는 일에 상당한 시간을 할애하고 희생제사가 대속적이라고 주장한다. 그러면서 이사야 53장이 베드로전서가 쓰일 때까지는 예수의 죽음에 대한 신약 시대의 이해를 형성하는 일에 중심적이지 않았다는 후커(Hooker)의 견해에 대해 정당하게 문제를 제기한다. 계속해서 그는 이사야 53장에서 묘사하는 속죄에는 죄에 대한 용서와 질병의 치유가 포함된다고 주장한다. 그는 마태복음 8:17에서 속죄가 갖고 있는 치유적 차원을 옳게 찾아내며, 그렇게 함으로써 죄에 대한 용서와 육체적 치유가 서로 산뜻하게 분리되지 않음을 보인다. 라이헨바흐는 모든 신자들이 이생에서 육체적 치유에 대한 약속을 갖고 있다거나, 병든 채 남아 있는 이들은 어떤 식으로든 죄를 지었다고 주장하지 않는다. 우리가 모든 질병은 궁극적으로 (비록 늘 직접적으로는 아니지만) 죄로 인한 것이라고, 십자가에서 우리가 죄에 대한 용서와 치유를 얻었다고, 그리고 그런 치유는 오직 모든 슬픔과 눈물과 질병이 사라지는 부활의 날에야 온전히 경험할 수 있다고 말하는 것은 옳다.

라이헨바흐의 글에서 나타나는 흥미로운 특징 중 하나는 그가 특별히 그리스도의 죽음에 대한 다른 해석에 맞서 치유라는 주제의 중심성을 주장하지 않는다는 점이다. 그는 치유라는 주제를 잘 드러내지만, 그것이 성서에서 속죄와 관련한 근본적인 주제라고 주장하려 하지 않는다. 이런 이유에서 그는 이 책이 기록된 목적 중 하나를 이행하지 않는 것처럼 보인다. 그러므로 내 논평의 나머지 부분에서 나는 왜 형벌 대속이 치유라는 주제보다 더 핵심적인지를 보이는 데 주력할 것이다.

치유론의 근본적인 문제는 그것이 하나님 대신 인간에게 집중한다는 것이다. 성서에 나타나는 계시의 하나님 중심성은 옆으로 밀려나고 인간을 위한 속죄의 결과가 주목의 대상이 된다. 보이드나 그린의 주장에 대해서도 동일한 비판을 제기할 수 있다. 그 모든 경우에 하나님의 거룩하심은 사실상 무시되며, 그분의 공의를 만족시키는 문제는 언급되지 않는다. 그것들은 인간의 치유, 마귀의 권세의 패배, 혹은 인간 상황의 본질에 집중하는 인간 중심적 속죄론의 결과들이다. 그런 접근법에서는 인간의 근본적인 죄가 우상숭배, 즉 하나님의 주권에 순복하고 그분에게 그분이 주님으로서 마땅히 받으셔야 할 찬양과 경배를 드리지 않는 것이라는 사실(롬 1:18-25)이 흐릿해지고 거의 언급되지 않는다. 초점이 인간에게 그리고 우리가 속죄로부터 얻어내는 유익에 맞춰지면, 하나님의 거룩하심이 지닌 놀라운 아름다움이 거의 보이지 않게 된다. 만약 그것이 십자가에서 발생한 일의 핵심에 하나님을 올려놓는 데 실패한다면, 또한 보다 특별하게 만약 그것이 죄로 인한 상처와 모욕 앞에서 하나님의 거룩하심과 공의로우심을 고려하는 데 실패한다면, 속죄에 관한 그 어떤 견해도 가장 중요한 것이 될 수 없다.

비록 브루스 라이헨바흐가 대속을 긍정하기는 하나, 아마도 그가 의미하는 것은 내가 그 용어로 의미하는 것과 같지 않을 것이다. 어쨌거나 그는 **형벌 대속**이라는 용어를 피한다. 그는 우리의 의사이신 예수가 몸소 우리의 죄를 짊어지셔야 했다고 주장한다. 그렇지 않았다면 죄에 대한 치유는 없었을 것이다. 그러나 그는 보이드처럼 왜 하나님이 우리의 죄를 치유하기 위해 자기 아들의 죽음을 요구하셨는지에 대한 설명을 제공하지 않는다. 하나님은 그분의 주권과 사랑으로 자신의 아들이 죽음의 고통을 당하는 일 없이 우리를 치유하실 수도 있었을 것처럼 보인다. 우리는 의사들이 우리가 앓고 있는 질병에 걸리지 않고서도 우리를 치유할 수 있음을 안다. 그러므로 죄의 질병이 오직 그리스도의 죽음을 통해서만 치유될 수 있는 이유를 이해하는 것이 도움이 될 것이다. 라이헨바흐는 이 문제를 상세하게 다루지 않는다. 따라서 우리는 성자의 죽음이 치유를 위해 필요했다는 그의 주장만 들을 뿐이다. 정확하게 이 지점에서 우리에게는 라이헨바흐의 속죄론에 근본이 되는 내용을 확인하고 지지해주는 성서 주석이 필요하다.

나는 독자들에게 내가 쓴 글을 권한다. 거기서 나는 형벌 대속론이 속죄라는 드라마를 가장 만족스럽게 설명한다는 사실을 주석을 통해 입증했다. 형벌 대속론이 다른 무엇보다도 중요한 것은 그것이 성서의 하나님 중심적 특성을 염두에 두고 있으며, 또한 구원사에서 나타나는 하나님의 사랑과 공의 모두를 입증하기 때문이다. 이것은 어떤 이들이 주장하듯이 추상적인 관념이 아니다. 왜냐하면 지금 우리는 역사의 시간과 공간 속에서 실제로 일어난 한 사건, 즉 그리스도의 십자가 사건에 대해 말하고 있기 때문이다! 그리스도의 십자가는 구원사 혹은 성서의 스토리라인과 분리되지 않는다. 그것은 성서의 스토리라인의 정점을 보여준다. 그리고 각각의 복음서들이 입증하듯이 예수의 죽음과 부활은 그 이야기의 절정이다.

또한 형벌 대속은 인간의 죄를 진지하게 다룬다. 죄는 단순히 우리를 기형으로 만드는 질병에 불과하지 않다. 그리고 우리는 단순히 외부의 권세에 의한 희생자가 아니다. 20세기가 보다 뻔뻔스러운 방식으로 입증해주었듯이 인간은 철저하게 악하다. 우리는 사탄과 마귀에게 사로잡혀 있다. 그러나 성서의 스토리라인 자체는 우리가 그렇게 속박된 것은 인간의 죄 때문임을 알려준다(창 3장). 우리는 죄에 속박되어 있다(롬 5-7장). 그러나 또한 우리는 기꺼이, 그리고 즐거이 죄를 짓는다. 아담의 아들과 딸인 우리가 죄를 짓는 것은 그것을 즐겁게 여기기 때문이다(엡 2:3). 또한 우리는 그것이 우리에게 생명을 가져다줄 것이라고 여긴다. 근본적으로 죄는 하나님과 그분의 주 되심에 대한 뿌리 깊은 반역이다. 복음이 우리에게 강력한 호소력을 갖는 이유는 우리가 우리를 지배하는 악에서 구조되어야 할 필요가 있음을 인정하면서 인간의 상황에 대해 얼버무리고 넘어가지 않기 때문이다.

거룩하신 하나님은 악을 견디지 못하신다. 구약성서를 읽을 때 종종 우리는 인간의 죄에 맞서 하나님의 진노가 의롭게 타오르는 것을 보게 된다. 신약성서에서도 모든 죄와 인간의 불복종에 맞서 하늘로부터 하나님의 진노가 나타나는데, 그것은 우리가 하나님으로부터 독립해 그분을 멀리 내던지고 우리 스스로 우리의 운명과 영혼의 주인이 되고자 하기 때문이다. 성서는 우리의 죄에 대한 용서가 이루어지기 위해서는 거룩하신 하나님의 진노가 충족되고 진정되어야 한다고 가르친다. 하나님은 사랑 때문에 자신의 아들을 보내셨다. 그리고 그 아들은 그분의 진노를 진정시키고 우리의 구원을 이루기 위해 기꺼이 사랑으로 우리에게 오셨다. 하나님의 거룩하심은 십자가에서 충족된다. 그러므로 하나님은 의로우신 동시에 예수 믿는 자를 의롭게 하시는 분이다(롬 3:21-26). 형벌 대속론이 성서와 아주 잘 들어맞는 것은 그것이 추상적이고 비인격적이어서가 아니라 오히려 자신의 의로우심 때문에 그 어떤 죄도 관용하실 수 없는 하나님의 인격적 거룩하심에 대한 열정으로 뜨겁게 타오르고 있기 때문이다. 그것은 모든 타락과 부패를 통해 드러나는 인간의 죄에 서치라이트를 비춘다. 또한 그것은 우리가 말할 수 없을 만큼 오만하고, 심각하게 이기적이며, 열렬한 하나님 증오자라는 사실을 알려준다. 그러나 십자가에서 우리는 가장 위대한 신비를 발견한다. 하나님의 자비로운 사랑과 그분의 무서운 진노가 십자가에서 만난다. 나는 왜 사람들이 이것이 윤리를 위한 아무런 기초도 제공하지 않는다고, 혹은 세상에서의 그리스도의 사역과 분리되어 있다고, 혹은 성서의 스토리라인과 일치하지 않는다고 말하는지 이해하지 못한다. 이신칭의(以信稱義)는 모든 기독교적 삶의 원천이다. 왜냐하면 우리는 매일 복음을 통해 우리에게 제공되는 은혜 안에서 살아가기 때문이다.

논평

만화경론

조엘 B. 그린

브루스 라이헨바흐는 이스라엘의 성서에 등장하는 야웨에 대한 가장 강력한 초상 중 하나인 "나는 너희를 치료하는 여호와임이라"(출 15:26)라는 구절을 소개하고 탐구한다. 야웨의 치유 사역은 우주에 대한 돌봄과 주권, 압제받는 자들을 위한 정의의 시행, 사랑과 자비의 확대, 지친 자들의 소생, 용서, 회복 같은 여러 이미지 중에서도 중앙을 차지한다. 치유는 하나님이 상황을 바로잡으시는 것이다. 유사하게 공관복음서에서 예수의 사역은 치유자로서의 전형적인 행위에 의해, 그리고 하나님의 구원의 능력을 직접 드러내는 분으로서의 그분의 초상에 의해 두드러진다. 예수가 권한을 위임받아 야웨의 은혜를 전하는 자로 자신을 선포하면서 행했던 치유는 그의 사역의 의미를 규정할 때 아주 중요하다. 그런 치유가 이루어지는 것은 예수의 사역 안에서 하나님의 종말론적 통치가 시작되었음을 알린다. 더 나아가 구약성서와 신약성서 모두가 하나님의 치유 사역에서 개인적으로든 집단적으로든 하나님의 백성이 수행하는 역할을 분명하게 밝힌다. 그러므로 성서 신학의 관점에서 보자면 치유라는 측면에서 이해되는 구원은 분명히 실제로 환영받을 만한 것이다.

그럼에도 치유로서의 속죄에 대한, 그리고 사실은 보다 일반적으로 속죄를 위한 은유로서의 치유라는 개념의 적절성에 대한 라이헨바흐의 설명에는 몇 가지 의문점이 남는다.

첫째, 통전적 샬롬에 대한 그의 관심에도 불구하고, 치유에 대한 라이헨바흐의 주장은 너무 자주 육체적인 것과 영적인 것 사이의 이분법을 허용한다.

신약성서의 세상에서 "구원"과 관련한 그리스어 — 소조(*sōzō*, "구원하다"), 소테르(*sōtēr*, "구원자"), 소테리온(*sōtērion*, "구원하기"), 소테리아(*sōtēria*, "구원") — 의 가장 일반적인 용법은 의료 행위와 연관되어 있다. "구원하다"는 "치유하다"였고, 의사들은 때때로 "구원자들"로 지칭되었다. 로마 시대 지중해 연안에서 치유의 기적은 왕, 황제, 군사 지도자들에게 헌정된 용어인 "거룩한 사람들"에 의한 것으로, 또한 그런 이들을 위한 것으로 간주되었다.[1] "구원", "평화", 혹은 "치유"로 일컬어지는 적으로부터의 구출은 정치적인 것만큼이나 종교적이었다. 필론(Philo)이 군사적·정치적 지도자로서 아우구스투스(Augustus)의 성공에 관해 한 말을 떠올려 보라. "이 사람은 사방에서 다가오는 폭풍을 잠잠하게 했던, 그리스인들과 야만인들에게 만연한 역병, 즉 남부와 동부로부터 내려와 중부와 북부를 향해 나아가며 그 지역들 사이에 있는 땅과 물 위에 재앙의 씨를 뿌렸던 역병을 치유했던 카이사르다."[2]

이런 시각은 이스라엘의 성서에서는 아주 익숙하다. 거기서 "구원"이라는 단어는 구출, 치유, 건강, 번영을 모두 가리킨다. 갈급한 자에게 물이

1_ 참고. Wendy Cotter, *Miracles in Greco-Roman Antiquity* (London: Routledge, 1999), 11-53; 보다 일반적인 것으로는, Ceslas Spicq, *Theological Lexicon of the New Testament* (Peabody, Mass.: Hendrickson, 1994), 3:344-49.

2_ Philo, *The Embassy to Gaius* 144-45, in Philo (Cambridge, Mass.: Harvard University Press, 1962), 10:73-74.

그러하듯이(사 12:3), 구원은 죄(사 64:5)와 질병의 위협을 처리한다. 야웨께서는 이렇게 말씀하신다.

> 딸, 내 백성이 상하였으므로 나도 상하여
> 슬퍼하며 놀라움에 잡혔도다.
> 길르앗에는 유향이 있지 아니한가?
> 그곳에는 의사가 있지 아니한가?
> 딸, 내 백성이 치료를 받지 못함은 어찌 됨인고(렘 8:21-22).

여기서는 간문화적(intercultural) 관점이 우리에게 도움을 줄 수 있다. 만약 "질병"이 어떤 원치 않는 상황 혹은 원치 않는 상황에 대한 심각한 위협이라면,[3] 건강과 질병이라는 개념은 마치 모든 시대의 모든 장소에 속한 모든 사람이 같은 방식으로 자신을 표현하는 것과 같은 "기정 사실"(givens)이 아닐 것이다. 오히려 "건강"과 "질병"과 관련한 개념이나 경험은 우리가 인간의 안녕을 측정하는 방식과 연관되어 있다. 질병 그리고 건강에 대한 희망의 표현이 문화에 따라 서로 다른 형태를 나타내는 것은 바로 그런 이유에서다. 오늘날 서구에 사는 이들은 물리적이거나 육체적인 범주에 속한 "질환"을 지닌 개인(공동체보다는)이라는 관점에서 생각하는 경향이 있다. 그러하기에 또한 그들은 치유책 역시 생물 의학적 개입이라는 측면에서 찾는 경향을 보인다. 생물 의학적 건강과 치유 모델에 깊이 몰입하고 있는 우리는 우리의 관심과 희망을 어느 한 시점에 이루어지는 한 개인의 삶에 맞춘다. 성서의 자료에서 묘사되는 사람들의 경우에 질

3_ 나는 이런 정의를 Robert A. Hahn, *Sickness and Healing* (New Haven, Conn.: Yale University Press, 1995), 22에서 얻었다.

병의 근원은 병자의 몸 안에만이 아니라 또한 그리고 때로는 특별히 그들의 사회적 환경과 보다 큰 우주에 있다. 이런 경우에 치유는 한 개인을 공동체로 돌려보내는 것, 모종의 육체적 조정, 우주적 불균형을 바로잡는 것, 혹은 보다 일반적으로 그 모든 것의 결합이 수반된다.

내가 "이 모든 것"이라고 말하는 까닭은, 이런 문제들에 대한 라이헨바흐의 세심함에도 불구하고, 그의 설명이 때때로 곁길로 빠져 이것이냐/저것이냐 식의 말이 되기 때문이다. 서구에 살면서 의료 행위와 의료보험제도에 익숙한 이들에게 이것은 놀랄 일이 아니다. 종종 우리는 "치유"의 범위를 지나치게 좁게 잡음으로써 성서가 말하는 치유의 본질을 잘못 해석한다. 그런 점에서 인간이 하나님의 형상대로 창조되었으며(창 1:26-27) 그로 인해 하나님과 온 우주와 더불어서만이 아니라 인간 공동체 내에서 조화로운 관계가 나타났다는 사실을 기억하는 것이 중요하다. 따라서 성서적 관점에서 "치유"는 반드시 온전한 의미에서의 건강으로의 회복을 수반해야 한다. 그러므로 치유는 인간의 회복이다.

요약하자면, 증거를 따라 치유에 대한 보다 통전적인 접근법이 요구된다. 그리고 이것이야말로 "치유"가 구원에 관한 성서의 메시지를 분명하게 표현하는 하나의 방법으로서 훌륭한 역할을 하는 이유다.

둘째, 브루스 라이헨바흐는 예수의 삶과 가르침과 사역의 특성이 그가 로마의 십자가에서 죽는 결과를 낳았다는 사실을 어떤 뜻으로 설명하고 있는가? 이 모델을 포함해 예수의 죽음의 상황을 설명하지 않는 그 어떤 속죄 모델도 추상적일 수밖에 없다. 라이헨바흐는 속죄에 관한 치유 모델이 예수의 죽음뿐 아니라 그의 삶도 포함한다고 분명하게, 그것도 아주 유용하게 밝힌다. 하지만 그의 설명에 빠진 것이 하나 있는데 그것은 그가 제시하는 속죄 모델이 예수의 십자가형이라는 현실을 모든 종류의 대립되는 사회적·정치적·종교적 의제에 맞서 하나님의 목적을 섬겼던 그의 삶의 결과로 간주하는 방식에 대한 분명한 설명이다. 거칠게 말하자면 치유로서의 속죄를 이루기 위해 왜 예수가 죽어야 했는가? 좀 더 거칠게 말하자면 치유로서의 속죄를 이루기 위해 왜 예수가 로마에 위협이 되어 죽어야 했는가?[4]

셋째, 라이헨바흐는 속죄의 한 모델로서의 치유가 교회의 신학 전통의 일부라는 증거를 제공할 수 있는가? 이 속죄 모델의 특징 하나는 속죄의 주관적 측면에 초점을 맞추는 것인데 이것은 신학 전통에서 분명하게 나타난다. 만약 라이헨바흐가 치유론이 속죄 신학의 발전 과정에서 중요한 역할을 해왔음을 보일 수 있다면, 그의 주장에 힘을 실어줄 것이다.

넷째, 그리고 가장 중요하게 우리는 어떤 의미에서 예수가 십자가에서 이룬 구원 사역을 이해하는 한 방식으로서의 "치유"에 대해 말할 수 있는가? 구원론과 관련한 과다한 이미지들이 치유와 건강으로서의 구원이라는 이미지 주위에 모여 있다. 거기에는 화해, 새 창조, 용서, 칭의, 평화, 성화 같은 것들이 포함되어 있다.[5] 그러나 이것들은 구원에 관한 이미지이지, 속죄에 관한 이미지가 아니다. 즉 그것들은 구원의 의미는 설명하지만, 구원의 수단을 밝히지는 않는다. 여기서 나는 속죄의 역학, 즉 그리스도의 십자가가 구원을 이루는 역학에 관한 관심을 과도하게 드러내지는 않을 것이다. 그럼에도 나는 그리스도의 십자가 사역이 치유로 이해될 때 어떻게 구원을 초래하는지가 궁금하다.

라이헨바흐는 이런 문제를 인식하고 그것을 두 가지 연관된 방식으로

4_그런 주장이 제기될 수 있다. 예컨대, Graham N. Stanton, "Jesus of Nazareth: A Magician and a False Prophet Who Deceived God's People?" in *Jesus of Nazareth: Lord and Christ*, ed. Joel B. Green and Max Turner (Grand Rapids: Eerdmans, 1995), 164-80; August Strobel, *Die Stunde der Wahrheit*, Wissenschaftliche Untersuchungen zum Neuen Testament 21 (Tübingen: Mohr Siebeck, 1980)을 보라.

5_Joel B. Green, *Salvation*, Understanding Biblical Themes (St. Louis, Mo.: Chalice, 2003), 52-60.

다루려고 시도한다. 첫째, 그는 야웨의 종에 관한 이사야의 말을 빌려오면서 예수가 종으로서 우리의 연약함을 대신 지시고 우리의 죄에 대한 용서를 제공하신다고 주장한다. 라이헨바흐는 여전히 이사야의 종에 관한 사고의 세계 안에서 작업하면서 계속해서 예수가 종으로서 우리의 죄에 대한 형벌을 짊어지신다고 설득한다. 그렇게 라이헨바흐는 대속적 측면에서 이해된 속죄가 치유를 초래한다는 것을 보인다. 하지만 그는 치유라는 측면에서 이해된 속죄가 어떻게 구원을 초래하는지는 보여주지 않는다. 둘째, 라이헨바흐는 전통문화 안에서 활동하는 무당에 관한 유비를 제공한다. 비록 우리가 이스라엘이나 그 주변의 문화들이 그런 관습을 발전시켰다는 것을 인정한다고 할지라도(그것은 라이헨바흐가 강조하지 않는 하나의 가능성이다), 그가 묘사하는 모델은 여전히 무당이 질병과 고통을 짊어진 결과로 나타나는 치유를 전제하고 있는 대속 혹은 교환이다.

요약하자면, 치유가 그리스도의 삶과 죽음을 통한 구원이 가능해지도록 만드는 수단이라고 주장하는 것보다는, 구원 자체가 치유로 이해되어야 한다거나 치유가 실제로 구원의 결과라고 주장하는 것이 훨씬 더 쉽다.

4

만화경론

_조엘 B. 그린

신약성서를 꼼꼼하게 읽은 이들은 나사렛 예수의 십자가형에 관한 서로 분리할 수 없을 만큼 긴밀하게 연결되어 있는 두 가지 주장을 지지하게 된다. 첫째는 예수가 로마의 사법당국에 의해 처형된 것—"십자가에 달리신 예수"라는 모토를 통해 신학적으로 표현된다—은 하나님의 영원한 목적을 이해하기 위한 수단이라는 주장인데, 그것은 이 내용이 이스라엘의 성서를 통해 알려져 있기 때문이다. 둘째는 예수의 죽음의 의미는 하나님의 목적이라는 구조 안에 너무나 견고하게 섞여 있어서 우리는 그것이 우리의 구원에 대해 갖는 의미를 분명하게 표현하는 수많은 방법을 다 규명할 수 없다는 주장이다. 이 장에서 나의 과업은 이런 촘촘한 주장들을 풀어서 예수의 죽음의 의미가 로마 세계라는 역사적 상황과 별개로 혹은 창조와 구속 안에서 하나님의 목적이라는 광대한 벽화와 별도로 이해될 수 없으며, 오늘날 세상에서 그 사건의 의미를 분명하게 드러내고 선포하는 과업을 어느 한 모델이나 은유가 단독으로 수행할 수도 없음을 밝히는 것이다.

예수의 죽음, 하나님의 메시아, 그리고 상황

우리는 예수의 처형 방식에 관해 얼마나 알고 있는가? 이 질문과 관련한 증거는 일반적으로 인식되고 통속적으로 표현되는 것보다 훨씬 더 모호하다. 고대 로마 시대에 문학적 감수성은 실제 십자가형에 대한 생생한 설명을 장려하지 않았다.[1] 키케로(Cicero)가 어느 로마 원로원 의원을 옹호하며 말했듯이,

> 그러나 사형 집행인, 머리를 베일로 가리는 것, 그리고 "십자가"라는 단어 자체가 로마 시민의 몸으로부터만 아니라 그의 생각과 눈과 귀로부터도 멀리 있어야만 합니다. 왜냐하면 그런 일이 실제로 발생하거나 지속되는 것뿐 아니라 그런 일에 대한 법적 책임이나 예상, 그리고 심지어 그런 일에 대한 언급조차 로마 시민과 자유민에게는 적합하지 않기 때문입니다.[2]

복음서들조차 비록 현저하게 상세한 설명을 하고 있음에도, 분명히 보다 넓은 로마 세계가 공유하는 문화적 지식에 속해 있었을 상세한 내용을 제시하지 않는다. 증거의 부족과 모호성에도 불구하고, 마르틴 헹엘(Martin Hengel)은 십자가형에는 대개 형 집행 이전의 매질과 죄인으로 하여금 자신이 달릴 대들보를 처형 장소까지 지고 가게 하는 일이 포함되며, 그곳에서 그들은 두 팔을 벌린 채 십자가에 묶이거나 못이 박힌 후 들어 올려져 작은 말뚝(*sedile*) 위에 앉혀졌다고 주장했다.[3]

로마의 관습은 십자가형이 지닌 억지 효과에 대한 그들의 관심에 의해 영향을 받았다. 퀸틸리아누스(Quintilian, 기원후 35년경-90s, 히스파니아 출신으로 로마 제국의 수사학자였다 — 역자 주)는 "희생자를 십자가에 못 박을 때

1_Martin Hengel, *Crucifixion: In the Ancient World and the Folly of the Message of the Cross* (Philadelphia: Fortress, 1977), 38, 77-81. 이것은 Werner H. Kelber, *The Oral and the Written Gospel* (Philadelphia: Fortress, 1983), 193-94에서 (과도하게) 강조된다.

2_Cicero, *Rabirio Perduellionis* 16, in Hengel's *Crucifixion*, 42.

3_Hengel, *Crucifixion*, 22-32.

마다 우리는 가장 많은 사람들이 그 광경을 보고 그로 인한 두려움 때문에 마음이 움직이도록 하기 위해 늘 가장 붐비는 거리를 택한다. 왜냐하면 형벌은 보복보다는 본보기 효과를 위한 것이기 때문이다"라고 주장했다 (*Declamationes* 274). 희생자를 십자가에 매다는 방식에서 나타나는 변화는 가학적 즐거움을 위한 것이었을 뿐 아니라 본보기 효과를 최대한 높이기 위해 희생자를 가능한 한 오랫동안 살아 있게 할 필요가 있었기 때문이기도 했다. 이런 관심은 로마가 십자가형을 택한 것이 그것이 일으키는 압도적인 물리적 고통 때문이 아니라는 사실과 연관된다. 이와 같은 극심한 고통에 대한 관심의 결여는 십자가형에 대한 묘사를 마카베오하 6:18-7:42에 실려 있는 순교 이야기를 통해 기억되는 극악한 고통에 대한 묘사와의 대조를 통해 강조된다. 마카베오서에서는 일곱 명의 형제와 그들의 어머니가 연속해서 머리껍질 벗기기, 사지 절단, 그리고 신체를 뜨거운 솥과 가마에 던져 넣기 같은 고통을 경험한다. 십자가형이라는 행위는 피의 손실을 적게 했고, 그로 인해 죽음은 몸에 쇼크가 올 때까지 천천히 이루어졌다.[4] 이런 형태의 중벌은 육체적 고통 외의 다른 이유가 없었다면 그저 야만적이고 극악할 뿐이다. 고대 그리스-로마 세계의 "명예-와-수치"라는 문화 안에서 육체적 고문은 가장 나쁜 종류의 상처가 아니었다. 마카베오하 6-7장에 실려 있는 순교 이야기에서조차 강조점은 조상으로부터 내려온 신앙을 부정하는 수치를 겪느니 차라리 고귀하고 명예롭게 죽는 것에 맞춰진다. 십자가형은 끓는 솥과 가마에 던져지거나 사지가 절단되는 것보다 더 많은 치욕의 고통을 초래했다. 복음서의 기록은 예수가 십자가형에 앞서, 그리고 십자가에 달려 있는 동안에 겪었던 시련을 묘사하면서

4_ 십자가형이 질식에 의한 죽음을 낳았다는 자주 인용되는 견해는 더 이상 옹호되지 않는다. 적어도 그 처형된 자가 팔을 활짝 편 채로 십자가에 달렸던 경우에는 그렇다. F. T. Zugibe, "Death by Crucifixion," *Canadian Society of Forensic Science* 17 (983): 1-13을 보라.

이 점을 분명하게 밝힌다. 그것들은 예수를 모욕하기 위한 다양한 시도에 초점을 맞춘다. 침 뱉음(마 26:67; 27:30; 막 14:65; 15:19), 얼굴과 머리를 때림(마 26:67; 막 14:65; 눅 22:63), 조롱(마 27:29, 31, 41; 막 15:20, 31), 모욕(마 27:44; 막 15:32; 눅 22:65), 조소하며 놀림(막 15:16-20, 29-32; 눅 22:65; 23:11, 35-37). 심지어 예수는 자신의 가장 가까운 친구들에게까지 버림받는 치욕을 당하셨다. 십자가형을 받는 희생자들은 공개적으로 처형되고, 주요 교차로나 교통량이 많은 간선도로에 세워지고, 벌거벗겨지고, 매장되지 못한 채 새와 짐승들에게 먹히도록 방치됨으로써 최고의, 지독하고도, 잔인한 조롱을 당했다.

로마는 로마 시민들이 그런 수치스러운 벌을 받게 하지 않았다. 대신 십자가형을 무엇보다도 제국의 통치에 저항했던 이들을 위한 처형으로 남겨두었다.[5] 예수의 경우가 그랬다는 사실은 예수의 죄명이 공표됨으로써 분명하게 드러난다. 그가 달렸던 십자가에는 이런 비문이 붙어 있었다. "유대인의 왕." 게르하르트 슈나이더(Gerhard Schneider)는 예수에게 씌워진 혐의를 살피는 일에서 이것을 "역사적으로 틀림없는 출발점"으로 간주한다.[6] 예수가 "강도"(*lēstēs*)로 간주되지 않았음은 분명하다(참고. 마 26:55; 27:38, 44). 그러나 왕권에 대한 그의 주장은 황제에 대한 위협으로 간주되기에 충분했을 것이다. "무릇 자기를 왕이라 하는 자는 가이사를 반역하는 것이니이다"(요 19:12).[7]

5_ 이것은 Hengel, *Crucifixion*; H.-W. Kuhn, "Die Kreuzesstrafe während der frühen Kaiserzeit: Ihre Wirklichkeit und Wertung in der Umwelt des Urchristentums," *Aufsteig und Niedergang der Römischen Welt* 2.25.1 (1982): 648-793 (706-18)에 잘 정리되어 있다.

6_ Gerhard Schneider, "The Political Charge Against Jesus (Luke 23:2)," in *Jesus and the Politics of His Day*, ed. Ernst Bammel and C. F. D. Moule (Cambridge: Cambridge University Press, 1984), 403-14 (404).

7_ 달리 지적하지 않는 한, 성서 인용문은 저자의 번역이다(이 번역서에서는 개역개정을 사용한다—역자 주).

우리가 예루살렘 산헤드린의 역할을 어떻게 이해하든, 로마인들이 예수와 관련한 법적 절차에 관여했으며 그에게 사형을 선언한 책임이 있다는 사실은 부정할 수 없다. 십자가형은 유대의 관례가 아니었다. 그러므로 만약 예수가 산헤드린에 의해 사형을 선고받았다면, 우리는 투석(投石)이나 참수(斬首)에 관한 이야기를 기대했을 것이다. 그러나 더 중요한 것은 로마의 속주에서 중벌을 내리는 권한이 로마인들에게 있었다는 사실이다. 그런 점에서 산헤드린이 빌라도에게 한 말에 대한 요한의 보고는 역사적으로 신빙성이 있다. "우리에게는 사람을 죽이는 권한이 없나이다"(요 18:31).[8] 우리는 예수에 대한 로마인들의 이런 관심을 어떻게 설명할 수 있을까?

로마인 통치자들은 "로마의 평화"를 유지하는 데 필요한 그 어떤 절차도 밟을 수 있는 권한을 갖고 있었다. 그러므로 예수가 로마에 제기했던 문제를 설명하기 위한 가장 직접적인 방법은 예수가 대중에게 떨쳤던 유명세의 잠재력에 대해 살펴보는 것이다. 유대인 공회가 예수에 대해 하는 이런 말을 들었을 때 빌라도는 분명히 불쾌감을 느꼈을 것이다. "그가 온 유대에서 가르치고 갈릴리에서부터 시작하여 여기까지 와서 백성을 소동하게 하나이다"(눅 23:5). 이에 더하여 유월절과 무교절을 지내기 위해 예루살렘에 모인 수많은 사람들, 예수의 의기양양한 입성, 그리고 그가 성전에서 행한 예언자적 행위 등을 고려한다면, 예수가 공적 질서를 위협한다고 간주되었으리라는 것은 쉽게 이해할 수 있다. 그러나 예수가 예루살렘에 도착하기 오래전부터 로마의 이익과 충돌하고 있었음에 주목하는 것이

8_Klaus W. Müller, "Möglichkeit und Vollzug Jüdischer Kapitalgerichtsbarkeit im Proxess gegen Jesus von Nazaret," *Der Prozess gegen Jesus*, ed. Karl Kertelge, Quaestiones disputatae 112 (Freiburg: Herder, 1988), 41-83. 하지만 바리새인 8백 명을 십자가에 못 박은 대제사장 알렉산더 얀나이우스(기원전 107-76)와 유대인 왕에 의해 수많은 유대인이 십자가에 못 박혔다(Josephus, *Antiquities of the Jews* 13.14.2 §380; *Jewish Wars* 1.4.6. §97; Nahum Pesher [4Q169] 3-4.1.7).

중요하다. 비록 로마 세계에서는 비교적 덜 알려져 있었으나, 그는 로마의 공식적인 이데올로기와 충돌하는 세계관을 전파했다. 또한 그는 다른 이들이 동일한 일을 하도록 부추겼다. 만약 예수의 추종자들이 "천하를 어지럽히고", "가이사의 명을 거역하며 행동하고", "다른 임금 곧 예수라 하는 이가 있다고 말했다"는 혐의를 받았다면(행 17:6-7), 그들의 지도자는 얼마나 더 그랬겠는가? 실제로 다음 두 본문에서는 가이사의 지배와 예수의 지배를 병치하는 데 초점이 맞춰지고 있다.

> 우리가 이 사람을 보매 우리 백성을 미혹하고 **가이사에게 세금 바치는 것을 금하며** 자칭 **왕** 그리스도라 하더이다(눅 23:2).

> 이에 대제사장들과 바리새인들이 공회를 모으고 이르되 "이 사람이 많은 표적을 행하니 우리가 어떻게 하겠느냐. 만일 그를 이대로 두면 모든 사람이 그를 믿을 것이요 그리고 로마인들이 와서 우리 땅과 민족을 빼앗아가리라"(요 11:47-48).

이런 그리고 이와 관련한 본문들은 예수의 문제가 예루살렘의 유대인 지도자들에게도 잘 알려져 있었음을 보여준다.

유대인의 관점에서 보자면 예수와 연관된 위반사항은 여럿이었다. 쿰란에서 나온 성전 두루마리는 이스라엘을 외세에 팔아넘긴 자들을 "나무에 매다는" 형벌을 받을 사람들로 규정한다(11QTemple 64.6-13; 신 21:22-23을 보라). 그리고 신성모독은 오랫동안 사형의 벌을 받아야 할 위반사항으로 간주되었다. 전자와 관련해 우리는 요한이 예수를 처형하기로 한 가야바의 결정에 대해 보도하는 장면을 떠올릴 수 있다. 만약 예수가 계속해서 공적 활동을 해나간다면, 로마가 성전과 그 민족을 파멸시킬 것이다(요

11:47-53). 후자와 관련해 마가복음과 마태복음은 모두 예수가 신성모독의 죄를 지은 것으로 알려졌다고 말한다(마 26:59-68; 막 14:55-65).[9] 덧붙여서, 그레이엄 스탠턴(Graham Stanton)과 아우구스트 스트로벨(August Strobel)은 예수가 종교 사기꾼, 마술사, 거짓 예언자로 간주되어 제거되어야 했음을 보여주었다.[10] 이것은 마태복음 27:63과 요한복음 7:12에서 예수가 사기꾼으로 평가되는 모습을 통해서도 암시되지만, 누가복음 23장에서 예수에게 씌워진 혐의, 즉 그가 "우리 백성을 미혹했다"(2, 14절)는 혐의를 통해서 보다 분명하게 드러난다. 여기서 "미혹하다"라는 언급은 신명기 13장과 17장에 근거해 거짓 예언자로서의 예수에게 씌워진 공식적인 혐의를 이룬다. 논쟁의 여지가 있는 보고를 통해 요세푸스(Josephus)는 기적을 행하는 자로서의 예수의 초상을 그가 "사람들을 방황하도록 이끄는 것"과 결합시킨다.[11] 그리고 이것은 예수를 이스라엘을 속여 방황하게 만들었던 마술사로 묘사하는 후기 랍비 전통과 잘 부합한다(*b. Sanhedrin* 43a; 107b; 참고. *b. Shabbat* 104b). 2세기 중반에 활동했던 순교자 유스티누스(Justin Martyr)는 유사하게 비록 예수가 행한 치유의 기적이 사람들이 그를 메시아로 인

9_Darrell L. Bock, "The Son of Man Seated at God's Right Hand and the Debate over Jesus' 'Blasphemy,'" in *Jesus of Nazareth: Lord and Christ: Essays on the Historical Jesus and New Testament Christology*, ed. Joel B. Green and Max Turner (Grand Rapids: Eerdmans, 1995), 181-91, 그리고 *Blasphemy and Exaltation in Judaism: The Charge against Jesus in Mark 14:53-65*, Wissenschaftliche Untersuchungen zum Neuen Testament 2/106 (Tübingen: Mohr Siebeck, 1998)을 보라.

10_Graham Stanton, "Jesus of Nazareth: A Magician and a False Prophet Who Deceived God's People?" in *Jesus of Nazareth: Lord and Christ*, ed. Joel B. Green and Max Turner (Grand Rapids: Eerdmans, 1995), 164-80; August Strobel, *Die Stunde der Wahrheit: Untersuchungen zum Strafverfahren gegen Jesus*, Wissenschaftliche Untersuchungen zum Neuen Testament 21 (Tübingen: Mohr Siebeck, 1980).

11_Josephus, *Antiquities* 18.3.3 §§63-64; *Testimonium Flavianum*의 문제와 관련해서는, Craig A. Evans, "Jesus in Non-Christian Sources," in *Studying the Historical Jesus: Evaluations of the State of Current Research*, ed. Bruce Chilton and Craig A. Evans, New Testamane Tools and Studies 19 (Leiden: Brill, 1994), 443-78을 보라.

정하도록 만들었음은 분명하지만 어떤 이들은 정반대의 결론을 이끌어내기도 했다고 말한다. "그들은 그것이 마술의 과시라고 말했다. 왜냐하면 그들은 그가 마술사요 사람들을 미혹하는 자라고 말하기까지 했기 때문이다"(*Dialogue* 69.7; 참고 신 13:5). 이런 다양한 증언은 동일한 결론으로 이어진다. 예수는 사기꾼이요 거짓 예언자로서 고발되었다는 것이다.

그러나 예수가 체포되어 재판을 받은 직접적인 이유는 그가 의기양양하게 예루살렘으로 입성해 성전에서 예언자적 행위를 했기 때문으로 보인다. 성전과 예수의 관계는 특별히 흥미롭다. 왜냐하면 산헤드린에서 있었던 재판에서 성전과 관련한 혐의—예수는 자기가 그 성전을 허물고 인간의 손으로 짓지 않은 또 다른 성전을 세울 것이라고 주장했다—가 마태복음과 누가복음이 진술하는 방식으로, 그리고 그 외의 전승 안에 잘 정착된 방식으로 제기되고 있기 때문이다.[12] "성전을 다시 세우는 것"은 이스라엘의 회복에 관한 종말론적 기대의 중요한 한 부분에서 메시아에게 할당된 과업이었다.[13] 그리고 이것은 예수가 예루살렘에 입성한 직후 성전에서 벌인 행위의 정치적 이해관계를 강조할 뿐이다(마 21:12-13; 막 11:15-17; 눅 19:45-46; 요 2:13-16). 성전 행위 그 자체는 간과될 수도 있었을 것이다. 하지만 그 행위가 종말론적 틀 안에서, 그리고 그와 동시에 그의 의기양양한 입성 때 분명하게 드러나고 그가 예루살렘 성전에서 가르치는 내내 지속되었던 사람들의 지지와 함께 이해될 때, 거기에는 너무 많은 위험요소가 있었다.

복음서 이야기가 전하듯이 예수의 예루살렘 사역 시기의 특징을 이루

12_ 마 26:61; 막 14:58; 참고. 막 15:29; 요 2:19; 행 6:14; 도마복음 71.

13_ 참고. 삼하 7:5-16; 슥 6:12-13; *Targum of the Prophets* 슥 6:12-13; *Targum of the Prophets* 사 53:5; 에녹1서 90:28-29; 에스라4서 10:27; *Florilegium* (4Q174) 1.1-13; E. P. Sanders, *Jesus and Judaism* (London: SCM, 1985), 77-90; 『예수와 유대교』(CH북스 역간, 2008). Joel B. Green, *The Death of Jesus: Tradition and Interpretation in the Passion Narrative*, Wissenschaftliche Untersuchungen zum Neuen Testament 2/33 (Tübingen: Mohr Siebeck, 1988), 277-81.

는 세 가지 분명한 요소가 있다. (1) 예루살렘 엘리트층의 다양한 대표자들과의 상호작용, (2) 예수의 가르침을 우호적으로 지켜보는 "사람들"의 편재, (3) 그 사역 전체를 계속해서 성전과의 관계 속에 놓는 것 등이다. 성전은 유대교 이데올로기 안에서 차지하는 종교적·정치적·경제적 중심성 때문에 중요했다. 성전은 세상의 질서를 구현하고 선전하는, 또한 그것을 중심으로 구원론적 삶이 이루어지는 중심축을 제공하는 성스러운 공간이었다. 만약 예수가 성전에서 예언자적 행위를 하면서 성전 체제의 붕괴를 예상했다면, 만약 예수가 성전과 관련한 집단들과의 연속적인 접촉 과정에서 자신이 성서 해석 및 신앙적 실천과 연관된 핵심 쟁점과 관련해 그들과 갈등하고 있음을 발견했다면, 만약 그가 자신과 자신의 메시지에 대해 신적 승인과 권위를 주장했다면, 그리고 만약 예수가 옛 세상의 질서가 새로운 세상의 질서에 의해 대체되는 재앙과 파멸을 예고했다면, 그는 그렇게 함으로써 당시에 하나님에 의해 하나님의 길을 중재하는 책임을 맡았던, 하나님을 대변했던, 십일조를 거둬 성전의 공간을 유지했던, 그리고 거룩한 일들을 주관했던 유대인 엘리트들의 권위를 전복시키고 있었던 것 아닐까? 다시 말해, 예수는 그의 말과 행위로 예루살렘의 유대교 지도자들의 통치를 거스르는 하나님의 통치에 대한 비전을 선포했기에 예루살렘의 엘리트들과 충돌했고, 그로 인해 자신의 목숨을 내놓아야 했다.

요약하자면, 로마인과 유대인의 눈과 귀는 예수의 행위와 말에서 아주 낯선 것들을 발견했고, 결국 그 두 가지 해석의 물줄기는 한 가지 결론에서 합류했다. 그것은 바로 예수를 죽여야 한다는 것이었다. 페터 슈툴마허(Peter Stuhlmacher)는 이렇게 요약한다. "예수는 그의 메시아적 사역에 반대하는 너무 많은 적을 만들었기에 죽어야 했다."[14]

14_Peter Stuhlmacher, *Jesus of Nazareth — Christ of Faith* (Peabody, Mass.: Hendrickson, 1993), 55.

어떤 이들은 이런 역사적 기억을 떠올리는 것이 속죄 신학과 무슨 상관이 있는지 의아할 것이다. 내가 지금껏 주장해온 것은 예수의 죽음이 그가 맞섰던 강력한 사회적·정치적·종교적 흐름과 별도로 이해되어서는 안 된다는 것이다. 예수의 죽음이 갖고 있는 구원론적 의미는 그런 세력들과 분리되어 이해되어서는 안 된다. 왜 그러한지 살펴보자.

복음서들은 예수가 자신의 죽음을 예고했다고 한목소리로 증언한다. 로마 제국의 팔레스타인이라는 긴장된 환경 속에서 그가 어떻게 그러지 않을 수 있었겠는가? 이것을 인정하면 그로 인한 추론, 즉 그가 자신의 죽음의 의미에 대해 숙고했으며 그것을 하나님의 백성을 구속하고자 하는 자신의 사명과 긴밀하게 연결시키는 방식으로 했으리라는 추론으로 향하는 문을 열게 된다. 내가 이런 말로 의미하고자 하는 것은, 예수는 고통을 겪고 죽을 기회를 찾았던 마조히스트(masochist)가 아니었으나 "이 음란하고 죄 많은 세대"(막 8:38)라는 상황 속에서 하나님의 목적에 대한 자신의 절대적인 헌신이 자신을 죽음에 이르게 할 수도 있음을 알았다는 것이다. 그는 자신이 붙잡히던 밤에 드렸던 기도를 통해 이것이 하나님이 자기에게 주신 잔이라는 사실을 깨달았고 그것을 받아들였다(막 14:32-42; 눅 22:39-46).

복음서를 통해 우리에게 알려진 그의 사명은 이스라엘을 하나님의 백성으로 회복시키는 것이었다. 이런 목표를 추구하는 일은 그로 하여금 하나님의 통치의 개입을 선포하고 하나님 나라의 윤리를 구현하도록 만들었다. 그리고 이것이 그를 로마와 유대의 이데올로기와 관습을 유지하는 자들과의 갈등 속으로 밀어넣었다. 이런 관점에서 보자면, 예수의 중요한 행위 중에 그의 처형과 무관한 것은 아무것도 없었다. 그의 모든 것—이스라엘의 성서에 대한 해석, 기도와 예배 습관, 식탁 교제를 나눌 사람들에 대한 믿기 어려운 선택, 거룩과 불결의 경계를 넘어섬, 어린아이들과의 접촉, 치유의 기적과 축귀—이 그를 십자가로 이끌어갔다. 회복된 이스라엘의 대표자로서 열두 제자를 부르는 것, 새로운 출애굽과 종말론적 시대에 대한 소망을 자신의 말과 행위의 사역 안에 엮어 넣는 것, 이스라엘에 대한 하나님의 약속의 성취에 대해 말하는 것, 인간의 손으로 짓지 않은 성전을 예고하며 했던 성전에서의 예언자적 행위, 이 모든 방식으로, 그리고 그 이상의 방식으로 예수는 당시의 세상의 질서와 부딪쳤고 하나님이 자신과 자신의 일 가운데서 활동하고 계시다고 주장했다. 이것은 그를 하나님 앞에서 그의 신분을 결정하는 일에서 여론의 평가를 거부했던, 그리고 자신의 특권을 의로운 고난이 갖고 있는 구속의 능력과 일치시켰던 삶의 방식을 상징하는 처형 형태로 이끌어갔다. 이로써 예수의 추종자들이 그의 수치스러운 죽음에 대해 긍정적인 평가를 내릴 수 있는, 그리고 그로 인해 그러지 않았더라면 서로 모순되는 한 무더기의 이미지에 불과했을 것들을 의미 있는 방식으로 연결시킬 수 있는 길이 열렸다.

이것은 하나님의 구원 행위가 예수가 죽기까지, 심지어 십자가에서 죽기까지(빌 2:8) 복종하신 것에 대한 하나님의 반응이 아님을 의미한다. 오히려 하나님은 사람들을 구원하기 위해 자기의 아들을 보내셨는데, 이것은 만화경적인 목적 진술을 통해 드러난다. 율법을 성취하기 위해(마 5:17), 죄인을 불러 회개하도록 하기 위해(마 9:13), 칼을 주기 위해(마 10:34), 자기의 생명을 많은 사람들의 대속물로 주기 위해(막 10:45), 다른 도시들에서 하나님의 나라에 관한 좋은 소식을 선포하기 위해(눅 4:43), 잃어버린 자를 찾아 구원하기 위해(눅 19:10) 등등. 대속물에 관한 말조차 예수의 사명에 대한 평행하는 서술을 통해 주석된다. "인자가 온 것은 섬김을 받으려 함이 아니라 도리어 섬기려 하고 자기 목숨을 많은 사람의 대속물로 주려 함이니라"(막 10:45). 하나님의 구원 행위는 성육신을 통해 드러나는데, 그것은 예수의 죽음을 포함해 그의 삶 전부를 포괄한다.

그러나 이 모든 것을 인정하는 것은 예수의 삶과 죽음을 함께 묶는 그의 죽음에 대한 해석을 요구한다. 좀 더 나아가 그것이 어떻게 그렇게 되는지를 분명하게 밝히지 않은 채 그저 십자가가 예수의 삶의 정점이라는 주장만으로는 충분하지 않다. 사실 이런 보다 큰 이야기를 제외한다면, 우리는 예수가 당한 처형의 구원론적 의미와 관련한 그 어떤 주장을 위한 근거도 갖고 있지 않다.[15] 복음서 전승 안에서 견고한 구원론을 뒷받침하는 것은 정확하게 예수의 삶과 죽음의 이와 같은 병치(倂置)다. 그렇게 해서 예수는 이스라엘의 역사와 소망을 한데 모은 후 그것으로부터 자신의 고난을 통해 이스라엘이, 그리고 이스라엘을 통해 열방이 구속을 경험하게 되리라는 자신에 대한 견해를 형성할 수 있었다. 예수는 다가오는 자신의 죽음의 의미를 설명하면서 이스라엘의 역사로 되돌아가 구원에 대한 이스라엘의 기대에 대해 언급했다. 제자들과의 마지막 만찬 자리에서—유월절과 출애굽에 관한 이미지로 풍성한 식사 자리에서—예수는 새로운 출애굽, 즉 하나님의 결정적인 구원의 행위가 사역의 절정인 자신의 죽음을 통해 열매를 맺으리라는 사실을 넌지시 암시했다. 더 나아가 그는 자신의 죽음을 언약의 갱신을 위한 최초의 사건으로 기념하기 위해 그것의 의미

15_Rudolf Bultmann이 분명하게 말했듯이 어떤 이들은 바울로서는 예수의 죽음(과 부활)을 그의 삶의 방식에 대한 어떤 고려도 하지 않은 채 해석할 수 있었을 것으로 보인다고, 즉 예수의 삶은 그의 지상에서의 삶의 "방식"이 어떠했든 간에, 바울에게는 상관이 없었을 것이라고 말할 수도 있다. "예수의 삶의 방식, 그의 사역, 그의 인격, 그의 성품 등은 아무런 역할도 하지 않는다. 예수의 메시지 역시 마찬가지다"(*Theology of the New Testament* [New York: Charles Scribners, 1951, 1955], 2:293-94). 하지만 바울의 관심사를 이런 식으로 해석하는 것은 그동안 거듭해서 반박되어왔다—바울 서신에 들어 있는 예수 전승과 관련해서(예. David Wenham, 『바울서신 서론』[*Paul and Jesus: The True Story*], 크리스챤출판사 역간, 2004), 그리고 또한 바울에게 예수의 삶의 신학적 의미와 관련해서(예. Richard B. Hays, *The Faith of Jesus Christ*, Society of Biblical Literature Dissertation Series 56 [Chicago, Calif.: Scholars Press, 1983]; Richard N. Longenecker, "The Foundational Conviction of New Testament Christology: The Obedience/Faithfulness/Sonship of Christ," in *Jesus of Nazareth: Lord and Christ*, ed. Joel B. Green and Max Turner [Grand Rapids: Eerdmans, 1994], 473-88).

를 하나님의 언약 백성으로서의 이스라엘의 정체(政體, 출 24:8), 이스라엘이 경험한 유배의 결론(슥 9:9-11), 새 언약에 대한 소망(렘 31:31-33) 등에 근거한 언어와 이미지를 통해 발전시켰다. 예수는 어떻게 그런 생각을 할 수 있었을까? 그가 제자들과 함께했던 최후의 만찬 자리에서 보여준 상징적 행위들은, 그가 성전에서 행한 예언적 행위와 함께, 이스라엘의 삶의 옛 질서가 폐지되었으며, 자신의 희생적 죽음을 통한 하나님의 위대한 구원 행위를 통해 하나님 앞에서 살아가는 이스라엘의 삶의 새로운 기초가 수립되었음을 알린다.[16]

다시 말해, 성서적이라고 자처하는 속죄 모델은 하나님의 목적을 위해, 그리고 경쟁하는 온갖 방식의 사회적·정치적·종교적 의제들에 맞서서 살았던 결과로서의 예수의 십자가형이라는 현실을 진지하게 통합하지 않는 언어로는 예수의 죽음을 설명하지 못한다. 이런 관점에서 이해되는 속죄 신학은 개인과 하나님의 관계나, 예수가 우리를 위해 죗값을 지불했던 과거의 어느 한 객관적인 순간이나, 세상에서의 거룩한 삶과 분리된 구원이라는 개념으로 축소될 수 없다.

속죄: 다양한 관점의 필요성

어떤 면에서 성서와 기독교 전통 안에서 나타나는 속죄를 이해하는 방법

16_ 그러므로 나는 최후의 만찬의 의미를, 비록 그것의 중요성이 그동안 다양한 방식으로 평가되어왔으나 ― 예. Joachim Jeremias, *The Eucharistic Words of Jesus* (Philadelphia: Fortress, 1966); Rudolf Pesch, *Das Abendmahl und Jesu Todesverständnis*, Quaestiones disputatae 80 (Freiburg: Herder, 1978); I. Howard Marshall, *Last Supper and Lord's Supper* (Grand Rapids: Eerdmans, 1980); Bruce Chilton, *Rabbi Jesus: An Intimate Biography* (New York: Doubleday, 2000) ― 예수의 죽음에 대한 우리의 이해를 위한 출입지점으로 강조하고자 한다.

에 관한 다양한 목소리를 고려한다면, 내가 이 단락에서 하는 주장은 쉽게 옹호될 수 있을 것이다. 아마도 그것보다 더 논쟁적인 문제는 그것과 연관된 주장, 즉 십자가의 구원론적 효과에 관한 교회의 알아듣기 어려운 말이 교회의 교리문답적·선교적 필요와 자극의 기능을 한다는 주장일 것이다. 그러나 이는 특이한 가설이 아니다. 왜냐하면 이것은 고(故) 크리스티안 베커(Christiaan Beker)가 바울의 복음 해설에서 나타나는 통일성과 다양성을 이해하는 방법과 관련해 제안했던 모델을 제시할 뿐이기 때문이다. 그러므로 여기서 내가 하려는 것은 성서와 기독교 전통 안에 있는 속죄에 관한 무수히 많은 이미지 중 몇 개를 간략하게 정리하고 그런 다양성의 기원과 필요에 대해 설명하는 것이다.

성서 안에 있는 다양성. 십자가가 이루는 속죄의 의미에 대해 말하는 바울의 서신들은 당시에 널리 알려져 있던 아주 이른 시기의 기독교 사상을 대표하는 두 가지 공식을 사용한다. 첫 번째 공식은, 하나님의 행위로서든(예. 롬 8:32) 아니면 자기를 내어주는 행위로서든(예. 갈 1:4), 인간을 구원하기 위해 예수를 "포기하는 것"을 보여준다. 두 번째 공식은 "그리스도가 우리의 죄를 위해 죽으셨다" 혹은 "그리스도가 우리를 위해 죽으셨다" 같은 슬로건의 형태를 띤다(예. 고전 15:3; 살전 5:10). 이런 표현들은 예수의 죽음이 이뤄내는 구원의 의미를 분명하게 지적한다. 하지만 십자가가 어떤 식으로 구원을 초래하는지는 분명하게 밝히지 않는다. 바울은 그리고 그와 함께 신약성서의 다른 저자들은, 이런 정형화된 표현을 넘어서면서 십자가가 이뤄내는 구원의 중요성을 설명하기 위한 아주 다양한 모델을 만들어냈다.[17] 전체적으로 볼 때 이런 이미지들은 고대 세계의 공

17_ 가령, John Driver, *Understanding the Atonement for the Mission of the Church* (Scottdale, Penn.:

적 삶을 구성하는 다음 다섯 가지 영역 주변에 모여 있다—법정(예. 칭의), 상업계(예. 구속), 인격적 관계(예. 화해), 예배(예. 희생제사), 전장(예. 악에 대한 승리).

아주 많은 용어들이 이런 다양성을 증명해준다. 예컨대, 희생제사에 관한 이미지와 관련해, 바울과 요한은 예수를 "유월절 어린 양"이라고(고전 5:7) 또한 "세상 죄를 지고 가는 하나님의 어린 양"(요 1:29; 참고. 요 1:36; 계 5:6)이라고 부른다. 예수를 내어주는 것에 관한 말은 아브라함이 이삭을 묶었던 일(즉 *Akedah*; 롬 8:32; 참고. 창 22장)을 상기시킬 수 있다. 베드로전서는 예수가 "친히 나무에 달려 그 몸으로 우리 죄를 담당하셨으니"라고 말한다(벧전 2:24; 참고. 1:19). 그리고 예수의 죽음은 "언약의 피"(막 14:24; 참고. 출 24:8)와 "첫 열매"(고전 15:20, 23; 참고. 레 23장; 신 16장)로 묘사된다. 또 다른 예로는 다음과 같다. 비록 신약성서에서 "화해"라는 말은 드물게 등장하지만(καταλλάσσω, 예. 롬 5:10-11; 고후 5:18-20; 엡 2:16; 골 1:20, 22), 그 개념은 다른 본문들에도 스며들어 있는데, 거기에는 신약성서의 여러 페이지에서 등장하는 "화평"(예. 엡 2:14-18)에 대한 언급, 그리고 신약성서 전반에 등장하는 화해와 관련한 갖가지 행위(예. 롬 16:16)와 탄원(몬)과 증언(예. 행 15:8-9; 갈 3:26-29)이 포함되어 있다. 이런 식으로 신약성서 저자들은 그들의 청중의 삶의 세계에 의존하면서, 그와 동시에 그들에게 이스라엘의 성서의 세계와 이스라엘의 하나님의 방식을 소개한다.

우리는 속죄에 관한 신약성서의 다양한 이미지가 단지 그 책들을 쓴 서로 다른 저자들의 역할 때문이라고 상상해서는 안 된다. 바울 자신이

Herald, 1986), 71-209; Joel B. Green and Mark D. Baker, *Recovering the Scandal of the Cross* (Downers Grove, Ill.: InterVarsity Press, 2000), 35-115; Morna D. Hooker, *Not Ashamed of the Gospel* (Grand Rapids: Eerdmans, 1994); Herman-Emiel Mertens, *Not the Cross, But the Crucified*, Louvain Theological and Pastoral Monographs 11 (Grand Rapids: Eerdmans, 1992), 31-61; Vincent Taylor, *The Atonement in New Testament Teaching*, 2nd ed. (London: Epworth, 1940).

대속, 대표, 희생제사, 칭의, 용서, 화해, 권세들에 대한 승리, 구속 그리고 다른 것들에 대해 쓸 수 있었다. 요한은 희생제사에 대해서뿐 아니라 빛(illumination)에 대해서도 말할 수 있었다. 히브리서에서는 비록 희생제사라는 개념이 우세하기는 하지만 예수가 완벽한 대제사장인 동시에 완벽한 희생제물로 묘사된다. 베드로전서는 대속물과 희생제물로서의 예수의 죽음에 대해 말하는 반면, 요한계시록은 예수의 죽음을 군사적 승리와 구속의 측면에서 설명한다. 이런 다양성은 적절하게도 예수의 죽음의 의미는 어느 한 개념이나 이론이나 은유에 의해 완벽하게 표현할 수 없다는 결론에 이르게 한다. 무엇보다도 이것은 구원 사건으로서 예수의 죽음이 갖고 있는 우주적 깊이, 예수의 죽음에 대한 설명을 요구하는 상황의 다양성, 그리고 인간의 상황을 이해하는 방법의 다양성 때문이다.

이런 다양성 안에서 우리는 몇 가지 공통점을 찾아낼 수 있다. 속죄에 관한 각각의 이미지들은 인간의 상황, 즉 인간의 필요에 대한 설명을 전제한다. 신약성서에서 우리는 하나님으로부터 분리된 인간의 실존을 특징으로 하는 상황을 표현하는 아주 많은 용어와 문구를 발견한다. 가령, 노예 상태, 마음이 굳어짐, 잃어버림, 세상과의 교제, 눈멂, 불경건, 악한 본성을 따라 살아감, 타락한 마음, 어두운 마음, 하나님의 적, 죄로 인해 죽음 등등. 우리가 예수의 죽음이 갖고 있는 구원과 관련한 의미를 표현하는 방식은 인간의 상황에 대한 우리의 개념과 묶여 있다. 눈이 먼 사람들에게는 빛이 필요하다. 노예들에게는 해방이 필요하다. 그리고 잃어버린 사람들에게는 발견되는 것이 필요하다.

둘째, 속죄의 메시지는 모든 것을 포괄한다. 즉 그것은 어느 한 그룹의 사람들, 어느 한 개인, 혹은 인간의 몇 가지 측면으로 축소될 수 없다. 십자가에서 일어난 일은 우주적 의미를 갖고 있다. 즉 유대인과 이방인을 위한, 노예와 자유인을 위한, 남자와 여자를 위한 의미를 갖고 있다. 십자가에서 이루어진 그리스도의 사역은 우주를 그 목적으로 갖고 있었다. 그것은 새 창조(고후 5:17)와 모든 것을 포괄하는 화해(골 1:15-20)라는 이미지를 만들어냈다. 속죄는 그 초점이 좁게 하나님과 개인들의 관계에 맞춰지지 않고 오히려 개인들을 그들이 다른 이들—그들의 이웃과 적들 모두, 그리고 세상—과 맺는 관계 속으로 밀어넣는다. 십자가는 그 후에는 사람들이 더 이상 죄가 없는 상태가 되는 어떤 거래에 관한 것이라기보다 매일의 삶 속에서 다른 이들을 지향하는, 그리고 다른 이들을 위한 예수의 죽음에서 드러나는 삶의 질을 반영하라는 부르심으로써의 구원에 관한 것이다.

마지막으로, 깨어진 관계의 회복이라는 측면에서 하나님의 주도권이 중요하다. 이 주도권은 성부 하나님의 의지나 행위와 성자 하나님의 그것들 사이의 그 어떤 구별도 전제하지 않는다. 예컨대, 로마서 5:1-11은 그리스도의 죽음을 하나님의 사랑의 궁극적 표현으로 제시한다. "우리가 아직 죄인 되었을 때에 그리스도께서 우리를 위하여 죽으심으로 하나님께서 우리에 대한 자기의 사랑을 확증하셨느니라"(8절). 이 중요한 본문에서 우리는 **하나님**이 **그리스도**가 행한 일을 통해 자신의 사랑을 드러내신다는 말을 듣는다. 우리는 하나님의 사랑이 하나님 자신의 행위를 통해 드러나기를 기대할 수도 있었을 것이다. 그리고 만약 이때 바울이 성자가 하나님의 진노를 진정시킨다는 측면에서 십자가의 역할에 초점이 맞춰진 속죄 신학을 묘사했다면, 확실히 실제 사정이 그러할 수도 있었을 것이다. 그러나 바울은 십자가에서 이루어진 하나님과 성자의 목적과 행위의 하나 됨을 단언한다. 그가 다른 곳에서 말하듯이, "하나님께서 그리스도 안에 계시사 세상을 자기와 화목하게 하신다"(고후 5:19). 예수의 죽음이 갖고 있는 구원을 이루는 효과들이 함께 드러나는 이 구절(고후 5:14-6:12; 대속, 대표, 희생제사, 칭의, 용서, 그리고 새 창조)에서 바울은 하나님의 사역과 그리스도의 사역이 어떻게 하나를 이루는지 신중하게 보여준다. 상호 간의 화해에 대한 그 어떤 암시도 나타나지 않는다. "세상"은 하나님으로부터 소외되었고 하나님과의 관계 속으로 들어가야 할 필요가 있다. 그러나 우리는 하나님이 "세상"으로부터 소외되었다는 그 어떤 암시도 발견하지 못한다. 오히려 바울은 하나님과 인간의 관계에서 늘 하나님의 사랑이 우세하다고, 또한 그리스도의 사역이 그 결과로서 "세상"을 하나님께로 이끌었다고 확언한다.

전통의 다양성. 그 후 오랜 세월에 걸쳐 신학자들은 예수의 죽음이 갖고 있는 구원과 관련한 의미를 표현하기 위해 수많은 모델을 개발해 왔다.[18] 흥미롭게도 기독교 교회의 위대한 신조들을 낳은, 또한 그렇게 함으로써 오늘의 우리를 위한 고전적 정통을 만들어낸 에큐메니칼 공의회들은 십자가가 갖고 있는 구원과 관련한 의미에 대한 그 어떤 해석도 결정적인 것으로 간주해 채택하지 않았다. 가장 이른 시기부터 우리는 다양한 모델을 발견하는데 거기에는 속죄에 관한 다음 세 가지의 "고전적" 이론이 포함되어 있다.

- 정복자 그리스도(*Christ the conqueror*): 이것은 십자가와 부활에 관한 성찰의 틀을 우주적 싸움이라는 측면에서 잡았다. 그 틀 안에서 예수의 죽음은 마귀를 포함해 죄와 악한 권세들에 대한 승리를 가져온다(예. 이레나이우스, 기원후 130-200).
- 만족(*Satisfaction*): 이것은 십자가를 악한 인간이 하나님께 지은 빚을 "지불하는 것"(satisfying)으로 이해한다(예. 안셀무스, 기원후 1033-1109).

18_ 가령, Gustaf Aulén, *Christus Victor* (London: SPCK, 1931); Mertens, *Not the Cross*, 63-84를 보라.

• 도덕적 영향(*Moral influence*): 이것은 예수의 삶과 죽음을, 인간을 움직여 회개와 하나님과 이웃에 대한 사랑으로 옮겨가게 할 수 있는 하나님의 사랑의 드러남으로 여긴다(예. 아벨라르두스, 기원후 1079-1142).

신학자들은 다른 모델도 연구 대상으로 삼아왔다. 가령, 구속, 화해, 해방, 중재 같은 것들이다. 알렉산드리아의 클레멘스(Clement of Alexandria, 기원후 155-200)가 말했듯이, "구세주는 인간의 구원을 위해 여러 톤의 목소리와 갖가지 방법을 사용한다"(*Exhortation to the Greek* 1).

또한 신학자들은 이런 방법 중 몇 가지를 더욱 발전시켰다. 예컨대, "빛"(illumination)으로서의 구원에 대한 성서의 이해는 분명히 아벨라르두스(Abelard)의 도덕적 영향 모델의 궤도를 따르고 있다. 가장 주목할 만한 것은 만족 모델이 유명한 형벌 대속론으로 변화한 것이다. 사실 형벌 대속 모델은 미국 기독교 안에 너무나 광범위하게 퍼져 있어서 많은 그리스도인이 예수의 죽음이 갖고 있는 구원과 관련한 의미가 달리 어떤 방식으로 이해될 수 있을지 의아해할 정도다. 이것은 우리가 우리 자신의 전통이라는 샘의 심층에 있는 물을 마시지 못했기 때문이다.

이미지들의 만화경. 무엇이 이런 다양한 해석을 만들어냈을까? 한 가지 만족할 만한 대답은 동시에 적어도 두 방향으로 움직인다. 첫째, 이스라엘의 성서에 실려 있는 하나님과 인간의 상호 교류를 표현하는 풍성한 이미지를 감안한다면, 우리는 초기 그리스도인들이 거듭해서 성서로 돌아가 거기서 오래된 그리고 새로운 보물들을 찾아냈던 것에 놀라지 않을 것이다. 예수의 죽음을 이스라엘의 성서에 비추어 읽으면서, 그리고 역으로 그 성서를 예수의 죽음에 비추어 읽으면서, 그들은 모든 곳에서 강력한 이미지를 찾아냈다. 그들은 예수의 새로운 추종자들에게 이스라엘의 성서를 주입시키려 하면서, 바울이 그와 연관된 상황에서 했던 것처럼 이런 오래된 이미지를 친근하게 만들고자 했다. "그들에게 일어난 이런 일은 본보기가 되고 또한 말세를 만난 우리를 깨우치기 위하여 기록되었느니라"(고전 10:11). 유사하게, 그리스도의 구원 사역에 관한 복잡하고 다양한 이미지를 지닌 구약성서와 신약성서의 모든 저작의 결과로, 교회는 어느 한 가지 이미지가 다른 이미지들을 포섭하거나 능가한다고 추정하지 않으면서 속죄의 메시지를 충실하게 끌어안으려고 노력해왔다. 다시 말해, 우리가 그 안에서 살고자 하고 또한 예수의 제자들의 공동체에서처럼 우리의 삶 속에서도 어떤 역할을 하기를 바라는 성서의 이야기는 속죄를 이해하고 표현하기 위한 아주 방대한 범위의 이미지와 모델을 승인한다.

둘째, 헤르만-에미엘 메르텐스(Herman-Emiel Mertens)가 주장했듯이, 예수의 죽음에 대한 해석은 특정한 문화와 시간에 묶여 있으므로 그 어떤 해석도 유일하게 참되거나 결정적이라고 간주되어서는 안 된다.[19] 안셀무스의 경우가 명백한 증거가 된다. 그는 "왜 하나님이 인간이 되셨는가?"(*Cur Deus Homo?*)라는 질문에 답하면서 성서가 아니라 그 자신의 사회적 상황, 즉 한 명의 주군의 명예를 높이는 일이 질서와 평화를 이루는 데 불가결의 요소였던 봉건 사회를 고려했다. 그러므로 안셀무스에게 죄는 하나님의 명예에 대한 모욕이었고, 그것은 오직 무죄한 한 사람 예수의 죽음을 통해서만 회복될 수 있었다. 그렇게 해서 지금 우리는 안셀무스와 더불어 무죄와 유죄의 세계가 아니라 명예와 수치의 세계를 항해하고 있는 중이다.

속죄에 관한 바울의 말에 대해서도 같은 말을 할 수 있다. 예컨대, 고린도후서 5장에서 그는 어떤 특정한 문맥 속에서 주장을 펼치면서 "화해"

19_Mertens, *Not the Cross*, 63.

라는 말을 사용한다. 바울은 고린도에 있는 자신의 적대자들의 의기양양한 자랑에 직면해 그 자신과 고린도에 있는 그의 "자녀들" 사이의 부조화를 해결할 필요가 있었다. 화해의 메시지의 근거를 기본적으로 예수의 희생적 죽음에서 찾아내면서, 또한 화해는 더 이상 자기 자신이 아니라 그리스도를 위해 (그리고 그렇게 함으로써 결국 타인을 위해) 사는 삶을 낳는다고 주장하면서, 바울은 그의 첫 번째 목표를 다룬다. 고린도 교인들에게 하나님과 화해하라는 바울의 열정적인 호소(고후 5:20; 6:1-2) — 그 뒤에는 자신이 고린도인들에게 그 어떤 사심도 갖고 있지 않다는 확언(고후 6:11-13; 7:2)이 등장한다 — 는 두 번째 목표를 다룬다.

유사하게 갈라디아서 3:10-14은 그리스도의 십자가가 갖고 있는 구원적 성격을 바울이 다루고 있는 상황에 잘 맞춰진 방식으로 설명한다. 율법 준수라는 정신으로 무장한 갈라디아의 그리스도인들과 벌였던 논쟁의 이 지점에서 바울은 유대인과 이방인을 본질적으로 구분 — **율법 없는** 이방인과 대조되는 **율법을 지키는** 유대인의 지위에 집중하는 구분 — 하는 분명한 문제를 극복해야 할 필요가 있었다. 이방인들은 율법 밖에 있는 자들로서 하나님의 저주 아래서 살았다. 그러니 어떻게 그들이 아브라함의 축복을 공유할 수 있겠는가? 바울의 첫 번째 답은 유대인과 이방인 사이에 쐐기를 박기 위해 율법을 이용하는 자들은 율법을 오용하는 것이며 따라서 이방인과 동일한 하나님의 저주를 받게 된다는 것이었다. 그렇다면 어떻게, 도대체 **누가** 아브라함의 복에 참여할 수 있겠는가? 둘째, 바울은 신명기 21:22-23의 이미지를 빌려와 예수가 하나님의 저주를 짊어지고 십자가형을 받았다고 쓴다. 즉 예수가 하나님의 언약 공동체 밖으로 쫓겨났다는 것이다. 더 나아가 그는 "우리를 위해" 그렇게 하셨다. 그의 죽음을 통해 예수는 사람들을 언약으로부터 분리시키는 율법의 힘을 소진시켰다. 바울이 자신의 주장을 펼치면서 "저주"를 짊어지는 "그리스도"를 언급하는 것은 우발적이지 않다. 왜냐하면 이것은 "하나님에 의해 기름 부음을 받은" 자가 곧 "하나님에 의해 저주를 받은" 자라는 심각하게 모순되는 두 개의 이미지를 도발적으로 병치시키기 때문이다. 만약 예수가 하나님의 저주를 짊어진 자로서 하나님의 백성의 언약 밖에 놓임으로 인간과 연계했다면, 그의 신적 "기름 부음"은 "외부자", 즉 유대인과 이방인 모두에 대한 수용을 의미한다. 그러므로 그리스도의 죽음은 이방인이 그리스도 안에서 아브라함의 자녀로 수용될 수 있는 새 시대의 기원을 이루는 셈이 된다.

우리가 발견한 것은 J. 크리스티안 베커(Christiaan Beker)가 바울의 사상 안에 있는 우발성(contingency)과 일관성(coherence)에 관해 쓰면서 언급했던 현상을 예시해준다.[20] "우발성"이란 바울이 그의 편지에서 다루는 특별한 상황 안에서 나타나는 복음의 일관성(혹은 핵심적 믿음)에 대한 표현을 의미한다. 그러므로 우리는 그 의미를 분명하게 표현하는 일이 특별한 상황 속에서 이루어지고 있음을 인정하면서도 예수의 죽음이 갖고 있는 구원과 연관된 의미를 하나님의 포괄적인 계획의 핵심으로 이해할 수 있다. 바울과 베드로 그리고 신약성서의 다른 저자들, 그 후에 기독교 신학자들과 설교자들을 사로잡았던 해석학적 과제는 그리스도의 구속 사역에 대한 핵심적인 긍정과 그것에 대한 우발적인 해석 사이의 접점에 놓여 있다. 이것은 오늘날까지도 계속되고 있는 해석학적 과제다. 그리고 이것은 그리스도의 십자가를 이해하고 그 의미를 전하는 다양한 모델들의 존재뿐 아니라 그것들의 소임까지도 설명해준다.

20_J. Christiaan Beker, *Paul the Apostle* (Edinburgh: T&T Clark, 1980). 바울과 관련한 그의 논지의 특성을 넘어서는 Beker의 모델이 갖고 있는 비옥함은 다른 이들에 의해 인정되어왔다. 가령, I. Howard Marshall, *New Testament Theology* (Downers Grove, Ill.: InterVarsity Press, 2004), 32-34. 『신약성서 신학』(CH북스 역간, 2006).

속죄: 두 가지 모델

이런 다양성을 실증하기 위해 나는 이 마지막 단락에서 속죄의 두 가지 모델을 살펴보려 한다. 그 둘 모두는 기독교의 성서 안에서는 이미 잘 알려져 있으나 오늘날 북미 지역의 청중에게는 서로 다른 정도로 통용되고 있다. 그것은 (1) 희생제사로서의 속죄와, (2) 계시로서의 속죄다. 나는 이 두 가지 안을 개략하면서 예수의 죽음이 갖고 있는 구원과 연관된 의미를 그의 삶의 이야기와의 관계 속에 위치시키는 일의 중요성에 주목할 텐데, 우리는 그런 작업을 통해 예수가 로마의 십자가에서 처형된 사실을 사회적·정치적·종교적 측면에서 이해할 수 있을 것이다. 또한 나는 앞서 내가 속죄와 관련해 공감했던 신학적 방위(方位)를 따르면서 인간의 상황의 본질, 하나님의 주도권의 본질, 그리고 십자가의 모든 것을 포괄하는 결과에 대해 말하고자 한다. 마지막으로 나는 이런 모델들이 어떻게 예수의 죽음의 주관적 측면(그리스도의 십자가가 어떻게 인간을 변화시키는지)과 객관적 측면(십자가 사건 자체가 하나님의 경륜 안에서 의미하는 것이 무엇인지) 모두를 다룰 수 있는지에 대해 살피고자 한다.

희생제사로서의 속죄. 초기 그리스도인들은 예수의 죽음이 갖고 있는 구원과 관련한 의미를 발전시키는 과정에서 이스라엘의 성서에 등장하는 희생제의의 세계에 의해, 그리고 예루살렘 성전에서 이뤄지고 있는 짐승 희생제사 관습—그것이 그 시대의 것이었든, 최근의 기억에 속한 것이었든 간에—에 의해 크게 영향을 받았다. 신약성서 전반에 이런저런 형태로 널리 퍼져 있는 "그리스도가 모두를 위해 죽으셨다"는 표현(예. 막 14:24; 롬 5:6, 8; 15:3; 갈 2:21; 벧전 3:18)은 이 점에서 그리스도의 피가 갖고 있는 구원의 효과에 대한 언급으로서 중요하다(예. 행 20:28; 롬 5:9; 골 1:20). 예수의 죽음은 언약적 희생제물로(예. 막 14:21; 고전 11:25; 히 7:22; 8:6; 9:15), 유월절 희생제물로(예. 요 19:14; 고전 5:7-8), 속죄제물로(롬 8:3; 고후 5:21), 첫 열매를 위한 제물로(고전 15:20, 23), 속죄일에 바쳐지는 희생제물로(히 9-10장), 그리고 아브라함이 이삭을 바치는 것을 상기시키는 제물로(예. 롬 8:32) 묘사된다. 에베소서의 저자가 그것을 잘 요약한다. "그리스도께서 너희를 사랑하신 것 같이 너희도 사랑 가운데서 행하라. 그는 우리를 위하여 자신을 버리사 향기로운 제물과 희생제물로 하나님께 드리셨느니라"(엡 5:2). 이 마지막 구절은 우리에게, 신약성서의 저자들에게 희생제사의 이미지는 예수의 죽음이 행하는 구속 사역을 명확하게 전하기 위해 관념적으로 배치된 것이 아님을 상기시킨다. 우리는 그리스도가 우리를 사랑하셨고 우리를 위해 자신을 주셨으므로 우리 역시 "사랑을 받는 자녀 같이" "하나님을 본받는 자"로서 "사랑 가운데서 행하라"는 말씀을 듣는다(엡 5:1-2). 즉 예수의 죽음을 희생제사적 측면에서 상상하는 것은 우리를 하나님에 대한 예배와 윤리적 태도라는 특징을 드러내 보이는 희생제사적 삶 속으로 이끌어간다.[21]

희생제사가 구약성서의 속죄 개념에 대해 갖는 중요성을 감안한다면, 우리는 이스라엘의 희생제의가 예수와 그의 추종자들을 자석처럼 끌어당겼던 것에 놀랄 필요가 없다. 그들에게 속죄라는 개념은 죄나 다른 위반 사항들로 인해 관계가 단절되거나 깨어진 두 당사자 사이의 소외에 대한 해결책이며, 대체로 희생제사의 중재 의식과 묶여 있다. 하나님과 인간의 관계에서 하나님은 속죄의 근원이시다. 그리고 자신이 속죄를 매개하는 희생제사 시스템을 마련한 이 역시 그분 자신이시다.

21_ 이런 상호관련성은 그동안 반복해서 주장되어왔다. 가령, Driver, *Understanding the Atonement*, 129-46; Roger T. Beckwith, "Sacrifice," in *New Dictionary of Biblical Theology*, ed. T. D. Alexander and B. S. Rosner (Downers Grove, Ill.: InterVarsity Press, 2000), 754-62.

구약성서에서 발전된 희생제사와 희생제물 중에서 우리의 목적을 위해 가장 중요한 것은 정결제(purification offering, חַטָּאת, *ḥaṭṭā't*; 예. 레 4:1-6:7; 6:24-7:10; 레 16장을 보라)인데, 그것은 죄의 결과, 즉 제의적 불결함을 제거하는 데 초점이 맞춰진다. 희생제사의 속죄 사역에 대한 이런 식의 설명은 정결제를 단지 성전의 오염에 대한 우려에 관한 것으로 축소시키기 쉽다. 그러나 분명히 이 의식은 죄에 대한 용서와 분리될 수 없다(예. 레 4:20, 26, 31; 16:16). 밀그롬(Milgrom)은 속죄를 성소의, 그리고 더 나아가 하나님의 백성 공동체의 정결(예. 레 15:31; 16:19)뿐 아니라 인간을 위한 짐승이라는 대속물(레 16장)을 통한 구속으로 해석한다.[22] 20세기 초부터 과연 희생제사가 "속죄"(expiation, 하나님이 인간을 죄의 책임과 흠으로부터 자유롭게 하시고 깨끗하게 하시는 수단으로서의 희생제사)를 강조하는지 아니면 "화목"(propitiation, 하나님의 진노를 막는 수단으로서의 희생제사)을 강조하는지를 두고 논란이 휘몰아쳤다. 그러나 언어학적 증거는 비록 배타적으로 그런 것은 아니지만, "씻어내다" 혹은 "깨끗하게 하다"라는 의미를 우선시한다.[23] 그리고 이것은 밀그롬이 제시한 희생제사에 대한 통합된 읽기를 통해 지지를 얻는다.

22_Jacob Milgrom, *Leviticus*, 3 vols., Anchor Bible (New York: Doubleday, 1991-2001), 그리고 *Studies in Cultic Theology and Terminology*, Studies in Judaism in Late Antiquity 36 (Leiden: E. J. Brill, 1983). 더 나아가 B. Lang, "כפר," in *Theological Dictionary of the Old Testament*, ed. G. Johannes Botterweck (Grand Rapids: Eerdmans, 1995), 7:288-303; Gary A. Anderson, "Sacrifice and Sacrificial Offerings (Old Testament)," in *Anchor Bible Dictionary*, ed. David Noel Freedman (New York: Doubleday, 1992), 5:870-86.

23_"화목"에 맞서는 주장을 위해서는 가령, C. H. Dodd, "ἱλάσκομαι, Its Cognates, Derivatives, and Synonyms in the Septuagint," *Journal of Theological Studies* 32 (1931): 352-60을 보라. "화목"이라는 개념을 선호하는 주장을 위해서는, Leon Morris, *The Apostolic Preaching of the Cross*, 3rd ed. (Leicester, U.K.: InterVarsity Press, 1965)를 보라. 언어학적 자료를 보다 최근에 철저하게 조사한 글을 위해서는, Richard E. Averbeck, "כפר," in *New Testament Dictionary of Old Testament Theology and Exegesis*, ed. William A. VanGemeren (Grand Rapids: Zondervan, 1997), 2:689-710.

레위기 19:22 같은 본문에서는 용서의 중요성이 강조된다. "제사장은 그가 범한 죄를 위하여 그 속건제의 숫양으로 여호와 앞에 속죄할 것이요, 그리하면 그가 범한 죄를 사함 받으리라." 죄는 죄인과 하나님 사이의 소외된 관계를 낳는다. 그리고 이런 분리야말로 다뤄져야 할 문제다. 중재자로서 섬기는 제사장은 희생제사를 통해 깨어진 관계를 해결한다. 어떻게 그럴 수 있는가? 첫째, 이런 율법의 기초는 삶과 죽음의 대립이다. 그 율법은 죽음으로써 커다란 악을, 그리고 사람을 불결하게 만들고 하나님 앞으로 나아가는 데 적절하지 못하게 만드는 죽음과 연관된 모든 것(그것이 시체이든, 피의 방출이든, 혹은 질병이든)을 피하게 한다. (이스라엘의 성서에서 야웨와의 단절된 관계가 죽음을 초래한다는 사실을 기억할 때, 우리는 죄인이 어떻게 해서 불결하다고 간주되는지 쉽게 알 수 있다.) 둘째, 흠 없는 짐승을 택함은 하나님과 관계하고 그분을 섬기며 살아가는 삶을 살기 위해 구별된 이스라엘의 선택에 대한 유비의 역할을 한다. 셋째, 희생제의에서 짐승의 머리에 안수하는 행동은 "동일시" 혹은 "대표"—죄인을 짐승과 동일시하고 짐승이 죄에 빠진 죄인을 대표하게 하는 것—가 중요함을 의미한다. 또한 생명의 본질이자 하나님께 신성한 것으로 이해되는 피를 흘리는 것은 그 희생제물이 그들을 위해 바쳐진 이들의 생명을 드린다는 것을 의미한다.

하나님의 진노와 희생제의의 관계는 무엇인가? 가장 먼저 우리는 야웨의 진노를, 신들을 달래고 그들의 호의를 구하기 위해 희생제사를 드렸던 그리스-로마 신들의 떨떠름하고 변덕스러운 성향과 혼동하지 말아야 한다. 구약성서의 하나님에 관한 일반적인 견해에도 불구하고, 구약성서에서 하나님의 진노는 이런 종류의 견해를 통해서는 잘 대표되지 않는다. 사실 오늘날 구약성서 학자들은 과연 어느 의미에서 진노를 하나님의 속성으로 여기는 게 적절한지를 두고 계속해서 논란을 벌이고 있다.[24] 분명한 것은 이스라엘의 하나님이 "자비롭고 은혜롭고 노하기를 더디하고 인자와 진실이 많은" 분이시라는 것이다(예. 출 34:6; 민 14:18). 또한 구약성서에서 진노는 악한 행위에 대한 하나님의 반응이지, 인간에 대한 하나님의 일반적 성향을 설명하는 표현이 아니라는 것이다.[25] 보다 정확하게 말하자면, 만약 하나님의 진노가 구약성서에서 보복적 징벌과 연관된 많은 구절들을 통해 이해될 수 있다면, 하나님의 진노에 대한 해결책이 희생제사적 측면에서 발전되고 있지 않음을 떠올리는 것이 필요하다. 비록 짐승의 희생제사가 그 제물이 그를 위해 바쳐지는 사람(들)을 **대표할 수**는 있을지라도, 우리는 구약성서에서 "만족" 혹은 "형벌"로서의 제의적 행위에 대한 그 어떤 설명도 발견하지 못한다.[26] 존 골딩게이(John Goldingay)는 이렇게 주장한다. "레위기에서 죄의 문제는 죄가 하나님을 진노하시게 하는 부정이나 불충과 연루되는 것이 아니라 죄가 사람들을 오염시키고, 더럽히고, 망쳐서 그들을 혐오스럽게 만든다는 것이다.…희생제사는 진노와 직접 관련되지 않는다."[27]

24_Jan Bergman and Elsie Johnson, "אנף," in *Theological Dictionary of the Old Testament*, ed. G. Johannes Botterweck (Grand Rapids: Eerdmans, 1977), 1:348-60; Gary A. Heron, "Wrath of God (OT)," in *Anchor Bible Dictionary*, ed. David Noel Freedman (New York: Doubleday, 1992), 6:989-96.

25_"진노는 하나님의 속성이 아니다. 그분의 행위는 일반적으로 그것에 의해 결정되지 않는다" (Wolfhart Pannenberg, *Systematic Theology* [Grand Rapids: Eerdmans, 1988], 1:439). 또한 John Goldingay, *Old Testament Theology*, vol. 1: *Israel's Gospel* (Downers Grove, Ill.: InterVarsity Press, 2003), 140을 보라.

26_James D. G. Dunn, "Paul's Understanding of the Death of Jesus as Sacrifice," in *Sacrifice and Redemption*, ed. S. W. Sykes (Cambridge: Cambridge University Press, 1991), 35-36(44). 보다 넓게는 Robert J. Daly, *The Origins of the Christian Doctrine of Sacrifice* (Philadelphia: Fortress, 1978), 11-35를 보라. 그러나 Gordon Wenham은 희생제사를 통해 나오는 "유쾌하게 하는 향기"가 "하나님의 불안"을 진정시킨다고 상상한다("The Theology of Old Testament Sacrifice," in *Sacrifice in the Bible*, ed. Roger T. Beckwith and Martin J. Seman [Grand Rapids: Baker, 1995], 75-87 [80]).

27_John Goldingay, "Your Iniquities Have Made a Separation Between You and God," in *Atonement Today*, ed. John Goldingay (London: SPCK, 1995), 39-53 (51); 더 나아가 John Goldingay, "Old Testament Sacrifice and the Death of Christ," in Ibid., 3-20을 보라.

구약성서에 등장하는 희생제사와 관련한 이미지들의 배경에 대한 이와 같은 검토는 희생제사로 이해되는 예수의 죽음이 어떻게 하나님과 인간의 소외를 해결한다고 간주될 수 있는가 하는 질문을 야기한다. 만약 우리가 보았듯이 "하나님의 진노를 달래는 것"과 "죗값을 치르는 것"이 아니라면, 우리는 예수의 희생적 죽음을 어떻게 이해해야 하는가? 다른 본문들은 다른 방향을 가리킨다. 세 가지 예를 들어보겠다. 첫째, 바울이 고린도전서 5:7에서 예수를 "유월절 양"(τὸ πάσχα)으로 언급한 것은 이스라엘의 이야기에서 아주 핵심적인 내용을 이루는 유월절 희생제사를 강력하게 상기시킨다. 매년 기념하는 유월절은 하나님의 백성을 위한 하나님의 선택과 위대한 구원 행위를 기념하고 그것을 다시 자신의 것으로 삼았다. 바울이 교회 내의 부도덕한 사람의 존재에 관해 지시를 내리면서(고전 5:1-13) 했던 유월절에 대한 언급은 고린도 교회 신자들을 하나님의 구별된 백성으로서 죄의 굴레에서 벗어난 사람들의 공동체로 규정한다.[28]

히브리서는 예수의 희생적 죽음에 아주 많은 지면을 할애하는데, 최소한 세 줄에 걸쳐 그 의미를 발전시켜나간다. 가장 넓은 의미에서 예수의 죽음은 예수의 순종—고귀한 죽음을 통해 자신의 생명을 쏟아내는 것—을 표현하는데, 그 죽음을 통해 드러나는 예수의 순종은 모든 사람의 순종을 대표하며 그것은 하나의 완전한 희생제사로 하나님께 용납된다. 또한 그러하기에 사람들에게 그들의 지도자이자 선구자인 예수를 따라 하나님께 순종하는 삶의 여행을 하도록 요구한다.[29] 게다가 예수의 죽음은 하나

28_Richard B. Hays, *First Corinthians*, Interpretation (Louisville: John Knox, 1997), 83; Anthony C. Thiselton, *The First Epistle to the Corinthians*, New International Greek Testament Commentary (Grand Rapids: Eerdmans, 2000), 405-6을 보라.

29_John Dunnill, *Covenant and Sacrifice in the Letter to the Hebrews*, Society for New Testament Studies Monograph Series 75 (Cambridge: Cambridge University Press, 1992)를 보라. 이런 주제들에 관해 보다 폭넓게 쓴 글을 위해서는 Sam K. Williams, *Jesus' Death as Saving Event*, Harvard

님의 언약 파트너들에게 신실한 행위의 기준을 제공하면서 하나님과 그분의 백성 사이에 맺어진 (새로운) 언약을 비준한다.[30] 이어서 히브리서는 비록 그 서신의 저자가 레위기 16장에 나오는 연례적인 의식과 연관된 규정들을 의도적으로 선택하기는 했으나, 예수의 희생적 죽음의 의미를 속죄일과 연관시켜 발전시켜나간다. 희생양과 연관된 레위기의 자료는 희생양이 두드러지도록 하기 위해 간과되는데, 이것은 예수가 사람들을 지성소, 곧 하나님 자신의 임재 안으로 이끌기 위해 하나님에 대한 모욕거리인 죄를 깨끗하게 하는 죄 없는 희생제물임을 강조하기 위한 결정이다.[31]

만약 이스라엘의 성서의 관점에서 죄가 사람들을 불결하게 만들고 그로 인해 그들을 하나님 앞에서 쫓아낸다면, 희생제사 제도는 주로 이런 장애를 제거하는 일과 연관되어 있다고 할 수 있다. G. B. 케어드(Caird)가 말했듯이, "오염에 대한 의식은…본질적인 신성함을 의미한다. 그리고 죄로 인해 더럽혀진 사람들에게 꼭 필요한 것은 양심을 죽은 행실로부터 깨끗하게 해줄 수 있는 것이다"(히 9:14).[32] 히브리서가 묘사하는 것은 하나님의 행위, 즉 그분이 그리스도 안에서 인간과 언약 관계를 시작하시는 것, 자기의 고난과 죽음을 통해 우리보다 앞서 하나님의 임재 안으로 들어갈 뿐 아니라 우리가 자기와 함께 그 안으로 들어갈 수 있도록 모든 장애물을 제거해줄 선구자를 보내시는 것, 그리고 인간의 상황을 변화시키기 위해 인간

Dissertations in Religion 2 (Missoula, Mont.: Scholars Press, 1975); David Seeley, *The Noble Death: Graeco-Roman Martyrology and Paul's Concept of Salvation*, Journal for the Study of the New Testament Supplement Series 28 (Sheffield, U.K.: Sheffield Academic Press, 1990)을 보라.

30_ 히 9:19-21을 출 24:1-8과 비교해보라.

31_ 참고. Barnabas Lindars, *The Theology of the Letter to the Hebrews*, New Testament Theology (Cambridge: Cambridge University Press, 1991), 84-101. 『히브리서 신학』(한들출판사 역간, 2002).

32_ G. B. Caird, *The Language and Imagery of the Bible* (London: Duckworth, 1980), 17.

안에서 일하시는 것이다.

세 번째 예로, 다시 바울에게 돌아가 "속죄제물"로서의 예수의 죽음이라는 지위는 예수의 피가 갖고 있는 구원하는 효력에 대한 언급(롬 3:25; 5:9; 엡 1:7; 2:13; 골 1:20)을 포함하는 몇 가지 본문 — 그것들이 상징적으로 그렇게 이해되어야 하는 것은 예수의 처형 방식이 현저하게 잔혹하지는 않았기 때문이다 — 에서, 그리고 로마서 8:3("περί ἁμαρτίας", "죄로 말미암아" 혹은, 보다 정확하게는 "속죄물로"), 고린도후서 5:21("ὑπὲρ ἡμῶν ἁμαρτίαν ἐποίησεν", "[하나님이 그리스도를] 우리를 대신하여 죄로 삼으신 것")에서 분명하게 드러난다. 이런 사례들에서 바울은 희생제사의 효능을 교환(exchange)과 대표(representation)라는 측면에서 말한다. 죄와 죽음은 희생제물에게 전가된다. 그리고 그 제물의 순결함과 생명은 그 희생제사의 유익을 얻는 이들에게 전가된다. 희생제사의 이런 경륜 속에서 예수의 죽음은 죄와 그로 인한 결과들을 씻어낸다. 이런 본문들에서 희생제사의 중심에 대속이 있음은 분명하다. 그러나 그 은유는 형벌적(만족)이기보다는 경제적(교환)이다.

이런 예들은 속죄의 주관적 측면과 객관적 측면 모두의 증거가 되며, 하나님이 완전한 희생제물인 예수 그리스도를 보내심으로써 인간의 죄를 다루시는 방법을 예시한다. 더 나아가 희생제사는 하나님께 대한 순종을 통해 살아내고 또한 주어지는 삶, 즉 보다 큰 세상의 기준으로는 수치스럽게 간주되지만 가치체계가 하나님에 의해 재정립된 사람들 사이에서는 고귀하게 간주되는 삶과 죽음에 대한 관심을 촉발한다. 희생제사는 하나님과 그분의 백성 사이의 언약을 승인하며 죽음에까지 이르는 예수의 완전한 순종을 언약 백성에 대한 요구와 모범으로 제시한다.

계시로서의 속죄. 어느 면에서 희생제사의 향기와 그와 관련된 이미지들은 21세기 서구의 삶과는 크게 동떨어져 있다. 많은 이들에게 이런 형태의 의식(儀式)화된 도축은 희생제사의 논리가 낯선 것만큼이나 야만적으로 보인다. 그럼에도 그것은 오늘날에도 여전히 참된 것으로 남아 있다. 아마도 그것은 프랜시스 영(Frances Young)이 30여 년 전에 주장했던 것보다도 훨씬 더 참되기에 우리는 현대 문학 속에서 희생제사라는 개념과의 진지한 씨름을 발견할 수 있다.[33] 콜린 건튼(Colin Gunton)은 희생제사라는 개념은 사실상 인간의 본성에 깊이 내재되어 있다고 주장한 바 있다.[34] 이와 같은 존재로서 하나님의 아들의 삶의 여정은 빌립보서 2:6-11에 분명하게 설명되어 있는데 그 구절의 핵심적인 강조 사항은 그가 죽기까지 자기를 비우고 순종했음에 맞춰진다. 또한 그것은 하나님의 형상대로 지음 받은 피조물들을 위한 희생제사의 중심성을 강조한다. 나는 이것이야말로 예수의 희생에 관한 메시지가 직접적으로, 그리고 자연스럽게 충실한 제자도의 징표로서 타자를 지향하는 삶에 대한 요구로 변화되는 이유라고 확신한다.[35] 비록 틀림없이 어떤 이들은 우리의 동시대 사람들이 예수의 희생적 죽음에 대해 숙고하도록 자극하는 현대적인 유비를 찾아내고자 하겠지만, 그보다 유익한 전략은 그리스도인들을 성서의 이야기 세계

33_ Frances Young, *Sacrifice and the Death of Christ* (London: SPCK, 1975).

34_ Colin Gunton, "The Sacrifice and the Sacrifices: From Metaphor to Transcendental?" in *Trinity, Incarnation, and Atonement*, ed. Ronald J. Feenstra and Cornelius Plantinga Jr., Library of Religious Philosophy 1 (Notre Dame, Indiana: University of Notre Dame Press, 1989), 210-29; Colin Gunton, *The Actuality of the Atonement* (Grand Rapids: Eerdmans, 1989), 115-41을 보라.

35_ Martin J. Salman, "Sacrifice for Christians Today," in *Sacrifice in the Bible*, ed. Roger T. Beckwith and Martin J. Selman (Grand Rapids: Baker, 1995), 157-69를 보라. Cynthia L. Rigby는 자기 비난과 대리인으로서의 권한 행사에 대한 수동성 같은 여성적인 죄를 만들어내지 않는 대속을 해석하는 방법을 주장한다("Taking Our Place: Substitution, Human Agency, and Feminine Sin," *International Journal of the Study of the Christian Church* 4 [2004]: 220-34). 우리가 예수의 십자가형을 쉽게 그의 수동성이나 무력함의 표현으로 이해하는 것은 속죄 신학을 로마 세계와 복음서의 이야기라는 상황 속에 위치시켜야 할 우리의 절실한 필요를 상기시켜준다.

안으로 이끌어 그들이 "온 세상의 죄를 위한 온전하고, 완전하고, 충분한 희생제사"[36]와의 만남을 통해 변화됨으로써 그들 스스로 그리스도의 삶을 그들의 삶으로 구현하게 하는 것일 수도 있다.

그러나 이것은 이미 내가 독자들의 관심을 끌고자 하는 두 번째 속죄 모델의 영역으로 이동하는 것인데, 바로 계시로서의 속죄라는 영역이다. 여기서 나는 성서에서 이 모델이 갖고 있는 핵심적 중요성의 문제로부터 시작하기보다, 예수의 죽음의 계시적 의미에 대한 고찰을 준비하도록 우연하게 도움을 주고 있는 인간의 형성과 앎의 본질에 관한 신경과학으로부터 나온 다섯 가지 서로 연관된 의견을 살피는 것으로부터 시작하고자 한다.

1. 너무 적은 유입. "대뇌 피질 조직"에 관한 한 흥미로운 논의에서 크리스토프 코흐(Christof Koch)는 우리의 인식의 대상에 대한 명확한 해석을 위해 필요한 감각 정보(sensory data)의 유입이 일반적으로 부족하다고 주장한다. 그리고 이것은 겉보기에 보다 평범해 보이는 우리의 시각 체계의 활동으로부터 보다 큰 규모의 해석학적 관심, 그리고 인간의 이해에 관한 우리의 의견과 실천에 이르기까지 전반에 걸쳐 해당한다. 우리의 한계에도 불구하고 우리의 "피질 네트워크는 [무언가를] **기입한다**(*fill in*). 그것들은 불완전한 정보를 감안한다면 최상의 추측을 한다.…구어체로 '결론으로의 점핑'이라고 표현되는 이런 일반적인 원리가 인간 행동의 많은 부분을 이끈다."[37] 그것에 의지해 우리가 [무언가를] 기입하는 구조를 지칭하는 다양한 이름이 있다. 가령, **상상력**(*imagination*, "우리의 경험에 질서를 세

36_ "Prayer for Consecration," "A Brief Form of the Order for the Administration of the Sacrament of the Lord's Supper or Holy Communion," in *The Methodist Hymnal* (Nashville: Methodist Publishing, 1964), 832로부터 인용.

37_ Christof Koch, *The Quest for Consciousness* (Englewood, Col.: Roberts, 2004), 23.

우기 위해 이미지를 도식화하는 기본적인 능력", 혹은 "우리의 역사 속에 뿌리를 두고 이 세상에서의 삶에 관한 진실을 드러내는 능력을 갖고 있는, 의미 있는 형태라는 수단을 통해 무언가를 무언가로 취급하는 능력"),[38] **개념 체계**(*conceptual scheme*, 이것은 개념적[*conceptual*, 사물을 보는 하나의 방식]이고, 의욕적[*conative*, 한 집단과 그 집단의 구성원들이 깊이 밀착해 있는 일련의 믿음과 가치들]이며, 또한 행동 지침적[*action-guiding*, 우리는 그것들을 따라 살아가고자 한다]이다).[39] 달리 표현하자면, 삶의 사건들에는 자족적인, 그리고 즉각적으로 명백한 해석이 딸려 나오지 않는다. 우리는 그런 사건들을 개념화해야 한다. 그리고 우리는 우리가 은연중에 그것을 참되고 정상적이며 좋다고 여길 수 있도록 주로 상상적인 구조 혹은 개념 체계라는 측면에서 그렇게 한다.[40]

2. 해석 도식의 내러티브적 형성. "**이야기**는 마음의 기본적인 원리다. 우리의 경험, 우리의 지식, 우리의 사고 대부분은 이야기로 구성된다." 인지 과학자 마크 터너(Mark Turner)는 이렇게 요약하면서 다음과 같이 덧붙인다. "이야기적 상상력은 우리의 기본적인 예측 형태"이며 우리의 "설명을 위한 기본적인 인지 도구"다.[41] 즉 의미를 만드는 일이 우리의 매일의 경험에서 핵심을 이룬다는 것, 우리는 우리가 가능하다고 혹은 정상적이라고 여기는 것에 기초해서 우리의 감각 기관을 통해 받아들이는 데이터에 구조를 부과하기 위해 애쓰리라는 것, 그리고 이런 "구조"가 이야기의 형태로 나오리라는 것은 신경생물학을 통해 점점 더 분명해지고 있다.[42]

38_ 각각 Mark Johnson, *The Body in the Mind* (Chicago: University of Chicago, 1987), xx; 그리고 David J. Bryant, *Faith and the Play of Imagination*, Studies in American Biblical Hermeneutics 5 (Macon, Ca.: Mercer University Press, 1989), 5.

39_ Owen Flanagan, *The Problem of the Soul* (New York: Basic Books, 2002), 27-55.

40_ 참고. Mark Johnson, *Moral Imagination* (Chicago: University of Chicago Press, 1993), 8장.

41_ Mark Turner, *The Literary Mind* (New York: Oxford University Press, 1996), v, 20.

42_ 믿음을 형성하고 알리는 데 있어서 내러티브가 하는 역할에 관해서는 Todd E. Feinberg,

3. 신경가소성(Neuroplasticity, 인간의 두뇌가 경험에 의해 변화되는 능력—역자 주)**, 본성, 그리고 양성.** "사람들은 미리 조립되어 나오지 않는다. 오히려 그들은 삶에 의해 함께 엮인다."[43] 조셉 르두(Joseph LeDoux)는 그렇게 쓰면서 인간이 늘 형성 과정에 있다는 핵심적인 신경생물학적 현실에 주의를 환기시킨다. 기본적으로 형성적 영향력(formative influence)은 중추신경계의 신경접합부(synapse)에 있는 신경세포에 새겨져 부호화된다. 물론 뇌 조직은 유전학적으로 프로그램화되어 있다. 하지만 유전자들은 우리의 정신 기능과 행동 기능의 대강의 윤곽만 형성할 뿐이고, 나머지는 우리의 경험을 통해 형태가 만들어진다. 다시 말해, 비록 유전자들이 우리가 생각하고 행동하는 방법을 정해주기는 하나, 우리는 태어날 때부터 생성되는 과정에 있으며 이런 "생성"은 신경접합부의 활동을 통해 뇌에 새겨져 부호화된다. 우리의 해석학적 장비는 신경접합부 차원에서 형성되며 개선이 가능하고, 심지어 지금도 우리가 그것을 통해 주변의 세상을 이해하는 개념 도식이나 상상력의 구조를 제공하고 있다.

4. 믿는 것이 보는 것이다. 세상에 대한 내 "인식"은 나의 환경과 관련해 계속해서 형성되고 있는 가정들의 네트워크 안에, 그리고 내가 교제하고 있는 다른 이들과 공유하는 "세상이 작동하는 방식"에 관한 잘 검증된 일련의 가정들 안에 기초를 두고 있다. 모호한 데이터는 다른 가설을 제시한다. 하지만 내 마음은 그런 데이터를 내가 기대하도록 배운 것을 따

Altered Egos (Oxford: Oxford University Press, 2001); 그리고 William Hirstein, *Brain Fiction* (Cambridge, Mass.: MIT Press, 2005)의 연구를 보라. 그런 연구들은 우리가 참되다 여기는 것을 철저하게 이해하기 위해 얼마나 애써야 하는지를 보여준다.

43_Joseph LeDoux, *Synaptic Self* (New York: Viking Penguin, 2002), 3; 참고. Susana Cohen-Cory, "The Developing Synapse: Construction and Modulation of Synaptic Structures and Circuit," *Science* 298 (2002): 770-76; Peter R. Huttenlocher, *Neural Plasticity*, Perspectives in Cognitive Neuroscience (Cambridge, Mass.: Harvard University Press, 2002).

라 명확하게 만든다. 부분적인 뇌손상을 입은 환자들은 자기들이 참되다고 여기지 않는 것을 보지 못하는 무능력을 드러내는데,[44] 마찬가지로 우리 중 손상되지 않은 뇌를 지닌 이들도 대개 앞서 갖고 있는 믿음에 기초해 어떤 강력한 해석학적 편향성을 지닌 채 행동하며, 물리적으로는 아무것도 제시되지 않은 때에 실제로 자극을 인지한다.[45] 우리가 말하고 구현하는 이야기가 우리가 세상을 이해하는 방법을 정한다.

5. 어떤 이야기들인가? 그러므로 이렇게 묻는 것이 중요하다. 어떤 이야기가 우리가 살고 있는 세상을 형성하고 있는가? 지금 우리는 어떤 이야기를 구현하고 있는가? 대안은 아주 많다. "분발해서 완수해내는 사람"—만약 충분히 열심히 그리고 계속해서 노력하기만 하면, 산이라도 옮길 수 있다, "끝없는 전진"에 따르는 약속, "나는 내 방식대로 살았어", "힘이 정의를 만든다" 등등. 만약 우리가 자신이 구성하고 그 안에서 살아가는 이야기들과의 관계 안에서 세상을 인식하고 우리의 정체성을 형성하고 있다면,[46] 이것은 실로 긴급한 문제다.

이런 관찰 의견을 열거하는 것은 세 가지 이유 때문에 유익하다. 첫째, 그것은 복음서의 이야기 구조를 포함하는 성서의 이야기 구조의 중요성을 강조한다. 이런 의미에서 성서 자체는 사람들이 그것을 통해 세상을 이해할 수 있는 어떤 이야기 구조를 알려준다. 둘째, 그것은 마태복음에서든 바울 서신에서든 아니면 정경 성서 전체에서든, 하나님의 목적을 이해하는 데 예수의 이야기가 갖고 있는 중요성에 우리의 관심을 집중시킨다. 셋

44_ 가령, V. S. Ramachandran, *A Brief Tour of Human Consciousness* (New York: Pi, 2004), 2장.

45_ Aron R. Seitz et al. "Seeing What Is Not There Shows the Costs of Perceptual Learning," *Proceedings of the National Academy of Sciences* 102, no 25 (2005): 9080-85. "믿음"의 중요성은 이제야 겨우 경험적으로 연구되기 시작했을 뿐이다. 참고. 가령, Daniel L. Schacter and Elaine Scarry, eds., *Memory, Brain, and Belief* (Cambridge, Mass.: Harvard University Press, 2000).

46_ 참고. 가령, Jerome Bruner, *Making Stories* (New York: Farrar, Strauss & Giroux, 2002).

째, 그것은 회심에 관한 사회적·과학적 연구를 통해 이미 밝혀진 것을 확증한다. 즉 회심에는 회심한 자들의 공동체에 의해 공유되고 이야기되는 웅장한 이야기라는 측면에서 삶을 재조정하는 일이 포함된다.[47]

예컨대, 누가의 이야기 안에서 제자들은 이해력이 부족하고 예수의 임박한 고난에 관한 말을 이해하지 못한다(눅 9:44-45; 18:31-34). 그들의 실패는 누가의 이야기가 끝날 무렵까지 계속되는데, 거기서 누가는 예수가 "그들의 마음을 열어 성경을 깨닫게 하셨다"고 전한다(눅 24:45).[48] 이에 앞서 그들에게 부족했던 것은 사고의 범주, 즉 예수가 자신의 수난 예고를 통해 일관되게 했던 말과 그분의 높아진 지위, 그리고 그분의 임박한 굴욕을 적절하게 연관시켜주는 해석 구도였다. 그들은 로마 제국의 팔레스타인에서 아주 일반적이었던 개념 구도를 따르고 있었기에 그들의 인식의 지평은 지나치게 좁게 제한되어 있었다. 예수는 그들을 위해 "성경을 펼치고" "그리스도가 이런 고난을 받고 자기의 영광에 들어가야 할 것이 아니냐"라고 선언하셨다(눅 24:25-27). 이것은 예수의 해석학 교습이었다. 그는 예언자들이 받았던 박해를 메시아직과 연결시킴으로써 성서가 영광에 들어가기 전에 고난을 받는 종말론적 왕을 위한 대본을 제공한다고 확언할 수 있었다.[49] 그러므로 하나님의 경륜 안에서 하나님의 기름 부음을 받은 자가 갖고 있는 높은 지위는 그가 받은 굴욕과 모순되지 않는다. 오히려 이런 수난과 높아지심을 통해 예수는 구원을 이루는 지위의 역전을 구현

47_David A. Snow and R. Machalek, "The Convert as a Social Type," in *Sociological Theory 1983*, ed. R. Collins (San Francisco: Jossey Bass, 1983), 259-89.

48_ 나는 이 문제를 Joel B. Green, "Learning Theological Interpretation from Luke," in *Reading Luke*, ed. Craig Bartholomew, Joel B. Green and Anthony Thiselton, Scripture and Hermeneutics Project (Grand Rapids: Zondervan, 2005), 55-78에서 보다 상세히 논했다.

49_Mark L. Strauss, *The Davidic Messiah In Luke-Acts*, Journal for the Study of the New Testament Supplement Series 110 (Sheffield, U.K.: Sheffield Academic Press, 1995), 257을 보라.

하셨다. 그의 죽음은 우리가 어떻게 살아야 하는지 — 겸손하게 살아야 하는지, 자기를 높이며 살아야 하는지 — 를 두고 하나님과 인간 사이에 벌어진 싸움의 중심점이었다. 하나님의 계획에는 인간들에게 거부되고, 하나님으로서 높아지시는 것 모두가 포함되어 있었다. 그리고 이런 줄거리 — 예수에 의해 완전하게 구현된 이야기의 배후에 있는 이야기 — 를 이해하는 것은 우리가 그것으로 성서의 증언에 질서를 세우는 신학적 패턴으로서의 역할을 한다. 사도행전이 거의 모든 페이지에서 예시하듯이, 이런 이야기 패턴은 성서의 증언뿐 아니라 예수의 추종자들의 삶, 그들의 선교, 그들의 공동체에까지도 질서를 세워준다. 그들은 세상을 이 이야기의 관점에서 해석했다. 그들은 선교적 삶과 교제(*koinonia*)와 박해를 통해 그 이야기를 구현했다. 이 모든 것은 예수 그리스도의 삶과 부활에 집중된 해석학적 회심의 결과다.

만약 누가의 이야기가 빛을 강조하고 있다면, 그것은 하나님이 그분의 백성을 회복하실 때 극복해야 하는 주된 장애물이 "무지"이기 때문이다(예. 행 3:17; 17:30). 이런 생각은 J.-W. 태거(Taeger)에 의해 제기되었는데, 그는 누가의 사상에서 인간의 상황은 용서가 필요한 죄라기보다 교정이 필요한 무지라는 특징을 지닌다고 주장했다.[50] 태거가 누가복음-사도행전에서 발견되는 특별히 죄 용서에 관한 고조된 관심과 관련해 누가 연구 안으로 소개하는 수수께끼와 별도로,[51] 그의 견해는 마치 인간의 결함이 "정보

50_J.-W. Taeger, *Der Mensch und sein Heil: Studien zum Bild des Menschen und zur Sicht der Bekehrung bei Lukas*, SNT 14 (Gütersloh: Gerd Mohn, 1982): "*Der Nensch ist kein salvandus, sondern ein corrigendus*"(37).

51_눅 1:77; 3:3; 5:20-21, 23-24; 7:47-49; 11:4; 12:10; 17:3-4; 23:34; 24:47; 행 2:38; 3:19; 5:31; 10:43; 13:38; 15:9; 22:16; 26:18; 참고. Joel B. Green, "'Salvation to the End of the Earth'(Acts 13:47): God as Saviour in the Acts of the Apostles," in *Witness to the Gospel: Theology of Acts*, ed. I. Howard Marshall and David Peterson (Grand Rapids: Eerdmans, 1998), 83-106.

부족"이라는 측면에서 이해될 수 있기라도 한 것처럼 여기는 "지식"과 "무지"에 대한 형편없는 이해로 인해 어려움을 겪는다. 누가에게 무지는 실제로는 오해, 즉 하나님의 목적을 적절하게 이해하는 데 심각하게 실패한 것이었다. 누가의 이야기 안에서 사람들은 하나님께 순종할 때조차 자기들이 그분을 이해한 방식대로 그분에게 순종한다. 그리고 그들의 오해는 너무 커서 그분께 순종하려는 그들의 시도는 사실상 그분의 뜻을 거스른다. 필요한 것은 신학적 변화다. 즉 그들의 하나님 인식에서, 또한 그러하기에 그들의 헌신, 태도, 그리고 매일 하는 실천의 깊은 곳에서 일어나는 회심이다. 그러므로 "무지"에 대한 해결책은 단순히 "더 많고 더 좋은 데이터"가 아니라 "회개"와 하나님의 용서다.[52] 그러므로 누가의 작품은 계몽에 관한 이야기다. 따라서 이전의 이해는 완전히 파괴될 수 있고, 하나님의 계획과 약속에 대한 새롭게 구성된 이해—예수의 강림, 죽음, 부활에 비추어 이해된 성서의 이야기에서 나타나는 이해—가 환영을 받을 수 있다.

우리는 베드로전서에서도 인간의 해석의 구도를 형성하는 것에 관한 유사한 관심을 발견할 수 있다. 확실히 베드로 "이야기"의 핵심은 예수 그리스도다. 그의 독자들은 "그리스도 안에서" 그들의 고향을 발견할 것이다(벧전 3:16; 5:10, 14). 신실한 삶을 살라는 그의 지시에 대한 근거는 예수 자신의 고난, 죽음, 부활, 그리고 승리다. 그리고 예수는 하나님 이야기의 패턴을 이해하기 위한 해석의 모체요, 그것을 통해 하나님 이야기 안에서 우리의 이야기를 읽을 수 있는 렌즈다. 베드로가 강조하는 예수 이야기의 요소에는 예수의 선재(벧전 1:11; 참고. 1:20), 그의 신실한 삶(1:2), 그의 고난

52_ 참고. Peter Pokorný, *Theologie der lukanishchen Schriften*, Forschungen zur Religion und Literature des Alten und Neuen Testaments 174 (Göttingen: Vandenhoeck & Ruprecht, 1998), 62-63, 66-67.

과 죽음(1:2, 11, 19; 2:4, 7, 21-25; 3:18-19; 4:1; 5:1), 그의 승천(3:22), 그리고 임박한 그의 최후의 계시(1:7, 11, 13; 5:1) 등이 포함된다. 이 중에서도 특별히 중요한 것은 예수의 고난과 죽음이고 특히 그것과 하나님의 영원한 목적의 관계인데, 베드로는 거듭해서 그것에 대해 말한다.[53] 예수의 고난은 무고한 고난을 당하는 그의 추종자들에게 제공하는 모델로서 **모범적이며**(*exemplary*, 벧전 2:19-20; 3:16-17; 4:1-2, 13-16), 또한 그의 추종자들에게 하나님이 고난 당하는 의인을 어떻게 신원하시는지에 대해 제공하는 모델로서 **선행적이다**(*anticipatory*, 벧전 2:20; 4:13-14; 5:1, 10). 이것은 비록 베드로가 이스라엘의 성서에 무겁게 의존하고 있음은 사실이지만, 또한 이제 성서의 이야기가 기본적으로 예수의 십자가형에 의해 두드러지게 된 것 역시 사실임을 의미한다. 베드로에게 그리스도의 처형은 우리의 삶이 그로 인해 살아나고 세상이 의미를 갖게 되는 개념 구도의 역할을 한다. 그리스도의 십자가는 우리가 삶을 이해하는 방법을 제공하고, 공동체가 그것의 핵심적 믿음과 가치를 지향하게 하고, 자신들의 삶으로 그 표시를 드러내는 이들의 행동을 유도한다.

C. S. 루이스(Lewis)의 나니아 연대기(The Chronicles of Narnia) 시리즈의 열렬한 독자들은 이런 "내부자 시각"(insider perspective)의 중요성을 인식할 것이다. 그 시리즈 중 『마지막 싸움』(*The Last Battle*)에서 외양간 입구를 지나 이 세상에서 저 세상으로 넘어간 난쟁이들은 "파이와 혀와 비둘기와 트라이플 과자와 얼음들"로 풍성한 향연에 참석한 후 "모든 난쟁이들은 자기의 오른손에 훌륭한 포도주를 담는 손잡이가 없는 술잔을 쥐었다. 하지만 그것은 별 소용이 없었다. 그들이 먹고 마시기 시작한 것은 그저 당신이 외양간에서 발견할 수 있는 것들—건초나 오래된 순무, 익히지 않은

53_ 벧전 1:11, 19(사 52:13-53:12); 2:4-10(시 118:22; 사 8:14); 2:21-25(사 52:13-53:12); 4:1-2, 17.

양배추 혹은 더러운 물 같은—뿐이었다." 아슬란은 이렇게 말한다. "봐, 그들은 우리가 자기들을 돕게 하지 않을 거야. 그들은 믿음 대신 간계를 택했어. 그들의 감옥은 단지 그들의 마음에 있을 뿐이야. 하지만 그들은 그 감옥에 갇혀 있어."[54] 마찬가지로 인습적 지혜에 의해 조명된 관점에서 보자면, 베드로의 독자들은 낮아졌고, 거부되었고, 배척되었고, 추방되었다. 하지만 예수의 수난에 의해 조명된 관점에서 보자면, 그들은 하나님의 택하심을 입은 귀하고 명예로운 자들이다.

우리가 인간의 곤경을 "눈멂"이나 "불신앙" 혹은 "이해의 부족"이라는 측면에서 고찰할 경우, 빛과 계시라는 구원론적 이미지를 찾기란 자연스러운 일이다. 마가복음의 지평 위에는 예수의 정체에 관한 질문들이 점점이 박혀 있다. 그러나 누군가가 예수에 관한 하나님의 견해를 알려준 것은 "예수를 향하여 섰던 백부장이 그렇게 숨지심을 보고 이르되 '이 사람은 진실로 하나님의 아들이었도다'"라고 말했을 때였다(막 15:39; 참고. 막 1:1, 9-11; 9:2-8). 요한의 경우에는 "계시"(revelation)라는 주제가 중요하다. 이것은 그가 그의 복음서 서두에서 "참 빛 곧 세상에 와서 각 사람에게 비추는 빛이 있었나니"(요 1:9)라고 말하는 것을 통해 드러난다. 요한복음 9장은 제4복음서의 저자에게 참된 통찰은 하나님이 계시하신 것을 인식하는 믿음을 상징한다고 말하기 위해 눈멂(blindness)과 봄(sight)이라는 문자적이면서 반어적인 개념의 기초 위에서 인식론의 문제에 대한 특징적으로 다층적인 접근법에 해당하는 내용을 제시한다. 이야기는 예수가 "들려 올려질" 다가오는 "시간"을 향해 질주한다. 그 시간은 하나님의 온전한 영광이 드러나게 되는 십자가에서 절정에 이르는 영화의 시간이다(요 17:1). 바울 역시 십자가에 초점이 맞춰진 해석학적 회심에 대해 쓴다. 예수의 죽음

54_C. S. Lewis, *The Last Battle* (New York: Collier, 1956), 147-48.

이 갖고 있는 구원과 관련한 의미를 드러내는 이미지로 가득 찬 한 인용구에서 그는 이렇게 고백한다. "그러므로 우리가 이제부터는 어떤 사람도 육신을 따라 알지 아니하노라.…그런즉 누구든지 그리스도 안에 있으면 새로운 피조물이라. 이전 것은 지나갔으니, 보라! 새 것이 되었도다!"(고후 5:16-17) 이것이 십자가의 사역이다.

십자가에서의 예수의 죽음은 확실히 하나님의 성품에 대한 가장 심원한 가시적 표현 중 하나다. 아주 많은 부분에서 이것은 이 초상화—예수의 삶이 어떻게 십자가형에서 가장 날카로운 표현을 발견하는지를 강조하는 반면, 로마인들의 감수성이라는 배경에 비추어 볼 때 온통 뒤죽박죽인 듯 보이는 십자가의 본질에 초점을 맞추는 초상화—를 채색하는 역사적이고 이야기적인 현실 때문이다. 계시의 객관적인 순간은 역사를 통해 사람들의 마음과 정신에 깊은 인상을 주면서 사람이 하나님의 창조세계 전체를 해석하고 그 안에서 살아가는 방식에 실제적인 변화를 증진시킬 수 있었다. "보라! 새 것이 되었도다!"

이것이 예수가 로마인들에 의해 처형된 사건의 구원론적 의미를 해석하는 갖가지 방법 중 두 가지다. 그런 해석은 신약성서에 차고 넘친다. 그 중 아무것도 예수가 당한 수난의 완전한 의미를 포착하지 못한다. 그러나 그것들 각각은 예수가 십자가에서 이루신 구원 사역의 신비를 이해하도록 돕는다.

결론

성서의 이야기에 의해 형성된 관점에서 본다면, 그리스도의 십자가와 무관한 기독교는 존재하지 않는다. 그것이 얼마나 불편하고 굴욕적으로 보이든 간에, 십자가는 기독교의 견고한 정체성을 드러내고 기독교 윤리의 근거를 제공하는 주요한 아이콘이 되었다. 이 사건, 즉 그리스도의 십자가형은 예수의 고난과 죽음이 "우리를 위한" 것이 되도록 하기 위하여, 구원하시는 하나님의 긍휼이라는 특성을 드러내 보였다.

이 심오함을 드러내기 위해 십자가는 다음 두 가지 고정점(anchor points)에서 분리되어서는 안 된다. (1) 예수가 로마의 십자가형을 선고받았던 고대 지중해 세계, (2) 하나님의 영원한 목적. 이 두 개의 타협할 수 없는 지점 사이에서 그 사건이 **어떻게** 하나님의 백성의 구원을 성취하고 표시할 수 있는지에 대해 많은 것을 말할 수 있다. 예수의 십자가형이라는 특별한 순간과 하나님의 영원한 선교의 접촉면에서 우리는 속죄에 관한 단 하나의 모델이 아니라 여러 가지 모델을 발견할 수 있다. 우리가 걷고 있는 땅은 너무 제한되어 있고 하나님의 구원 사역의 신비는 무한하기에 우리에게는 해석을 위한 갖가지 이미지, 갖가지 신호, 그리고 갖가지 목소리가 필요하다.

의심할 바 없이, 어떤 모델은 다른 것보다 더 매력적이다. 어떤 것은 이 시대의 이 사람들에게 더 잘 호소하고, 다른 것은 다른 시대의 다른 사람들에게 더 잘 호소할 것이다. 옹호자들을 매료시키는 어떤 모델은 인간의 상황이나 하나님에 대한 그들의 서술에 대한 이해라는 측면에서 성서의 이야기와의 일관성이 부족하거나, 하나님의 구원 사역의 결과를 너무 좁게 해석하고자 하는 그들의 노력에 내포된 문제 때문에 복음에 대한 사도적 증언을 충실하게 대변하는 데 실패할 수도 있다. 고전적 믿음(초기 교회의 에큐메니칼 신조들과 "신앙의 규칙"[rule of faith]) 안에서 이해되는 것 같은 성서의 이야기와 충돌하는 모델들은 배제되어야만 한다. 그러나 우리는 이런 경고성 말 때문에 우리가 그 안에서 살아가고자 하는, 그리고 예수를 따르는 자들의 공동체로서의 우리의 삶 속에서 모종의 역할을 하기 바라는 성서의 이야기가 속죄를 이해하고 분명하게 표현하기 위한 광범위한 이미지와 모델들을 승인한다는 사실을 간과해서는 안 된다.

논평

승리자 그리스도론

그레고리 A. 보이드

나는 조엘 그린의 탁월한 글의 거의 모든 측면에 대해 찬사를 보낸다. 무엇보다도 그린은 신약성서 전반에서 사용되는 속죄에 관한 다양하고 풍성한 은유를 설명하는 놀라운 일을 해냈다. 그는 성서의 이야기가 속죄를 이해하고 표현하기 위한 "아주 방대한 범위의 이미지와 모델을 승인한다"고 옳게 지적하며, 또한 이런 다양성을 감안한다면 "예수의 죽음의 의미는 어느 한 개념이나 이론이나 은유에 의해 완벽하게 표현될 수 없음"을 효과적으로 보여준다. 다시 말해 우리는 신약성서에서 발견하는 은유의 다양성을 필요로 한다. 나는 그가 옳다고 굳게 믿는다.

더 나아가 나는 예수의 삶과 죽음의 의미가 예수가 살았던 1세기의 사회정치적 상황과 분리될 수 없다는 그린의 주장을 인정한다. 또한 예수의 죽음의 의미는 만약 그것이 예수의 삶의 다른 측면과 분리된다면 결코 적절하게 이해될 수 없다는 그린의 주장에도 전적으로 동의한다. (내가 슈라이너의 견해에 맞서 주장했듯이) 속죄를 십자가 사역에 국한시켜 고립시키는 경향이 있는 속죄에 관한 여러 복음주의적 사고를 넘어서(그리고 그것에 맞서서), 그린은 예수의 성육신, 반문화적 삶의 방식, 가르침의 사역, 치유 사역, 구출 사역, 죽음, 그리고 부활 모두가 서로 연결되어 있음을 옳게 강조한다(그러나 앞으로 분명하게 밝히겠지만, 그린과 나는 이런 연결에 대해 우리가 무슨 말을 할 수 있는지와 관련해서 견해가 다르다).

마지막으로 나는 또한 내가 본질적으로 신약성서 전체에서 사용된 희생제사와 관련한 은유에 대한 그린의 분석에 동의한다는 점을 덧붙여 말해두어야 할 것 같다. 속죄에 관한 형벌 대속론에 맞서 그린은, 비록 신약성서가 세상은 하나님과 화해할 필요가 있다고 묘사하지만, 그것은 하나님을 **세상과** 화해하실 필요가 있는 분으로는 결코 묘사하지 않는다고 주장한다. 또한 비록 신약성서가 인간은 하나님과 화해하기 위해 희생제사를 필요로 한다고 묘사하지만, 그것은 **하나님을** 인간을 사랑하고 용서하기 위해 희생제사를 필요로 하는 분으로는 결코 묘사하지 않는다. 예수는 세상을 향한 성부 하나님의 이해할 수 없는 사랑을 표현한다. 그는 성부의 진노를 세상으로부터 다른 곳으로, 즉 자신에게로 돌리지 않는다.

분명히 나는 조엘 그린이 확언하는 그 어떤 것에 대해서도 별다른 이견을 찾지 못한다. 내가 그린의 글에 대해 느끼는 어려움은 오히려 그가 부정하는 듯해 보이는 것과 관련되어 있다. 요컨대, 그린은 신약성서의 속죄 은유의 다양성에는 어떤 내적 논리가 있음을 부인하는 것처럼 보인다. 보다 구체적으로 그린은 어느 하나의 은유나 일련의 은유들이 본질적으로 다른 것들보다 더 기본적인 것으로 취급될 수 있음을 부인한다. 그러므로 그린에게는 신약성서의 모든 다양한 은유들이 그 안에서 각색되고 적절하게 이해될 수 있는 어떤 규범적이고, 횡문화적이며, 종합적인 틀이 존재하지 않는다. 오히려 그린의 견해에 따르면 서로 다른 개인과 집단은 서로 다른 시기에, 그들이 특정한 역사적 상황 속에서 마주하는 문제가 무엇이냐에 따라, 속죄에 관한 어떤 은유를 다른 것보다 더 중요하고 규범적이라고 여기게 될 것이다. 그린은 이것이 마땅히 그렇게 되어야 한다고 주장한다.

나는 그린의 글에 대해 감탄하지만, 그럼에도 불구하고 그의 만화경적 속죄론의 이런 측면은 문제가 있다고 여긴다. 그의 주장에 대응해 6가지 고려 사항을 제기하고자 한다.

첫째, 그리고 아마도 가장 기본적으로 내가 보기에 그린의 분석은 잠재적으로 상대주의적인 것처럼 보인다. 물론 나는 그린이 신뢰할 만하게도 전적인 상대주의에 맞서 자신을 보호하는 몇 가지 성찰을 제공했음을 기꺼이 인정한다. 먼저 그린은 그리스도 안에서 계시된 횡문화적 현실로서의 "하나님의 영원한 목적"을 긍정한다. 또한 그는 예수의 삶과 죽음의 의미는 1세기의 역사적 현실에 기반을 두어야 한다고 주장한다. 그리고 마지막으로 그린은 어느 개인이나 그룹이 어떤 은유를 가장 중요하고 전형적이라고 여기는지와 상관없이, 교회가 계속해서 신약성서의 다양한 속죄 은유를 수용해야 한다는 성서의 "명령"이 있다고 믿는다. 만약 이 명령에 유의한다면, 그것은 어느 개인이나 집단이 예수의 삶과 죽음의 의미를 이해하는 일에서 지나치게 근시안적이지 않도록 지속적인 제어 수단을 제공할 것이다.

이것은 확실히 도움이 되지만, 내 염려를 충분히 잠재워주지는 않는다. 어느 개인이나 집단이 어떤 **특정한** 은유(혹은 일련의 은유)에서 발견하는 의미는 불가피하게 그 개인이나 집단이 **하나의 전체**로 간주되는 풍부한 다양성 안에서 발견하는 의미에 의해 영향을 받는다. 그리고 개인이나 집단이 하나의 전체로서의 풍성한 다양성에 부여하는 의미는, 그 개인이나 집단이 (다른 은유를 해석하는 데 기본을 이룬다는 의미에서) 전형적이라고 여기는 은유(혹은 일련의 은유)에 의해 (비록 결정되지는 않는다고 할지라도) 영향을 받는다. 그러므로 만약 이 마지막 요소가 역사적 상황의 변천에 맡겨진다면 예수의 성육신, 삶, 죽음, 그리고 부활의 전체적인 의미는 적어도 많은 정도로 역사적 상황의 변천에 맡겨질 수밖에 없다. 그리고 이것은 나를 불안하게 만든다.

그렇다, 그린은 신약성서의 풍성하고 다양한 은유의 각각의 측면을 통해 다양하게 드러나는 횡문화적인 "하나님의 영원한 목적"을 옳게 강조한다. 그러나 만약 "하나님의 영원한 목적"이 또한 이런 다양성이 배열되는 방식을 통해 드러나지 않는다면 — 만약 이것이 역사적 상황의 변천에 맡겨진다면 — "하나님의 영원한 목적"의 실제 내용은 크게 상대화된다. 왜냐하면, 다시 말하지만, 그 다양성의 모든 측면의 의미는 하나의 전체로 간주되는 그 다양성의 의미에 의해 영향을 받고, 하나의 전체로서의 그 다양성의 의미는 주로 어떤 은유(혹은 일련의 은유)가 다른 은유들을 이해하는 데 있어서 근본적인 것으로 간주될지(그리고 간주되지 않을지)에 대한 역사적으로 우발적인 결정에 의해 결정되기 때문이다.

둘째, 그린의 분석은 그가 말하는 세 가지 객관적 지시 대상은 물론이고, 서로 경쟁하는 속죄 이론을 객관적으로 비판할 수 없게 만든다. 서로 경쟁하는 이론들 사이의 주된 불일치는 그중 어떤 이론이 신약성서에서 발견되는 다양한 은유의 여러 측면을 완전하게 무시한다는 것이 아니다. 모든 견해(적어도 정통 기독교 전통 안에 있는)는 적어도 그린이 말하는 "명령"을 지키려고 노력한다. 오히려 서로 경쟁하는 이론들 사이의 주된 불일치는 그 이론들이 성서의 자료를 구성하는 다양한 은유를 배열하는 서로 다른 방식, 즉 각각의 견해가 그런 자료들 사이에 존재한다고 믿는 논리적 관계, 다시 말해 사람들이 어떤 은유를 다른 은유를 이해하는 데 있어서 근본적인 것으로 생각하는가 하는 것이다. 그러나 그린은 이것이 신약성서에서 드러나지 않는다고 여기는 것 같다.

그러므로 그린의 분석에서 모든 경쟁하는 속죄 이론은 동시에 동등하게 옳고 **또한** 동등하게 틀린 것처럼 보인다. 그 이론들은 그것의 입장이 성서의 은유 안에 뿌리를 박고 있는 한 (그리고 그린이 특정하는 세 가지 객관적 지시 대상 중 그 어느 것도 해치지 않는 한) 동등하게 옳다. 그러나 그것들은 만약 성서의 자료를 배열하는 그것들의 독특한 방식 – 그리고 따라서 그리스도 안에서 계시된 "하나님의 영원한 목적"에 대한 그것들의 독특한 해석 – 이 성서의 자료 그 자체로부터 나타난다고 여기는 한, 동등하게 틀렸다. 이런 함축을 지닌 다른 문제들 중에는 그것이 논리적 모순에 이르는 것처럼 보인다는 문제가 있다. 적어도 때때로 속죄에 관한 어떤 견해는 단순히 강조점이라는 측면에서 속죄에 관한 다른 견해들과 다르지 않은 경우가 있다. 그것들은 서로 모순된다. 그러므로 그것들이 이런 문제들에서 동등하게 옳기란 논리적으로 불가능하다. 둘 다 틀릴 수는 있으나, 둘 다 옳을 수는 없다. 그리고 이것은 우리가 성서의 자료 자체에 근거해 성서의 자료를 배열하는 서로 경쟁하는 방법들의 장점을 두고 억지로라도 논쟁을 해야 한다는 것을 의미한다.

셋째, 내가 내 글에서도 언급했듯이 설령 우리가 예수가 현실을 계시한다고 믿는다고 할지라도, 나는 우리가 어떻게 혹은 왜 신약성서에서 발견되는 다양한 은유와 가르침을 하나의 유일하고, 횡문화적이며, 일관성 있는 틀 안으로 통합시킬 수 있으며, 또한 그래야 하는지 알지 못한다. 다른 모든 지적 학문 분야에서 우리는 "현실은 하나다"라는 확신을 고수함으로써 – 비록 그 하나됨을 반영하는 개념 체계, 즉 다양한 자료를 조합해 하나의 넓은 전체를 만들어내는 개념 체계에 도달하기 위해 애를 쓰기는 하지만 – 현실에 대한 우리의 이해를 진척시켜왔다. 왜 우리는 신학에서는 상황이 전혀 다르다고 여겨야 할까? 이와 다르게 생각하는 것은, 참 두려운 일인데 우리의 신학적 언어에 (적어도 우리가 인식할 수 있는) 존재론적 지시 대상이 존재하지 않는다는 점증해가고 있는 포스트모던적 확신을 의미심장하게 묵인하는 것이다.

넷째, 비록 그린이 속죄를 위한 신약성서의 다양한 은유를 설명하는 놀라운 일을 하고는 있지만, 실제로는 만화경론의 가장 근본적인 측면, 즉 그런 다양성은 그 어떤 본질적인 논리나 내재적인 질서를 갖고 있지 않다는 그의 확신을 지지하는 그 어떤 증거나 주장도 제시하지 않는다. 우리는 그 어떤 단일한 속죄 은유도 예수의 삶과 죽음의 의미를 온전하게 설명하지 못한다는 그린의 주장을 인정하면서도, 또한 하나의 단일한 은유(혹은 일련의 은유)가 다른 것들에 비해 근본적이며 그 은유는 우리가 그 안에서 다양한 은유를 가장 잘 이해할 수 있는 개념적 틀을 제공한다고 주장할 수 있다. 우리는 신약성서가 예수의 중요성을 표현하는 일에 여러 가지 서로 다른 은유를 사용하는 것을 "승인한다"고 인정하면서도, 오직 개인적인 혹은 문화적인 상황만이 어떤 "승인된" 은유가 가장 근본적인 것으로 혹은 중요한 것으로 간주되어야 하는지를 결정해야 한다는 데 동의하지 않을 수 있다. 내가 보기에 그린은 전자를 입증하면서 자기가 후자에 대해 찬성론을 펴왔다고 잘못 생각하는 것처럼 보인다. 하지만 사실 그렇지 않다.

다섯째, 나는 신약성서의 어떤 은유들은 그것들이 하나의 특별한 종합적인 틀 안에서, 즉 속죄에 관한 승리자 그리스도론적 이해를 통해 제공되는 틀 안에서 해석되지 않을 경우, 그것들이 갖고 있는 명료함과 변혁적 능력 중 얼마가 훼손된다고 믿는다. 예컨대, 나는 법정 은유들(예. 칭의)은 사탄이 우리의 "고발자"(계 12:10)로서 우리를 속박하는 우주적 싸움이라는 배경에 비추어 이해할 때 더 큰 명료함과 능력을 얻는다고 주장한다. 상업 은유들(예. 구속)은 우리가 "권세들"에 의해 노예 상태에 빠져 있는 상황을 배경으로 이해할 때 보다 큰 명료함과 능력을 얻는다. 인격 관계 은유들(예. 화해)은 우리를 맹목적이게 하고 우리의 마음을 감옥에 가두는 자에게 속박되어 있는 상황에 비추어 해석할 때 추가적인 명료함과 의미를 얻는다. 그리고 예배 은유들(예. 희생제사)은 우주적 전쟁의 측면으로 이해할 때 증진된 명료함과 의미를 얻는다. 사랑에 의한 희생은 세상에서 악을 물리치는 핵심 수단이다.

요약하자면, 복음의 명료성과 능력은 상당한 정도로 우리가 성서의 다양한 은유를 배열하는 방식의 균형에 달려 있다. 그리고 이런 은유를 배열하는 가장 현명하고 강력한 방법은 하나님과 창조세계와 인간에 대해 적대적인 "권세들"에 맞서는 하나님의 지속적인 싸움이라는 상황 안에서 찾을 수 있다.

마지막으로 나는 조엘 그린의 제안이 현실적 차원에서 잠재적으로 위험하다고 주장한다. 내가 내 글에서도 지적했듯이, 우리는 속죄에 관한 우리의 사고에서 (혹은 그 어떤 다른 신학적 문제에서도) 이론을 실천과 분리시키지 말아야 한다. 우리가 신약성서의 은유들 사이의 관계를 개념화하는 방식—즉 예수의 성육신, 삶, 죽음, 그리고 부활의 전반적인 의미를 해석하는 방식—은 중요한 현실적 결과를 낳는다.

예컨대, 십자가의 구속 사역이 이론적으로라도 예수의 가르침과 삶으로부터 분리될 때, 그리스도인들은 때때로 은혜에 대한 값싼, 그리고 단지 법률적인 이해만 갖고서 끝날 수 있으며 실제로 그렇다. 그리고 이것이야말로 특별히 미국에서 살아가는 우리들 가운데 그렇게 많은 **신자들**이 있음에도 불구하고 참된 **제자들**의 수가 적은 이유다. 우리가 실천에서 이렇게 처참하게 실패하는 가장 근본적인 원인은 속죄에 관한 오해 때문이다. 그러므로 신약성서의 다양한 은유를 배열하는 문제를 개인적인 혹은 문화적인 상황의 변천에 맡기는 것은 그리스도인의 삶의 중요한 측면을 개인적인 혹은 문화적인 상황의 변천에 맡기는 것이다. 그리고 내가 믿기에 이것은 적어도 지혜롭지 못하다.

이런 고려 사항을 특별히 중요하게 만드는 것은 성서와 역사 모두가 우리에게 인간의 마음이 "만물보다 거짓되고 심히 부패"(렘 17:9)했다고 가르친다는 사실이다. 교회사가 고통스럽게 밝혀주듯이, 세상에서 타락한 피조물인 우리가 가장 쉽게 하는 일은 실제로는 가이사, 우리의 국가, 우리의 문화, 혹은 그와 같은 무언가를 따르고 있으면서 자신이 그리스도를 따르고 있다고 확신시키는 것, 그리고 이런 우상숭배를 편리하게 수용하기 위해 그리스도에 대한 우리의 이해를 무의식적으로 (혹은 의식적으로) 개정하는 것이다. 다른 이유로가 아니라 이런 이유로 나는 우리가 신약성서의 다양한 은유들뿐 아니라 (내가 믿는 바) 그런 다양성의 내적 논리와 적절한 관계를 표현하는 전쟁이라는 틀에 대한 강력한 표현을 절실하게 필요로 한다고 믿는다. 만약 그리스도인들이 예수에 관한 모든 것이 모든 사회, 모든 정부, 모든 나라를 지배하는 "권세들"에 맞서는 행위로서 아주 별나고 희생적인 사랑의 삶을 사는 데 집중되어 있다는 신약성서의 가르침과 계속해서 대면했더라면, 우리는 역사를 통해 "예수의 이름으로" 자행되었던 얼마나 많은 폭력을 피할 수 있었을까?

논평

형벌 대속론

토마스 R. 슈라이너

여러 가지 점에서 조엘 그린의 논지는 옹호하기가 아주 쉽다. 왜냐하면 그는 속죄의 의미가 다중적이라고, 또한 오직 하나의 주제만 받아들이는 것으로는 하나님이 그리스도를 통해 이루신 일의 풍성함을 공정하게 다룰 수 없다고 주장하기 때문이다. 그린의 글은 우리에게 환원주의(reductionism)의 위험을 상기시킨다. 그리고 나는 무엇보다도 내가 그것에 유념할 수 있기를 바란다. 더 나아가 예수의 사역에 관한 이야기와 그의 사역이 이루어졌던 사회적 세계에 관한 그의 설명은, 예수의 죽음이 팔레스타인 유대교 안에서 이루어진 그의 사역 및 매일의 삶에서 추상적으로 추출되지 않도록, 예수의 죽음을 그의 시대의 역사적이고 문화적인 상황 속에서 설명한다. 또한 그는 예수의 죽음의 구약성서적 맥락을 살핌으로써 우리가 그리스도 안에서 성취된 것을 새로운 출애굽과 새 언약이라는 측면에서 바라볼 수 있게 해준다.

비록 그린이 우리에게 속죄와 연관된 다양한 주제를 옳게 상기시켜 준다고 할지라도, 그는 그 모든 주제가 동등하게 중요하다고 주장한다는 점에서는 설득력이 없다. 그린은 우리가 성서에서 속죄에 관한 다양한 주제를 발견하기에 그 모든 주제는 동등하게 중요하다고, 혹은 적어도 어느 하나의 주제가 근본적이지는 않다고 주장한다. 그린은 자기의 입장에 대한 설득력 있는, 그리고 엄격하게 입증되는 주장을 제시하지 않는다. 그의 주장은 다음과 같이 전개되는 것처럼 보인다. (1) 성서에서는 속죄를 설명하기 위해 갖가지 다른 은유들이 사용되고 있다. (2) 그러므로 어느 하나의 주제가 우위를 점할 수 없다. 물론 그런 결론은 사실일 수도 있다. 하지만 그것은 그 특별한 논지를 지지하는 주장과 증거로 옹호되어야 할 필요가 있다. 그런데 그린은 자신의 주장을 상세하게 전개하지 않는다. 내 생각에는 속죄의 두 가지 모델에 대한 긴 단락보다는 이런 논지에 대한 엄격한 변호가 훨씬 더 가치 있어 보인다. 우리는 그린이 여러 가지 서로 다른 모델을 중요하게 여긴다는 것을 알고 있다. 하지만 다양한 주제가 존재한다는 단순한 사실만으로 그 어떤 주제도 근본적이지 않다는 결론에 이르는 것은 논리적으로 혹은 성서적으로 가능하지 않다.

아마도 그린이 자신의 견해를 옹호하기 위해 내세우는 가장 중요한 주장은 성서의 저작들이 갖고 있는 상황적 성격일 것이다. 즉 성서의 저자들은 그들이 독자들의 상황과 사회적 위치에 관해 말하는 한, 속죄의 서로 다른 차원을 보여준다. 그런 다양성은 속죄를 위한 그 어떤 단일한 은유도 근본적이거나 다른 주제에 일관성을 가져다주지 못함을 의미한다. 이 견해는 아주 흥미로우며, 만약 그린이 이런 주장을 좀 더 상세하게 전개했더라면 도움이 되었으리라 생각한다. 나는 (지면이 상세한 논증을 허락하지는 않으나) 인간이 부딪히는 상황의 근본적인 문제는 인간의 죄이며, 형벌 대속은 우리의 속죄, 빛, 자유, 용서, 마귀의 권세들에 대한 승리, 도덕적 삶 등의 토대를 이룬다고 주장한다. 다시 말해, 만화경론은 속죄의 모든 차원에 일관성을 부여하는 하나의 주된 색깔(형벌 대속)을 갖고 있다.

그린의 논지에서 나타나는 또 하나의 요소는 다루고 있는 상황에 대한 그의 이해다. 그는 일관성보다는 우연성에 초점을 맞추는 듯하다. 그린은 성서에서 강조하는 인간의 곤경은, 문제가 고린도후서가 말하는 화해이든 갈라디아서가 말하는 "율법의 준수"이든 간에 역사적 상황을 반영한다고 말한다. 사실상 모든 학자들은 신약성서에서 다루는 상황이 신약성서의 저자들에 의해 강조되는 주제에 영향을 미친다는 데 동의한다. 그러나 그린이 언급한 안셀무스의 예는 그가 속죄와 관련한 주제가 인간의 상황으로 축소될 수 있다고 여긴다는 것을 암시한다. 이것은 특히 그가 안셀무스의 주장에서 얻어지는 것이 "속죄에 관한 바울의 말에도" 적용될 수 있다고 말하기 때문이다(그는 "~에 대해서도 같은 말을 할 수 있다"라고 말함으로써 그 문제를 소개한다). 그것에 대한 답으로 우리는 하나님이 역사의 주인이시며 따라서 성서에서 다루는 상황은 참으로 하나님 앞에 있는 인간의 참된 곤경을 반영한다는 성서의 진리를 기억해야 한다. 즉 우리는 진실로 하나님 앞에서 유죄이며, 죄의 노예가 되어 있으며, 절실하게 화해를 필요로 한다. 성서에서 다루는 상황과 하나님의 초월적인 말씀 사이에는 그 어떤 분열의 원인도 개입되어서는 안 된다. 포스트모더니즘은 우리가 모든 실재에 대한 하나님의 관점을 갖고 있지 않음을 상기시켜주었다. 그러나 우리는 신약성서의 문서들이 단지 인간의 딜레마에 대한 인간의 관점을 보여줄 뿐이라는 환원주의적 결론을 내려서는 안 된다. 우리가 철저하게 이해하지는 못할 수 있다. 하지만 확실히 참되게 이해할 수 있다. 왜냐하면 하나님은 우리의 우둔함을 깨뜨리고 우리에게 자신을 보여주실 수 있기 때문이다(고전 2:6-16).

또한 나는 여러 가지 다른 점에서 조엘 그린의 해석에 동의하지 않는다. 예컨대, 그는 성서의 본문에는 "상호 간의 화해에 대한 그 어떤 암시도 나타나지 않는다"고 주장한다. 하지만 그런 판단은 성서 본문을 바울 신학의 보다 큰 스토리라인에 비추어 읽는 데 실패하는 것이다. 왜냐하면 경건하지 않음에 대하여 하나님의 진노가 나타난 것은 분명하기 때문이다

(롬 1:18; 2:5; 참고. 롬 3:24-26). 화해의 메시지(롬 5:10-11; 고후 5:18-21; 엡 2:14-18)는 사람들이 하나님으로부터 분리되는(엡 2:12), 진노의 자녀가 되는(엡 2:3), 그리고 최후의 심판과 마주하는(고후 5:10) 상황에서 읽혀야 하지, 이와 별도로 읽혀서는 안 된다.

그린이 "십자가는 그 후에는 사람들이 더 이상 죄 없는 상태가 되는 어떤 거래에 관한 것이라기보다 매일의 삶 속에서 예수와 우리의 새로운 관계를 반영하라는 부르심으로서의 구원에 관한 것이다"라고 말했을 때, 그는 잘못된 분리에 빠진다. 그가 죄 용서를 묘사하기 위해 차갑고 기계적인 **거래**라는 단어를 사용하는 방식에 주목하라. 내가 내 아내에게 죄를 짓고 그녀가 나를 용서해줄 때, 그녀의 용서는 값지고 인격적이며 사랑스럽다. 그러므로 용서는 **거래**와 같은 차가운 단어와 함께 그 의미가 감소되어서는 안 된다. 그렇게 말하기보다 십자가가 하나님의 용서의 영광과 아름다움을 경험하는 것과 우리의 구원에 비추어 기쁘고 자기를 내어주는 식으로 살아가는 새로운 삶과 관련되어 있다고 말해서는 왜 안 되는가?

나는 그린이 속죄를 뜻하는 성서의 용어들이 속죄(expiation)와 화목(propitiation)이라는 두 가지 개념 모두를 전달한다고 믿는 것이 기쁘다. 그러나 내가 옹호하는 입장과 달리, 그는 속죄를 우선적인 것으로 여긴다. 하지만 지적해두어야 할 것은, 그린이 실제로는 그가 속죄를 선호하는 이유를 확증하지 않으며 단지 제이콥 밀그롬(Jacob Milgrom)이 자기 주장의 옳음을 확인해준다고 주장할 뿐이라는 것이다. 물론 우리는 우리가 쓰는 글에서 모든 것을 옹호할 수는 없다. 하지만 나는 속죄보다는 화목이 성서의 사고 안에서 근본적이라는 내 견해를 바꿔야 할 이유를 발견하지 못한다. 왜냐하면 그린은 그의 주장을 주해를 통해서 뒷받침하지 않고 독자들에게 2차 자료를 가리킬 뿐이기 때문이다.

희생제사에서 바쳐지는 흠 없는 짐승들에게서 그린은 "이스라엘의 선택에 대한 유비"를 찾아내지만, 그는 흠 없는 희생제사로서의 그리스도(벧전 1:19; 참고. 고후 5:21; 히 7:26-28; 9:14; 벧전 2:21-25)에 대해서는 아무것도 말하지 않는다. 더 나아가 그는 희생된 짐승의 머리에 안수하는 것이 "동일시"와 "대표"를 의미한다고 말한다. 하지만 도대체 어떤 의미에서 짐승이 죄인을 대표하는가? 짐승들이 대체물로서의 역할을 한다는 것은 분명해 보인다. 왜냐하면 짐승들은 죄인들이 받아야 마땅한 벌(죽음)을 받기 때문이다. 그린은 비록 대속이라는 용어를 사용하지는 않으나 그 개념을 인정하는 것처럼 보인다. 왜냐하면 그는 피가 "그 희생제물이 그들을 위해 바쳐진 이들의 생명을 드린다는 것을 의미한다"고 말하기 때문이다.

그린은 하나님의 진노는 임의적이지 않으며 이방 신들의 진노에 비유될 수 없다고 옳게 말한다. 그러나 나는 그가 성서의 이야기 속에 하나님의 진노에 대한 표현이 만연함을 분명하게 과소평가하고 있다고 생각한다. 여기서 나는 독자들에게 내 글을 참고하도록 권한다. 그리고 하나님의 진노가 인간의 죄 때문에 불타오르는 것을 보여주는 여러 다른 예가 제공될 수 있음을 지적하고자 한다. 희생제사가 하나님의 진노와 연관되어 있지 않다는 그린의 주장은 놀랍다고 할 수밖에 없다. 그가 여기서 논증이 아닌 주장의 단계에서 일하고 있음에 주목하라. 그는 단지 자신의 입장을 주장하고 이어서 존 골딩게이(John Goldingay)를 인용하면서 자신을 옹호할 뿐이다. 그는 글에서 하나님의 진노를 달래고 "죗값을 치르는 것"으로서의 희생제사가 성서적이지 않음을 "우리는 보았다"고 주장한다. 그러나 실제로는 자신의 주장을 주석을 통해 확증하지 않는다. 내가 판단하기로는 희생제사에 대한 그린의 견해는 구약성서의 이야기에서 추출되었다. 우리가 피가 속죄를 이룬다는 말을 들을 때(레 17:11), 그 속죄는 하나님의 백성이 죄를 지을 때 그들을 향해 타오르는 하나님의 진노와 분리될 수 없다. 이스라엘이 황금 송아지 앞에서 죄를 지었을 때, 야웨의 진노가 일어났고(출 32:10), 모세는 그 진노를 누그러뜨리기 위해 속죄했다(출 32:30). 또한 우리는 자주 희생제사가 하나님을 즐겁게 해드리는 향기라는 말을 듣는다. 아마도 그것은 그런 제사가 그분의 진노를 가라앉히기 때문일 것이다. 그린이 주장하듯이 우리는 하나님의 진노에 대한 관점을 왜곡하지 않도록 조심해야 한다. 그러나 그와 동시에 하나님의 진노를 가볍게 여기는 이들은 성서적 세계관보다는 현대적 세계관을 드러낸다는 사실에 유의해야 한다.

또한 그린은 바울이 예수의 죽음을 "대표"라는 측면에서, 그리고 형벌보다는 "경제적 교환"이라는 측면에서 설명한다고 주장한다. 여기서 그린의 논의는 아주 간략하기에 내가 그를 오해할 수도 있을 것이다. 그러나 교환과 형벌 대속 사이에서 상정되고 있는 분열은 나타나지 않을 것처럼 보인다. 만약 우리가 교환으로서의 예수의 죽음에 대해 생각한다면, 지불이 이루어져야 하고 그 지불은 우리가 아닌 예수의 죽음이다. 그러나 왜 먼저 교환이 이루어져야 하는가? 왜 우리는 예수의 삶의 내재적인 능력을 통해 구원을 얻지 못하는가? 고린도후서 5:21은 예수가 우리를 대신해 죄가 되셨고, 우리는 그분 안에서 하나님의 의가 되었다고 가르친다. 우리는 죄의 삯이 사망이라는 것을 안다(롬 6:23). 그러므로 예수는 우리가 받아야 마땅한 죽음의 벌을 짊어지셨고 우리에게 속한 벌을 자기 안으로 받아들이셨다는 결론이 나온다. 성서의 이야기 안에서 대표와 교환에 관한 말은 형벌 대속과 분리될 수 없다. 왜냐하면 예수가 우리가 받아야 마땅한 하나님으로부터 오는 벌을 지심으로써 우리를 대표하셨기 때문이다.

조엘 그린은 아주 훌륭한 학자다. 그리고 그의 글은 흥미롭고 가치 있는 내용을 많이 포함하고 있다. 하지만 그는 속죄의 모든 차원이 동등하게 중요하다는 그의 견해를 적절하게 옹호하지는 못했다. 또한 형벌 대속에 관한 비판과 하나님의 진노에 대한 자신의 개념을 주해를 통해 입증하지도 못했다. 그러하기에 나는 여전히 형벌 대속이야말로 속죄의 닻이라고 확신한다.

논평

치유론

브루스 R. 라이헨바흐

비록 그리스도인들이 속죄를 나사렛 예수의 삶, 죽음, 부활을 통해 일어난 실제 사건으로 여긴다는 점에서 존재론 안에 위치시키고 있으나, 속죄에 대한 해석(그것이 어떻게 기능하는지, 그리고 그것이 갖고 있는 의미가 무엇인지)은 하나님에 대한, 인간에 대한, 그리고 그 사건이 그 안에서 일어나고 해석되고 있는 문화의 본질에 대한 이해와 연결될 필요가 있다. 조엘 그린의 논지는 속죄를 이해하는 유일한 길은 성서의 저자들(화자들)과 독자들(청자들)이 모두 공유하고 있는 삶의 범주로부터 나오는 다양한 모델 혹은 이미지를 통해서라는 것이다. 그린은 성서의 저자들이 속죄를 이해하기 위해 사용하는 모델 혹은 모티프—각각 칭의, 구속, 화해, 희생제사, 악에 대한 승리—를 위해 비옥한 상황을 제공해주는 공적 삶의 다섯 가지 차원—법, 상업, 대인관계, 종교, 전쟁—을 확인해준다. 나는 이런 목록에 의학이라는 영역 하나를 덧붙이려 하는데, 바로 그 영역으로부터 치유 모티프 혹은 패러다임이 나온다. 그린은 다양한 모델 혹은 이미지는 이런 다양한 영역으로부터 나올 뿐 아니라, 주어진 상황 속에서 무엇을 강조하고 싶어하는가에 따라서 어느 한 단일한 저자에게서도 다양한 모델이 발견될 수 있다고 지적한다. 또한 속죄 관련 이미지는 인간의 곤경에 대한 다양한 관점(가령, 우리는 죄로 인해 정죄되고, 노예 상태에 있고, 하나님으로부터 소외되어 있고, 죄로 물들어 있고, 죄의 결과로 사탄의 지배 아래에서 고통당하고 있다)과 연결되어 있다고 주장한다.

그린의 논지는 주목할 만한 가치가 있다. 하지만 우리는 속죄를 해설하기 위해 은유를 사용하는 문제와 관련해 혹시 그린이 상대론자가 아닌지를 정당하게 의심해볼 수 있다. 『십자가와 구원의 문화적 이해』라는 책에서 그는 이렇게 묻는다. "우리의 삶을 형성하는 은유들을 누가 지배하는가?" 그는 바울이 "세계관의 회심을 위한 산파" 역할을 하면서 "낡은 것을 파괴하고 새로운 것을 재건한다"고 쓰고 있다.[1] 만약 바울이 "그리스도의 죽음의 유익을 알리기 위해…갖가지 은유들을" 사용할 수 있었다면, 왜 우리가 그런 것들에서 멈추는가?[2] 문화적으로 적절한 다른 모티프도 허용될 수 있지 않은가?

그러나 그린은 상대론자가 아니다. 그는 모든 문화적 차원 혹은 모티프들이 설명을 위한 적절한 기초를 제공한다고 말하지 않는다. 오히려 속죄의 존재론이 역사적·사회적·정치적·종교적 상황과 분리되어서는 안 되는 것처럼, 그 사건에 대한 해석 역시 그 근거를 예수의 시대에 작동하고 있던 영역들 안에, 또한 그 이후의 해석자들이 그들의 시대에 이치에 맞는 해석을 하도록 작동하고 있는 영역들 안에 두어야 한다고 주장한다. 그는 어떤 모델이 오늘날의 문화적 형식을 사용하기에, "어떤 사람이나 집단을 다른 것에 비해 특권화하지" 않기에, 혹은 "예수의 구원 활동의 윤리적 의미를 성찰하는 데 쉽게 도움이 되기에" 그것들을 칭찬하지만, 또한 표준적인 관점이 신약성서에서 지지를 얻지 못하기에, "보다 덜 성서적인

1_Joel B. Green and Mark D. Baker, *Recovering the Scandal of the Cross* (Downers Grove, Ill.: InterVarsity Press, 2000), 66. 『십자가와 구원의 문화적 이해』(죠이선교회 역간, 2014).

2_Ibid., 58.

견해를 제공하기에", 문화에 너무 큰 영향력을 부여하기에, 혹은 "이스라엘과 하나님 간의 관계 및 예수 그리스도 안에서 나타난 하나님의 성품이 근본적으로 그것들의 하나님 개념을 형성하도록 허락하지 않기에" 그것들을 비판한다.[3] 그는 신약성서의 규범적 역할과 그것의 문화적 형태, 그리고 해석자의 문화적 상황을 이해하는 역할 사이에서 미묘한 균형을 취한다. 그 결과 그가 형벌 대속론의 옹호자들에 맞서 제기하는 비난, 즉 그들이 "그들 자신의 문화적 상황에 개입해야 할 때 마땅히 성서에 의지하고, 성서로 돌아가야 하는 지점에서 그들 주변의 세상을 향해 돌아섰다"는 비난은 적절한 모델이나 은유를 선택하는 데 있어서 이런 다양한 기준이 어떤 역할을 하는가에 대한 어느 정도의 매력적인 토론을 보장한다.[4]

그린은 우리가 성서에서 발견하는, 그리고 21세기의 정신에 가지각색으로 호소하는 다양한 모델 중 포괄적이지는 않지만 예시적이라 여길 수 있는 두 가지 모델을 제시한다. 첫째, 희생제사로서의 속죄(atonement as sacrifice)는 우리를 신약성서의 세계가 구약성서로부터 물려받은 제의 시스템과 연결시킨다. 그러나 여기에서조차 그는 희생제사로서의 속죄는 같은 사람에 의해서, 그리고 다양한 상황 속에 있는 서로 다른 성서의 저자들에 의해서, 서로 다르게 다뤄진다고 지적한다. 고린도전서 5장에서 바울은 그리스도의 희생제사적 죽음을 유월절과 연결시키는데, 유월절은 그것을 축하하는 이스라엘 사람들이 노예살이로부터의 탈출을 준비할 때 그들을 애굽 사람들로부터 분리시킨다. 그리스도의 속죄 역시 "고린도 교회 신자들을 하나님의 구별된 백성으로서 죄의 굴레에서 벗어난 사람들의 공동체로 규정한다." 히브리서의 저자는 그리스도의 희생제사를 죄로

3_Ibid., 124, 131-33.

4_Ibid., 149-50.

인해 오염된 자들을 깨끗하게 하고 정화시켰던 레위기의 희생제사와 연결시킨다. 바울 서신의 다른 곳에서 "희생제사의 중심에 대속이 있음은 분명하다. 그러나 그 은유는 형벌적(만족)이기보다는 경제적(교환)이다." 그린은 희생제사에 대한 다양한 이해를 이렇게 열거함으로써 동일한 이미지가 서로 다른 강조점을 지닌 서로 다른 상황에서 사용될 수 있다는 입장을 더욱 강화한다.

한편 우리는 그린이 "'하나님의 진노를 달래는 것'과 '죗값을 치르는 것'은 틀리다"고 주장할 때 과연 그가 속죄의 형벌적 차원을 공정하게 다루고 있는지에 대해 의문을 가져야 한다.[5] 그린은 다음과 같은 몇 가지 이유로 진노하시는 하나님이라는 개념을 거부한다. (1) 하나님은 은혜로우시며, 이것이야말로 그분의 성품에서 근본적인 요소다. (2) 하나님은 구원을 주도하신다. (3) 하나님의 것으로 알려진 진노는 기껏해야 은유적인 것이다. (4) 진노는 "하나님의 신적 속성이나 본질적 태도가 아니다." (5) 그것은 하나님이 "우리가 우리의 길을 가도록 내버려 두시는" 것으로 이해되는 것이 옳다.[6]

조엘 그린의 각각의 주장을 다루어보자. 첫째, 하나님의 은혜로우심은 그분의 진노와 모순되지 않는다. 하나님은 이스라엘이 황금 송아지상을 세운 것에 진노하신다. 그러나 그분은 모세의 청을 받아들여 자신이 공언하셨던 재앙을 내리는 것을 거두신다(출 32:9-14; 신 9:19-20을 보라).[7] 사

5_ "속죄에 어떤 의미가 있든, 그것이 하나님의 진노를 달래거나 하나님의 자비로운 관심을 얻는 것에 집중된다고 상상하는 것은 심각한 잘못이 될 것이다"(Ibid., 51).

6_ Ibid., 51-77.

7_ 비록 모세가 여기서 하나님의 진노를 가라앉히기 위해 희생제사를 드리지는 않으나, 그는 하나님께 그분이 밝히셨던 일을 이행하시지 말라고 강력하게 요청한다. 이것은 적어도 부분적으로는 "성서 전체는 속죄를 위한 희생제사를 통해 달래질 필요가 있는 진노하시는 하나님에 대한 묘사를 위한 그 어떤 근거도 제공하지 않는다"라는 Green의 주장을 논박한다. 회개와 악한 길로부터 돌아섬은 종종 하나님의 진노를 늦추는 역할을 한다(렘 18:8; 26:3).

실 그린이 인용하는 바로 그 구절(출 34:6)에서 하나님이 진노를 늦추시는 것은 그분의 넘치는 사랑과 신실하심, 그리고 사악한 일에 대한 용서와 짝을 이룬다. 후자는 진노를 부정하지 않으나 그것을 누그러뜨린다. 둘째, 하나님의 은혜로우심은 그렇게 진노와 연결된다. 그것은 진노가 하나님의 속성이 되는 것을 가로막지 않는다.[8] 하나님의 진노와 사랑은 마치 정의와 자비처럼 하나의 짝을 이룬다. 그러므로 진노는 구원과 관련해서 하나님의 주도권을 가로막지 않고, 오히려 하나님이 죄인을 위한 그분의 사랑을 보이기 위해 행동하시는 상황을 제공한다. 셋째, 그린은 하나님이 긍정적인 감정(예. 사랑)을 갖고 계시며 인간과 교류하신다는 것을 인정한다(가령, 그분은 인간에게 완전한 선물을 주시고, 신실하시며, 관대하시고, 심판을 선언하신다). 그러니 어째서 진노 앞에 선이 그어져야 한단 말인가? 그린이 『십자가와 구원의 문화적 이해』에서 제시하는 이유, 즉 "인간으로서 우리가 갖고 있는 제한된 위치(그리고 구약성서의 책들을 쓰는 데 사용된 인간적 관점)를 감안한다면 우리가 '진노'를 하나님의 속성이라 여기는 것은 아마도 우리에게는 인간의 언어 외에는 하나님을 이해하기 위한 다른 언어가 없기 때문일 것이다"라는 이유 역시 그가 그 책 전체를 통해 하나님께 돌리고 있는 모든 "긍정적인" 서술에 불리하게 작용한다.[9] 하나님에게서 진노라는 속성을 제거하는 것은 완벽한 신은 변화할 수 없기에 신에게서 모든 감정을 제거했던 플라톤주의자들을 떠올리게 한다. 그러나 하나님은 사랑, 관심, 심지어 진노와 같은 그분의 감정들과 분리되어서는 적절하게 이해되지 않는다. 하나님을 철저하게 "비인격화하는 것"은 그분이 관여하고 계신 일들로부터 그분을 완전히 초월적인 존재로 만든다. 넷째, 그러므로 진노를 하

8_Richard Gaffin, "The Scandal of the Cross," in *The Glory of the Atonement*, ed. Charles E. Hill and Frank A. James III (Downers Grove, Ill.: InterVarsity Press, 2004), 150-53.

9_Green and Baker, *Recovering the Scandal of the Cross*, 54.

나님의 속성으로 보지 않기란 어렵다. 그분은 사람들에게 진노하시고 또한 그들의 죄에 대해 진노하시는데, 그 둘은 서로 연결되어 있다(출 4:14; 민 11:1; 12:9; 16:22; 22:22; 32:13; 요 3:36; 롬 1:18; 2:5; 3:5; 계 11:18; 14:10). 다섯째, "우리로 우리의 길을 가도록 내버려두시는 것"은 진노 자체가 아니라 우리의 죄에 대한 하나님의 진노와 그분이 인간을 다루시는 방식으로부터 흘러나온다. 로마서 1-2장은 우리의 악한 행위에 대한 하나님의 혐오에 대해 알려준다. 하지만 한동안 그분은 우리의 악한 행위가 우리의 삶 속에서 제멋대로 날뛰도록 허락하시는데, 그것은 그분이 우리에게 자유를 주셨기 때문이며 또한 우리에게 변명할 기회를 주지 않으려 하시기 때문이다. 하나님의 징벌은 지체된다(롬 3:5). 요컨대, 변덕스럽게 복수심에 불타는 하나님이라는 개념을 거부하는 것은 옳지만, 그것은 여전히 구약성서와 신약성서 모두를 따라 죄가 하나님의 진노를 초래한다는 것을 개방된 사실로 남겨둔다.

그린과 슈라이너는 로마서 3:21-26이 우리가 그리스도의 희생제사에서 형벌 대속적 역할을 발견할 수 있는 근거를 제공하느냐를 두고 다툰다. 그린은 그 구절이 경제적 모델을 강조한다고 여기는데, 그 모델에서 하나님은 단지 희생제사의 주체일 뿐이다.[10] 그러나 바울에게 하나님은 속죄의 희생제사를 야기하는 주체이시자 또한 하나님의 진노를 방지하기 위해(롬 3:5), 그리고 죄에 합당한 징벌을 늦추심으로써 고조된 정의에 대한 관심을 다루시기 위해 그 제사를 받으시는 분이시다.[11] 이 나중의 해석은 바울이 속죄에 관한 형벌 대속적 이해를 갖고 있었다는 주장에 신빙성을 부여한다. 그것은 그린의 다소 강한 비판에도 불구하고 그가 속죄 모델의 다원

10_Ibid., 96.

11_James D. G. Dunn, *Romans 1-8*, Word Biblical Commentary 38 (Waco, Tex.: Word, 1988), 173; Leon Morris, *The Epistle to the Romans* (Grand Rapids: Eerdmans, 1988), 181.

성을 강조하는 것과 일치한다.[12]

두 번째 모델에서 그린은 계시로서의 속죄(atonement as revelation)를 다룬다. 여기서 우리는 하나의 논지를 형성함에 있어 관점과 해석이 수행하는 포스트모던적 역할에 대한 감각을 얻는다. 누가의 이야기에 등장하는 이 모티프를 다루면서 그린은 제자들이 "사고의 범주, 즉 예수가 자신의 수난 예고를 통해 일관되게 했던 말과 그분의 높아진 지위, 그리고 그분의 임박한 굴욕을 적절하게 연관시켜주는 해석 구도"를 갖고 있지 않았기에 자기들이 증언했던 사건을 이해하지 못했던 것 혹은 (더 나은 표현으로) 오해했던 것을 핵심 논지로 삼는다. 그렇게 해서 누가는 그의 복음서 이야기를 예수가 두 명의 제자들에게 메시아가 영광을 얻기 전에 고난을 당해야 했음을 보여주는 구약성서의 예언들에 대해 설명함으로써 그들을 일깨우시는 것으로 마무리한다. 빛 혹은 계시는 그렇게 누가복음의, 그리고 또한 사도행전의 해석적 주제가 된다. 제자들은 "그들의 선교적 삶과 교제(*koinonia*)와 박해를 통해 그 이야기를 구현했다. 이 모든 것은 예수 그리스도의 삶과 부활에 집중된 해석학적 회심의 결과다." 그렇게 그린은 누가의 복음서를 그리스도의 죽음과 부활이 제자들의 "하나님 인식…또한 그러하기에 그들의 헌신, 태도, 그리고 매일의 실천들"을 변화시키는 해석적 열쇠를 제공하는 "계몽에 관한 이야기"로 여긴다.

그는 베드로전서 역시 비슷하게 다루면서 이미지 형성과 관련해 이 점을 다시 강조한다. 여기서 초점은 예수 그리스도다. "예수는 하나님 이야기의 패턴을 이해하기 위한 해석의 모체요, 그것을 통해 하나님 이야기 안에서 우리의 이야기를 읽을 수 있는 렌즈다." 그리스도의 삶과 죽음은 새

12_ 이를 신중하게 옹호하는 글을 위해서는 D. A. Carson, "God Presented Him as a Propitiation," in *The Glory of the Atonement*, ed. Charles E. Hill and Frank A. James III (Downers Grove, Ill.: InterVarsity Press, 2004), 119-39.

로운 관점을 제공할 뿐 아니라 또한 기독교의 이야기와 우리 자신의 이야기가 그것을 중심으로 발전하고 진행될 수 있는 모티프가 되는 새로운 개념 체계를 제공한다.

여기서 나는 과연 계시나 빛이 속죄의 **의미**인지에 대해, 혹은 오히려 그린이 속죄 이야기의 **기능**을 묘사하고 있는 것인지, 즉 우리가 그것을 통해 우리의 신학적인 그리고 매일의 이야기를 구성하는 근본적인 개념 조각을 형성하고 있는 것인지에 대해 의문을 제기한다. 나는 그린이 갖가지 모티프를 개념 체계와 의욕적인 구조의 기초를 형성하는 것으로, 그리고 행동을 위한 지침을 제공하는 것으로, 즉 해석학적 원리를 구성하는 역할을 하는 것으로 다루는 데 동의한다. 그런 점에서 그가 속죄의 쓰임새를 다루는 것은 매우 계몽적이다. 그러나 속죄 모티프의 기능으로서 이것에 주목하는 것은 그것의 의미를 진술하거나, 발전시키거나, 분명하게 밝히는 것이 아니다. 비록 속죄의 교리는 우리의 관점, 믿음, 행동을 위해 그리스도의 삶, 죽음, 부활의 의미를 이해하는 다양한 방법을 제공한다는 점에서 계시적이지만, 그렇다고 해서 그것이 곧 속죄의 의미를 제공하는 것은 아니다(같은 방식으로 가령, 그린이 속죄를 희생제사로 다루는 것 역시 그러하다). 그러므로 그린이 계시로서의 속죄를 다루는 것은 성격상 속죄를 희생제사로서 다루는 것과 크게 다르며 서로 병렬되어서도 안 된다.

그린은 내가 그를 비판하면서 비트겐슈타인(Wittgenstein)이 우리에게 경고하는 바로 그 덫, 즉 의미(meaning)와 쓰임새(use)를 두 갈래로 나누는 덫에 빠졌다고 답할지도 모른다. 후기 비트겐슈타인에게 의미는 그것의 쓰임새와 구별되는 그 무엇이 아니라 그것의 쓰임새 자체다. 특히 그것이 언어 게임(language game, 비트겐슈타인이 고안한 이론으로, 그는 말을 하는 행위가 게임과 같으며 이 세상은 거대한 언어의 놀이터이고 거기에는 모두가 합의한 규칙과 사회적으로 통용되는 공공성이 있다고 여긴다 — 역자 주)과 연결되는 한 그러하다.[13] 더 나아가 언어 게임은 다양하며 기껏해야 서로 다른 영역에서 겹친다. 그러하기에 그린은 계시로서의 속죄에 관한 자신의 견해를 신학자들이 그리스도의 속죄에 관한 교리를 이해하고 실천에 옮기려고 할 때 행하는 언어 게임과 연결시킨다. 나는 이것이 그린이 **갈 수도 있었을**, 그러나 실제로는 가지 않은 방향이라고 여긴다. 이 루트를 택하려면 그린은 실제로 속죄에 관한 이런 논의가 강조하듯이, 의미와 쓰임새 혹은 기능은 다르다는 비판에 맞서, 또한 언어 게임이라는 개념조차 게임이 된다는 것이 무엇인지에 대한 얼마간의 이해를 전제한다는 비판에 맞서 자신의 견해를 옹호해야 할 것이다.

내 비판은 그린이 속죄를 이해함에 있어서 해석학의 역할에 대해 말해야 했음을 경시하지 않는다. 그는 세계관의 해석적 기초를 형성하는 것으로서 핵심 신념의 중요성을 강조한다. 비록 이런 핵심 신념들이 다양한—과학적·역사적·심리학적·신학적 등—성격을 띨지라도, 그것들은 세계에 대한 우리의 이해를 형성하고 우리의 헌신에 영향을 준다는 점에서 유사한 기능을 한다.[14] 그는 우리에게 성서와 21세기의 신학적 사유와 삶 모두에서 속죄 교리가 갖고 있는 이런 핵심 기능에 대해 상기시킨다. 그것을 참되게 이해할 때 우리의 관점은 급진적으로 회심하게 된다.

우리는 조엘 그린의 기고문을 통해 많은 것을 얻을 수 있다. 적어도 속죄 교리가 그 근거를 다양한 요소에, 즉 성서, 그것이 쓰였던 역사적이고 문화적인 상황, 각각의 저자들이 처해 있던 상황에서 품었던 의도와 관심, 그리고 오늘날 그것이 선포되고 공유되는 상황 등에 두고 있어야 한다는

13_Ludwig Wittgenstein, *Philosophical Investigations* (Malden, Mass.: Blackwells, 2001), §§7-27, 43, 108.

14_Nicholas Wolterstorff, *Reason Within the Bounds of Religion* (Grand Rapids: Eerdmans, 1976), 12-13장.

것을 알 수 있다. 또한 그 교리는 하나님, 인간, 인간의 곤경, 그리고 그 곤경을 다루시기 위한 하나님의 행동에 대한 이해에 근거하고 있다. 그리고 해석학적으로 그린은 우리에게 기독교 신앙과 실천의 다양한 차원을 이해하는 핵심 모티프 혹은 패러다임으로서 그 교리의 중요성을 인식하도록 촉구했다.

성서 색인

구약

민수기

신명기

여호수아

사사기

사무엘상

사무엘하

열왕기상

신약

마태복음

마가복음

누가복음

요한복음

사도행전

로마서

고린도전서

고린도후서

갈라디아서

에베소서

베드로후서

요한1서

요한2서

요한3서

요한계시록

속죄의 본질 논쟁

속죄론에 대한 네 가지 신학적 관점

1쇄 발행 2018년 8월 22일

지은이 그레고리 A. 보이드, 토마스 R. 슈라이너,
브루스 R. 라이헨바흐, 조엘 B. 그린
옮긴이 김광남
펴낸이 김요한
펴낸곳 새물결플러스

편 집 왕희광 정인철 최율리 박규준 노재현 한바울 신준호
정혜인 이형일 서종원 조광수
디자인 이성아 이재희 박슬기 이새봄
마케팅 박성민 이윤범
총 무 김명화 이성순
영 상 최정호 조용석 곽상원
아카데미 유영성 차상희

홈페이지 www.holywaveplus.com
이메일 hwpbooks@hwpbooks.com
출판등록 2008년 8월 21일 제2008-24호
주 소 (우) 07214 서울특별시 영등포구 양평로 11, 4층(당산동5가)
전 화 02) 2652-3161
팩 스 02) 2652-3191

ISBN 979-11-6129-074-4 93230

책값은 뒤표지에 있습니다.

이 도서의 국립중앙도서관 출판예정도서목록(CIP)은 서지정보유통지원시스템 홈페이지(seoji.nl.go.kr)와 국가자료공동목록시스템(nl.go.kr/kolisnet)에서 이용하실 수 있습니다. CIP2018025613